SiMPSONS™ COMICS

COLOSSAL COMPENDIUM

VOLUME TWO

MATT GROENING

HARPER

NEW YORK · LONDON · TORONTO · SYDNEY

SIMPSONS COMICS COLOSSAL COMPENDIUM
VOLUME TWO

Materials previously published in
Radioactive Man #100, Simpsons Comics #154, 163, 169, 180
Simpsons Super Spectacular #3, 8, The Simpsons Summer Shindig #3, 4, 6

FIRST EDITION

ISBN 978-0-06-233609-5

14 15 16 17 18 TC 10 9 8 7 6 5 4 3 2 1

Publisher: Matt Groening
Creative Director: Nathan Kane
Managing Editor: Terry Delegeane
Director of Operations: Robert Zaugh
Art Director: Jason Ho
Art Director Special Projects: Serban Cristescu
Assistant Art Director: Mike Rote
Production Manager: Christopher Ungar
Assistant Editor: Karen Bates
Production: Nathan Hamill, Art Villanueva
Administration: Ruth Waytz, Pete Benson
Legal Guardian: Susan A. Grode

Printed by TC Transcontinental, Beauceville, QC, Canada. 06/23/2014

ANOTHER LAZY SUMMER'S DAY IN PEACEFUL *SPRINGFIELD, USA*.
THE SUN IS SHINING, THE GRASS IS GROWING, THE BEES ARE BUZZING, AND HOMER'S SNORING.
SO WHAT ELSE IS NEW?
...AND WE WILL RETURN TO A MARTINEZ, BEA ARTHUR, C. THOMAS HOWELL, DEE WALLACE STONE, E. G. MARSHALL, F. MURRAY ABRAHAM, G. GORDON LIDDY, H. R. PUFNSTUF...
ZZZNORKK
MATT GROENING
HONEY NUT CHEERY D'OHS!

LEN WEIN SCRIPT	**PHIL ORTIZ** PENCILS	**MIKE DECARLO** INKS	**ART VILLANUEVA** COLORS	**KAREN BATES** LETTERS	**BILL MORRISON** EDITOR

...I. M. PEI, JAY LENO, KAY BALLARD, ELLE MCPHERSON, M. EMMETT WALSH, N'SYNC, O. HENRY, P. T. BARNUM...

WWHEEEEZNORK

...ROBERT Q. LEWIS, R. LEE ERMEY, S. EPATHA MERKERSON, T. R. KNIGHT, U THANT, V.T. HAMLIN, W. C. FIELDS...

ZZZZNORKK

...X BRANDS, Y. A. TITTLE AND ZZ TOP IN AGATHA CHRISTIE'S *THE ALPHABET MURDERS* RIGHT AFTER THIS MESSAGE FROM *BONGO BROTHERS BEAR BALLET,* COMING SOON TO SPRINGFIELD...

WWHEEEZ

GULP!

GULP?

GULP ISN'T GOOD.

WHAT DID I JUST BUZZZZ SWALLOW?

A BEE!

I SWALLOWED A BEE!

I'M GOING TO DIE!

HOMIE, WHAT *IS* IT? WHAT'S *WRONG*?

DAD, ARE YOU *OKAY*?

I'VE GOT A ⁝BUZZZZ⁝ BEE IN MY THROAT!
IT'S GONNA STING ME FROM THE INSIDE, AND I'M GONNA ⁝BUZZZ⁝ SWELL UP LIKE A BALLOON AND ⁝BIZZT⁝ DIE!
GEE, HOMER, HOW WILL WE BE ABLE TO TELL THE DIFFERENCE?
BART, NOW ISN'T A GOOD TIME TO VERBALLY ABUSE YOUR FATHER.
HOMIE, PLEASE ...CALM DOWN! THERE'S NOTHING TO BE AFRAID OF.
YOU'RE NOT EVEN ALLERGIC TO BEES.
I'M ⁝BIZZT⁝ NOT?
NOT EVEN A LITTLE BIT.
OH.
⁝GLORP⁝
...NEVER MIND.
MMM... FUZZY!

YEEP! MORE BEES? IT'S AN INVASION! WHERE ARE THEY ALL COMING FROM?
HEY, DON'T LOOK AT ME, MAN.
FOR ONCE, I'M ACTUALLY INNOCENT.
HMMM...MAYBE I SHOULD JUST FOLLOW THEM BACK TO THEIR SECRET BEECAVE...
...AND HIT THEM WHERE THEY LIVE.
PLEASE, HOMIE, BE CAREFUL.
AREN'T I ALWAYS?
NOT REALLY.
COME ON, KIDS...LET'S GO INSIDE!
YOU SHOULDN'T HAVE TO WATCH YOUR FATHER DIE.
AW, YOU NEVER LET US HAVE ANY FUN.
LISTEN TO YOUR MOTHER, KIDS. SHE USUALLY KNOWS BEST.
JUST PLEASE BE CAREFUL, DAD.
YEAH, HOMER, WE'RE ALREADY ABOUT AS EMOTIONALLY SCARRED AS WE NEED TO BE.
COME ON NOW, CUTE LITTLE EVIL FUZZY BEES...
...SHOW YOUR KINDLY OLD UNCLE HOMER WHERE YOU LIVE, SO I CAN TOTALLY DESTROY YOU AND--

D'OH!
AW, NO FAIR.
THAT'S MY HOUSE!
DARN YOU, YOU STUPID BEES!
HOW AM I SUPPOSED TO DESTROY YOU IF YOU'RE LIVING UNDER MY OWN HOUSE?
KIDS, WHAT'S YOUR FATHER DOING NOW?
THANKFULLY, HE'S STILL ALIVE SO FAR.
BUT, HEY, IT'S EARLY. ANYTHING CAN STILL HAPPEN.
HAH! I TOLD YA YOU CAN ALWAYS COUNT ON HOMER.
HE JUST WENT AND GOT HIMSELF A POINTY STICK!
WHAT'S HE GOING TO DO WITH A POINTY STICK?
GEE, I DON'T KNOW ...POKE HIMSELF IN THE EYE...STAB HIMSELF IN THE FOOT...WHAT-EVER...
ANY WAY YOU LOOK AT IT, IT'S STILL PURE COMEDY GOLD.
SIGH
JUST REMEMBER, KIDS, IN CASE OF AN EMERGENCY, ANY BUTTON ON THE SPEED-DIAL CALLS 9-1-1.

OKAY, BEES, THAT'S *IT*!

YOU HAVE EXACTLY SEVENTEEN SECONDS TO PACK YOUR TINY LITTLE BAGS AND *LEAVE*...

...OR I'M COMING IN *AFTER* YOU!

C'MON, BEES, MOVE IT! *MOVE IT*!

LET'S *GO*! I HAVEN'T GOT ALL *DAY* HERE!

JUST GET OUT AND *STAY--*

┊GLORP┊

EEEEK! I ACCIDENTALLY SWALLOWED RAW *BEE HONEY!*

I'M GONNA *DIE!* I'M GONNA--

MMM... VELVETY GOLDEN GOODNESS.

MUST... HAVE...MORE... *HONEY*.

GIVE...ME... MORE...*HONEY* ...OR...

AAAAAAAAAAA!

UH, MOM, *WHAT* WAS THAT NUMBER FOR 9-1-1 AGAIN?

ONE FRENZIED EMERGENCY AMBULANCE RIDE LATER...

NO UNNECESSARY SURGERY SINCE: **THURSDAY!**

CASH ONLY

PUSH

SPRIN HOSPIT

LOOKS LIKE YOUR HUSBAND IS GOING TO BE JUST *FINE,* MRS. SIMPSON...

...THOUGH YOU MAY BE GETTING A CALL FROM THE *GUINNESS* PEOPLE ABOUT THE RECORD NUMBER OF *BEE-STINGS* COVERING HIS BODY. AH HEE HEE HEE.

I TOOK SOME *POLAROIDS* FOR VERIFICATION IN CASE YOU NEED THEM.

I JUST THANK HEAVEN HE'S *ALIVE.*

M—MARGE...? IS THAT *YOU?*

HOMER J. SIMPSON, WHAT IN SANITY'S NAME EVER POSSESSED YOU TO DO SOMETHING SO *DANGEROUS?*

THOSE BEES COULD HAVE *KILLED* YOU.

AW, BUT I'M SO MUCH *BIGGER* THAN THEY ARE AND BESIDES...

...IT WAS THE *BEST HONEY* EVER.

WHAT?

DO YOU MEAN TO TELL ME YOU RISKED YOUR *LIFE* AND THUS YOUR LOVING FAMILY'S PRECIOUS *FUTURE* AND *SECURITY* FOR A LITTLE FRESH *HONEY?*

HOMER, HOW COULD YOU POSSIBLY BE SO *THOUGHTLESS?*

UH...LOTS AND LOTS OF *PRACTICE?*

HOMER, I HAVE NEVER BEEN MORE DISAPPOINTED IN YOU IN MY ENTIRE--
HERE. TRY SOME.
GULP
WHAT?
HOMER, WHAT DID YOU--?
OH.
MY.
LORD.
OH, HOMIE, THAT TASTES ABSOLUTELY AMAZING.
IT'S LIKE AMBROSIA, MOTHER'S MILK, AND THE NECTAR OF THE GODS ALL ROLLED INTO ONE WITH A LIGHT CINNAMONY AFTERTASTE.
IF WE COULD BOTTLE AND SELL THIS STUFF, WE'D MAKE A FORTUNE.
ARE YOU SERIOUS, MARGE?
AS SERIOUS AS YOUR LAST THREE HEART ATTACKS.
SO WHAT DO YOU THINK, HOMIE? CAN WE DO IT?
WOO-HOO! WE'RE IN THE HONEY BIZ!

THUS, SEVERAL DAYS *LATER*...

HI-DIDDILY-*HO*, GOOD NEIGHBOR. WHA'CHA *UP TO*?

WELL, NOT THAT IT'S ANY OF *YOUR* NOSY BUSINESS, FLANDERS...

...BUT MY FAMILY AND I HAVE TAKEN UP THE NOBLE TRADITION OF *BEEKEEPING*.

WELL, I'VE ALWAYS BEEN A STRONG BELIEVER THAT THE FAMILY THAT *PLAYS* TOGETHER *STAYS* TOGETHER, HOMER.

SO YOU'RE BUILDING YOURSELVES AN *APIARY* OVER THERE, EH?

STUPID FLANDERS. DIDN'T YOU HEAR A SINGLE WORD I *SAID*?

I'M RAISING *BEES* HERE, NOT GIANT *GORILLAS*.

BUT AN *APIARY* IS WHAT YOU CALL A--

OH, NEVER-DIDDILY-*MIND*.

LORD, WHAT TERRIBLE *SINS* HAVE I COMMITTED THAT YOU MUST *PUNISH* ME SO?

IF YOU'D LIKE, I CAN WRITE DOWN A *LIST*.

AND SEVERAL MORE SURPRISINGLY *PRODUCTIVE* DAYS LATER...

AMAZING HOW THE WORLD *TURNS*...ISN'T IT, LIS?

WHAT DO YOU *MEAN*, BART?

WELL, *THINK* ABOUT IT. ONE DAY, THE BEES ARE OUR *ARCH-ENEMIES*...

...AND THE NEXT THING YOU KNOW, THEY'RE HELPING US MAKE OUR *FORTUNE*.

THAT'S SURPRISINGLY *DEEP* THINKING, BROTHER DEAR, BUT *MAKING* THE HONEY IS ONLY *PART* OF THE PROCESS.

WE'RE STILL GOING TO HAVE TO FIND A WAY TO *MARKET* IT.

YOU'RE ABSOLUTELY *RIGHT*, LISA. WE'RE GONNA NEED THE RIGHT *NAME*.

SOMETHING *SHARP*, SOMETHING *MEMORABLE*.

LIKE *HOMER J. SIMPSON'S SUPER-SPIFFY HAFTA HAVE IT HONEY!*

OR MAYBE *FROOT LOOPS!* FROOT LOOPS IS A *GOOD* NAME.

MMM...*FROOT LOOPS*.

ACTUALLY, HOMER, I THINK I'VE GOT THE *PERFECT* NAME.

HERE. LET ME *SHOW* YOU.

SO? WHAT DO YOU *THINK*?

MOM, I THINK WE'RE IN *BUSINESS!*

BEE KIND HONEY

THUS, A FEW MORE DAYS *LATER*...

HONEY! TRY THE BEST HONEY IN ALL OF SPRINGFIELD RIGHT *HERE!*

WELL, TIPPITY-TOP OF THE *MORNING* TO YA, MARGE.

I SEE YOU GOT YOUR BUDDING BACKYARD *BUSINESS* UP AND RUNNING.

WE CERTAINLY *HAVE*, NED...AND YOU'RE MY VERY FIRST *CUSTOMER*. HERE. TRY A *FREE* SAMPLE.

SORRY, MARGE. NO CAN DOODILY *DO*.

I'VE GOT A STRICT POLICY AGAINST TASTING ANYTHING THAT *TEMP-TILLY-EMPTING!*

NO, REALLY...I *INSIST!*

BUT, MARGE, I-- ⌐GULP!⌐

OH, MY LORD. IT'S LIKE *MANNA FROM HEAVEN*.

WHAT DID I *TELL* YOU?

I'LL TAKE A *DOZEN JARS!* *MORE* IF I CAN *CARRY* THEM!

HALLELUJAH! MY FIRST *SALE!*

THANKS FOR YOUR *PATRONAGE*, NED...AND BE SURE TO TELL YOUR *FRIENDS*.

OKILLY-DOKILLY, MARGE. YOU CAN BET YOUR BIPPY I *WILL!*

AND SO HE *DOES*, LEADING TO...

HERE YOU GO, MOE. *ENJOY*.

GEE...UH... *THANKS*, MARGE.

OH. AND DON'T FORGET TO TELL YOUR *FRIENDS*.

AW...NOW DAT'S JUST *CRUEL*.

SMITHERS, WHY ISN'T THIS VEHICLE *MOVING*?

THERE APPEARS TO BE A CROWD OF *PEOPLE* BLOCKING THE STREET, MR. BURNS.

ONE AT A TIME, PLEASE! THERE'S MORE THAN ENOUGH.

WELL, CAN'T YOU JUST RUN THEM *OVER*, MAN? I SHALL BE LATE FOR MY *CHIROPODIST APPOINTMENT*.

I'M AFRAID YOUR ATTORNEYS ARE STILL DEALING WITH THE *LAST* TIME WE DID THAT, SIR.

OH, VERY WELL THEN. GO SEE WHAT'S *CAUSING* THIS INFURIATING HUBBUB.

AND *QUICKLY*, MAN. TIME IS *MONEY*!

ON MY *WAY*, SIR.

IT'S A *ROAD-SIDE STAND*, SIR. APPARENTLY, THEY'RE SELLING *HONEY*.

RIDICULOUS.

DON'T THEY KNOW YOU CAN CATCH MORE FLIES WITH *VINEGAR* THAN WITH *HONEY*?

ACTUALLY, SIR, I BELIEVE IT'S THE *OTHER* WAY AROUND.

POPPYCOCK! WHY WOULD ANYONE USE *FLIES* TO CATCH *VINEGAR*?

NO, SIR, WHAT I *MEANT* WAS...

[SIGH] NEVER MIND.

STILL, THERE IS SOMETHING TO BE *SAID* ABOUT A PRODUCT THAT CAN ATTRACT SUCH A *CROWD*.

BY GODFREY, MAN, IF THERE IS *MONEY* TO BE MADE FROM SELLING THIS...THIS *HONEY* SUBSTANCE, *I* SHOULD BE THE ONE *MAKING* IT!

SMITHERS, EFFECTIVE IMMEDIATELY, WE'RE GOING INTO THE *HONEY BUSINESS*!

YES, SIR! WHATEVER YOU *SAY*, SIR.

HONEY IT *IS*.

AND SO, SEVERAL WEEKS LATER *STILL*...

KWIK-E-MART

WELCOME TO *KWIK-E-MART*. HOW MAY I *HELP* YOU?

$JACKPOT$ PLAY TO WIN *HERE!*

Duff BEER INDUSTRIAL SIZE DRUMS

BONGO BROTHERS BEAR BALLET

IT'S JUST ME, APU, DELIVERING THIS WEEK'S SHIPMENT OF OUR DELICIOUS *HONEY*. WHERE D'YA WANT ME TO *PUT* IT?

OH DEAR ME, MR. *HOMER*, THIS IS SO TERRIBLY *EMBARRASSING*.

BEE KIND HONEY

WHAT? IS MY *PLUMBER'S CRACK* SHOWING AGAIN?

NO, NO, NOT AT ALL...THANK *VISHNU*.

IT IS JUST THAT I WILL NOT BE ABLE TO *PURCHASE* AS MANY BOTTLES OF YOUR INTOXICATING NECTAR TODAY AS I HAVE IN *PREVIOUS* WEEKS.

AW. WHY *NOT?* OUR HONEY IS STILL SELLING FOR YOU, ISN'T IT?

LIKE THE PROVERBIAL *HOT-CAKES*...WHICH, BY THE WAY, IT TASTES MOST *EXCELLENT* UPON.

THEN WHAT'S THE *PROBLEM?*

UNFORTUNATELY, MY GOOD FRIEND, I NO LONGER HAVE THE AVAILABLE *DISPLAY SPACE*.

D'OH!

BURNS' GENERIC HONEY

I HAVE RECEIVED A MOST STERN MEMO FROM THE **HOME OFFICE** REQUIRING ME TO STOCK AS MUCH OF THIS **NEW** PRODUCT AS POSSIBLE.

I AM TERRIBLY AFRAID I HAVE LITTLE **CHOICE** IN THE MATTER.

BUT THAT'S JUST NOT **FAIR!**

I MEAN, DOES MISTER BURNS'S HONEY TASTE **BETTER** THAN MINE?

DEFINITELY **NOT!**

BARNEY?!

HEY, HOMER!

NO, BURNS' HONEY TASTES LIKE THE **MEN'S ROOM FLOOR** AT MOE'S.

YOUR HONEY TASTES LIKE **MOONBEAMS.**

GOT ANY **MORE?**

I AM SO VERY **SORRY,** HOMER, BUT THERE IS NOTHING I CAN **DO.**

THANK YOU AS ALWAYS FOR **PATRONIZING** KWIK-E-MART. COME AGAIN **SOON.**

OH, AND YOU ARE MOST WELCOME TO TAKE YOUR FRIEND **WITH** YOU WHEN YOU LEAVE.

SO YOU WANT TO GET INTO THE **HONEY BUSINESS** ...EH, MR. BURNS?

SO YOU THINK YOU CAN COMPETE WITH **HOMER J. SIMPSON**...HMM?

OF COURSE, YOU REALIZE, OLD MAN... **THIS MEANS WAR!**

I KNOW YOU'RE *UPSET*, HOMIE...

...BUT I JUST DON'T THINK GOING TO *WAR* WITH THE MAN WHO SIGNS YOUR *PAYCHECK* EVERY WEEK IS A VERY *GOOD* IDEA.

BUT HE *STARTED* IT.

IT DOESN'T *MATTER* WHO STARTED IT.

IT'S *NEVER* A GOOD IDEA TO PICK A FIGHT THAT YOU CAN'T *WIN*.

IT'S NEVER A GOOD IDEA TO *FIGHT* AT ALL.

WELL, SOMEBODY SHOULD TELL THAT TO *NELSON MUNTZ*.

I'M STILL SUFFERING FROM YESTERDAY'S OLYMPIC-LEVEL *INDIAN BURN*.

IT'S JUST NOT *FAIR*. THIS WAS *OUR* IDEA *FIRST*.

THEN THERE'S NO REASON TO *GIVE UP* ON OUR DREAM, DAD. IF YOU *BELIEVE* IN OUR HONEY BUSINESS, THEN *FIGHT* FOR IT!

BUT YOUR *MOTHER* JUST SAID...

I KNOW, DAD, BUT THERE'S *FIGHTING*...

...AND THEN THERE'S *FIGHTING*!

THAT'S *RIGHT*, LISA. THAT'S WHAT I...I...

OW. NOW MY *HEAD* HURTS.

DAD, THIS ENTIRE NATION WAS BUILT ON THE PRINCIPLES *OF FREE ENTERPRISE*...

...THE IDEA THAT, IF YOU BUILD A BETTER *MOUSETRAP*, THE WORLD WILL BEAT A *PATH* TO YOUR DOOR.

BUT WE'RE NOT *MAKING* MOUSE-TRAPS, HONEY. WE'RE MAKING *LISA*.

I MEAN, WE'RE MAKING *HONEY*.

IT DOESN'T *MATTER*, DAD. THE BASIC CONCEPT IS THE *SAME*.

IT *IS*?

BUT MOUSE-TRAPS HAVE THOSE LITTLE *SNAP-DOWN BARS* AND HONEY *DOESN'T*.

WHAT I'M *SAYING*, DAD, IS THAT IF WE MAKE A BETTER, TASTIER, MORE *AFFORDABLE* HONEY THAN MR. BURNS, THE MARKET-PLACE WILL SUPPORT *US*.

THAT'S THE VERY *BACKBONE* OF AMERICAN *COMMERCE*.

WELL SAID, LISA. WELL *SAID*.

I DON'T THINK I'VE EVER BEEN MORE *PROUD* OF YOU THAN AT THIS VERY MOMENT.

WHAT DO YOU HAVE TO *SAY* TO YOUR DAUGHTER, HOMER?

HEH HEH HEH...LITTLE SNAP-DOWN BARS...

≡SIGH≡

LET'S JUST GET BACK TO *WORK*.

AND EVEN MORE LATER STILL...

C'MON, LITTLE BEES, IF YOU'RE MY *FRIENDS*, YOU'LL MAKE MORE *HONEY* FOR YOUR OL' UNCLE HOMER.

HEY, WHA'CHA *DOIN'*, DUDE?

JUST TRYING TO *COAX* THE BEES INTO MAKING MORE HONEY *FASTER*.

SAY *WHAT* NOW?

YOU'RE TRYING TO *SWEET-TALK* THEM INTO WORKING?

WELL, THESE TINY LITTLE *WHIPS* DIDN'T GET THE JOB DONE SO I'M TRYING A *DIFFERENT* APPROACH.

DA-AD! YOU DON'T WANT TO *THREATEN* THE BEES.

WE'VE GOT TO *PROTECT* OUR FUZZY LITTLE FRIENDS AT ALL COSTS!

FOR REASONS ALL THE TOP *SCIENTISTS* STILL CAN'T FIGURE OUT, THE BEES HAVE BEEN *DISAPPEARING* ALL OVER THE WORLD. AND, ONCE THE *BEES* ARE GONE, THE END OF *CIVILIZATION* ITSELF CAN'T BE FAR BEHIND.

WELL, IF THE BEES HAVE TO LISTEN TO YOU *SPEECHIFYING* ALL THE TIME, IT'S NO WONDER THEY'VE GONE INTO *HIDING*.

≋SIGH≋ WHY DO I EVEN *BOTHER*?

BEATS *ME*, LIS, BUT I ADMIRE YOUR *SPUNK*.

I AM NOT *HAPPY*, SMITHERS.

WHY? WHAT'S *WRONG*, SIR?

LOOK AT THESE TERRIBLE *SALES FIGURES*.

YOU PROMISED ME I'D MAKE A *FORTUNE* IN THE HONEY BUSINESS.

WELL, ACTUALLY, SIR, I NEVER *SAID*...

I HAVE DONE EVERYTHING PRECISELY AS MY *BUSINESS MODEL* PRESCRIBES...

VI

MY SMILING *FACE* IS ON EVERY JAR...

SO WHY DOES THIS INFURIATING *SIMPSON* PERSON'S HONEY SELL SO MUCH *BETTER* THAN MINE?

BURNS
RIC HO

UH...HAVE YOU ACTUALLY EVER *TASTED* OUR HONEY, SIR?

YOU...AH... REALLY OUGHT TO *TRY* A TASTE, SIR.

OF *COURSE* NOT, SMITHERS. BUT WHAT *DIFFERENCE* SHOULD THAT MAKE?

VERY WELL THEN, IF YOU *INSIST* ≥GULP≤ BUT I STILL DON'T UNDERSTAND *WHY I* SHOULD--

PFHAGH!

MERCIFUL *MINERVA*, MAN! THAT SLOP TASTED LIKE *CABDRIVER STOCKINGS*!

NOT NEARLY AS *GOOD* ACTUALLY, SIR.

WELL, THAT'S THE *RUB* THEN, ISN'T IT? BUT WHY IS *SIMPSONS'* HONEY SO MUCH *TASTIER* THAN MINE?

IT'S SOMETHING IN THE *HONEY* ITSELF, SIR. NO MATTER HOW HARD THEY *TRY*, OUR R&D PEOPLE CAN'T SEEM TO *DUPLICATE* THE TASTE.

TOSS!

WELL, WE CAN'T CONTINUE TO SELL THIS *SWILL*. IT'S NOT FIT TO *POLISH* MY HIGH-BUTTON SHOES.

I COMPLETELY *AGREE*, SIR. THAT HONEY GIVES *SWILL* A BAD NAME.

BUT I CANNOT CONTINUE TO TAKE A *FINANCIAL LOSS* EITHER. IT WOULD BE POSITIVELY *UNAMERICAN*.

WELL, I DON'T KNOW WHAT ELSE TO *DO*, SIR. IT'S THE *SIMPSONS'* HONEY.

SO IT *IS*, MAN, SO IT *IS* ...FOR *NOW*.

BUT IS THERE ANY GOOD REASON WHY IT COULDN'T BECOME *MY* HONEY?

OH, SIR, YOU DON'T *MEAN*...

AH, BUT I *DO*, SMITHERS. I *DO*! MAKE IT *SO*!

≧SIGH≦ VERY WELL, SIR. I'LL GO GET THE *BLACK BAG KIT*.

EXCELLENT!

THUS, EARLY THE FOLLOWING *MORNING*...

OKAY, LITTLE *BEE* BUDDIES. ARE YOU ALL READY TO DELIVER A NICE NEW *BATCH* OF FRESH, YUMMY--

D'OH! EEK.

IT'S *GONE,* ALL OF IT! *EVERY BEE!* EVERY LICK OF *HONEY!* EVERYTHING WE'VE WORKED SO HARD TO *BUILD!*

OH, THE *LOSS!* OH, THE *HUMIDITY!*

WHAT *IS* IT, HOMIE? WHAT'S *WRONG?*

LOOK, MARGE! SOMEBODY HAS *STOLEN* OUR WHOLE ENTIRE BEE BUSINESS!

THIS IS *HORRIBLE,* JUST *HORRIBLE!*

WHO WOULD *DO* SUCH AN UNSPEAKABLE THING?

WELL, I DON'T KNOW FOR *SURE,* MOM...

...BUT I THINK I CAN TAKE A GOOD *GUESS!*

BURNS'
RIC HO

LATER...

SO HERE IS THE *SCENE OF THE CRIME* WHERE...

UH-HUH.

YEAH.

≈GOBBLE≈ RIGHT.

EXCUSE ME?

ARE YOU PEOPLE PAYING EVEN THE *SLIGHTEST* ATTENTION TO WHAT MY HUSBAND IS *SAYING*?

AH, *SORRY*, MARGE. IT'S JUST THIS DARNED *HONEY*!

YEAH, ONCE YOU *START* EATING IT, YOU JUST CAN'T *STOP*.

WAIT JUST A DOGGONE *MINUTE*! LET ME *SEE* THAT!

HEY!

OH, FOR THE LOVE OF *PETE*!

BURNS' IMPROVED HONEY

JUST LIKE THE SIMPSONS USED TO MAKE

PETE? PETE *WHO*?

MARGE SIMPSON, IF YOU'VE BEEN *STEPPING OUT* ON ME, I'LL--!

OH, DON'T BE *SILLY*, HOMER.

COME ALONG, FAMILY. IT'S TIME WE DEALT WITH THIS PROBLEM AT ITS *SOURCE*!

SOON AFTER...

BY JUDAS, WHO LET *YOU* RIFFRAFF IN? SMITHERS, SUMMON THE *HOUNDS!*

IT'S THE *SIMPSONS*, SIR. THEY'VE BROUGHT ALONG THE *POLICE.*

AH, THE *CONSTABULARY*, IS IT? VERY WELL THEN. THEY MAY APPROACH THE *PRESENCE.*

YES, OFFICER, WHAT SEEMS TO BE THE *PROBLEM?*

WELL, *SPEAK UP*, MAN. TIME IS *MONEY.*

TICK TICK TICK TICK.

WELL, I'M...UH...SORRY TO *BOTHER* YOU, MR. BURNS, BUT... AH...SIMPSON HERE CLAIMS YOU *STOLE* ALL HIS *HONEY BEES.*

WHAT? *PREPOSTEROUS!*

OF ALL THE BLOODY *CHEEK!*

MR. BURNS IS *OW!* ABSOLUTELY *INNOCENT.*

HOW COULD YOU EVEN *ACCUSE* HIM *OW!* OF SUCH AN AWFUL THING?

AND BESIDES, EVEN IF WE *HAD* STOLEN YOUR PRECIOUS NECTAR, THERE'S ABSOLUTELY *NOTHING* YOU CAN DO TO *PROVE* IT.

WELL, YOU *HEARD* THE MAN, FOLKS. GUESS THERE'S NOTHING ELSE FOR US TO DO *HERE.* LET'S *GO.*

WHAT? YOU CAN'T BE *SERIOUS.*

SMITHERS HAS GOT *GUILTY* WRITTEN ALL OVER HIS FACE...IN *WELTS!*

WELL, MISTER BURNS *SAYS* HE'S INNOCENT... AND THAT'S GOOD ENOUGH FOR *ME.*

BUT--!

C'MON! ENOUGH *LOITERING!* LET'S GET A *MOVE ON* HERE!

WELL, THAT'S *IT* THEN. OUR HONEY BUSINESS IS *RUINED!*

AND WHAT'S *WORSE* IS THAT THAT WICKED MISTER BURNS IS GOING TO *GET AWAY* WITH IT!

¿AHEM?

BONGO BROTHERS BEAR BALLET
NOW APPEARING IN SPRINGFIELD

WELL...NOT *NECESSARILY.*

WHAT DO YOU *MEAN* BY THAT, BOY? WHAT DO YOU KNOW THAT I *DON'T?*

WOW. *THAT'S* A LIST THAT COULD TAKE ALL *DAY.*

BUT WHAT I *MEAN* IS, YOU JUST LEAVE EVERY LITTLE THING TO *ME,* HOMER...

BONGO BROT
BEAR BALLE
NOW APPEAR
IN SPRINGFIE

...AND I'LL *TAKE CARE* OF YOUR LITTLE PROBLEM FOR YOU.

BARTHOLOMEW J. SIMPSON! WHAT ARE YOU PLANNING TO DO *THIS* TIME?

TRUST ME, MOM...HEH HEH HEH...YOU DON'T WANT TO *KNOW.*

LET'S JUST CALL IT...*PLAUSIBLE DENIABILITY!*

THUS, FINALLY...

YOU'LL LOVE THIS *TOUR*, SIR. YOUR NEW APIARY IS *STATE-OF-THE-ART.*

ARE YOU CERTAIN THIS IS *SAFE*, SMITHERS?

SAFE AS *HOUSES*, SIR.

IN WHICH CASE, SMITHERS, I AM SERIOUSLY BEGINNING TO DOUBT YOUR *JUDGMENT.*

WHY DID YOU HIRE SUCH HAIRY, UNCOUTH, ILL-DRESSED *LOUTS* TO ATTEND TO THE BEES?

THOSE AREN'T MY *HIRES*, SIR.

THEY'RE B-B-*BEARS!!*

WELL THEN, *FIRE* THEM, SMITHERS, *IMMEDIATELY!*

THEY ARE *RUINING* THE ENTIRE *OPERATION!*

ABSOLUTELY, SIR, ONCE WE'RE *SAFELY* OUT OF--

YAAAAAAA!

RROOAARR!

SMITHERS?

Y-Y-YES, SIR?

SHOULD WE CHANCE TO {HUFF HUFF HUFF} *SURVIVE* THIS FIASCO, WE ARE OFFICIALLY *OUT* OF THE HONEY BUSINESS!

Y-Y-YES, SIR!

KID, YOU KNOW MY BEARS ARE LIKE TOTALLY *HARMLESS*, RIGHT?

SURE, *I* KNOW IT...

...BUT THERE'S AN EXTRA *TWENTY* IN IT FOR YOU IF WE *WAIT* ANOTHER HOUR TO TELL *THEM!* HEH HEH HEH!

BONGO BROS. BEAR BALLET

THE END!

ONE SUMMER AFTERNOON...

BOY, MILHOUSE, YOU SURE ARE *HOT!*

NO KIDDING! EVEN MY TEETH ARE SWEATING!

THIS HAS TO BE THE HOTTEST DAY OF THE SUMMER!

MATT GROENING

WHERE THE HECK IS THE ICE CREAM MAN? HE HASN'T DRIVEN BY ONCE TODAY! SOMETHING'S NOT RIGHT.

GUYS! I KNOW WHERE THE ICE CREAM TRUCK IS...AND IT AIN'T PRETTY!

C'MON!

SKEEEEK!

I WAS AT THE KWIK-E-MART WHEN I FOUND OUT...

ERIC ROGERS
SCRIPT

JAMES LLOYD
PENCILS

MIKE ROTE
INKS

RICK REESE
COLORS

KAREN BATES
LETTERS

BILL MORRISON
EDITOR

ERIC ROGERS
SCRIPT

JAMES LLOYD
PENCILS

MIKE ROTE
INKS

RICK REESE
COLORS

KAREN BATES
LETTERS

BILL MORRISON
EDITOR

HEY, GUYS, CHECK THIS OUT!

WAIT, DOES THAT MEAN...?

INDEED IT DOES, MILHOUSE. WHOEVER LEFT THAT FOOTPRINT MIGHT'VE SEEN WHO STOLE THE TRUCK...

..BEFORE OUR THIEF BANANA SPLIT FROM THE CRIME SCENE!

AYE, CARUMBA. ALWAYS WITH THE BAD PUNS AND SUNGLASSES.

BOYS, PUT ON YOUR RUBBER GLOVES AND THINKING CAPS...THE ICE CREAM SCENE INVESTIGATORS ARE ON THE CASE!

WE HAVE TO ACT FAST IF WE WANT TO FIND THE MISSING ICE CREAM! BART, BAG AND TAG THAT STICK! MILHOUSE, HAIR SPRAY OVER THE SHOE PRINT TO HARDEN IT INTO A MOLD WE CAN TAKE WITH US!

Helmet head

NOT 'TIL YOU TAKE OFF THOSE RIDICULOUS SUNGLASSES.

WHAT? TOO MUCH?

KWIK-E-MA

JACK POT PLAY

PARKING ONLY

LATER, AT THE "LAB" (AKA BART'S TREEHOUSE)...

EVIDENCE REPORT! WHAT DO WE HAVE, TEAM?

Panel 1:

THIS ICE CREAM STICK HAS TEETH MARKINGS ON IT, SO MAYBE WE CAN MATCH THEM TO THE THIEF'S MOUTH!

I GOOGLED THE NUMBER ON THE SHOE'S HEEL, AND IT TURNS OUT IT'S A SERIAL NUMBER FOR PRISON-ISSUED FOOTWEAR!

I MADE THESE COOL SWEATBANDS TO SOAK UP THE SWEAT DURING OUR INVESTIGATION!

GREAT WORK! NOW, ONTO OUR FIRST ORDER OF BUSINESS... LET'S FIND OUT WHICH JAILBIRD WORE THAT SHOE!

Panel 2:

SOON...

...ACTUALLY, THAT NUMBER MATCHES A PAIR OF SHOES WE ISSUED TO ONE OF OUR MOST RECENT "GUESTS," SNAKE. HE JUST GOT OUT YESTERDAY. SAY, WHY'D YOU NEED HIS ADDRESS AGAIN?

OH...UH... HE LEFT HIS SHOES AT THE...UM...BOWLING ALLEY! I WANT TO RETURN THEM!

AWW...YOU'RE A SWEETHEART.

Panel 3:

LATER THAT DAY...

SO I WAS AT THE KWIK-E-MART EARLIER...*BIG DEAL!* I SOOOO DID NOT STEAL ANY ICE CREAM TRUCK.

DOESN'T MATTER IF YOU DID. ALL WE NEED TO DO IS PROVE THAT YOU WERE THERE BY MATCHING YOUR BOOT TO THE IMPRINT!

AFTER THAT, A JURY WILL DECIDE YOUR FATE!

Panel 4:

I SWEAR I DIDN'T DO IT, LITTLE DUDES!! THERE MUST BE SOME OTHER WAY TO PROVE THAT!

BITE ON THIS UNUSED ICE CREAM STICK. IF YOUR TEETH MARKS DON'T MATCH THIS OTHER ONE... YOU MAY BE OFF THE HOOK!

Panel 5:

BACK AT THE LAB...

...LOOK AT THE BITE MARKS SNAKE LEFT. NOTICE ANYTHING DIFFERENT?

THE OLD STICK HAS A MISSING MARK...WHERE A *FRONT TOOTH* SHOULD BE!

AND THE MARKINGS ARE *HALF THE SIZE* OF MR. SNAKE'S!

⁝GASP!⁝ THAT MEANS WHOEVER ATE THE ICE CREAM IS...A KID!
A KID WITH A ***MISSING TOOTH!***
C'MON, LET'S HIT ALL THE USUAL HANGOUTS AND FIND THIS PREPUBESCENT PERP!
THIS SUMMER
BUSTED, TODD FLANDERS!

AFTER CHURCH...

OHH, TODD... I WAS WONDERING IF WE COULD TALK ALONE FOR A MINUTE?

UMM... OKAY.

AGGH! DON'T KISS ME! I'M NOT READY FOR THE BIRDS AND BEES!

ONLY IF YOU TELL ME WHO GAVE YOU THIS ICE CREAM EARLIER TODAY AT THE KWIK-E-MART!

I DIDN'T SEE HIS FACE! HE JUST TOSSED IT TO ME FROM THE TRUCK AND SAID THAT SOON THERE'D BE FREE ICE CREAM FOR EVERYONE!

AFTER THAT, HE DROVE AWAY!

"HE," YOU SAY? HMM...

LATER...

IS THERE ANYTHING ELSE WE CAN USE FROM THE ICE CREAM PUDDLE GOO?

WELL, I DID FIND THESE MICROSCOPIC COTTON FIBERS STUCK IN IT...

THE SAME KIND OF FIBERS USED TO MAKE LAB COATS!

"LAB COATS," YOU SAY? HMM...

SOON...

LAB COATS, CASTLE MOATS & PARADE FLOATS

FORMERLY 'PARTY HATS, COOL TATS & BATHROOM MATS'

...WE SELL HUNDREDS OF LAB COATS A MONTH...

"HUNDREDS," YOU SAY? HMM...
WHAT'S WRONG WITH HER?
HECK IF I KNOW.
WAIT, THAT DOESN'T HELP. THAT'S TOO MANY PEOPLE TO TALK TO!
ACTUALLY, IT'S JUST ONE GUY. HE BUYS IN BULK.
SOMETHING ABOUT CATCHING HIMSELF ON FIRE AT LEAST ONCE A DAY...
IF WE COULD KINDLY GET THAT CUSTOMER'S NAME FROM YOU...?
SOON AFTER...
THAT'S THE LAST OF THE BOXES OFF THE ICE CREAM TRUCK! NOW FOR THE FINAL PHASE OF MY MASTER PLAN...
PROFESSOR FRINK! YOU DIDN'T REALLY THINK YOU'D GET AWAY WITH STEALING ALL THE ICE CREAM, DID YOU?
"STEALING"? GOOD GRAVY BOAT, I'M NOT STEALING IT ...I'M MULTIPLYING IT!
I NEEDED THE ICE CREAM FOR MY NEWEST INVENTION, THE SUNDAE-TRON 3000!
I PUT A LITTLE ICE CREAM IN AND WHAT COMES OUT IS A MOUNTAIN-SIZED MOUND OF CREAMY GOODNESS!

I'M MAKING A GARGANTUAN SUNDAE FOR THE WHOLE TOWN, SO I NEED AS MUCH ICE CREAM AS I CAN GET MY HANDS ON LICKETY-SPLIT!
I JUST WANT TO HELP EVERYONE BEAT THE HEAT. WHAT BETTER WAY THAN WITH FREE ICE CREAM?
THAT MIGHT BE THE CRAZIEST ALIBI I'VE EVER HEARD. BUT SINCE IT'S TOO CRAZY NOT TO BE TRUE...
...LET'S FINISH WHAT PROFESSOR FRINK STARTED!
HOO-RAAAAY-VIN!
A LITTLE WHILE LATER...
WELL, YOU DID IT, PROFESSOR FRINK.
IT TRULY IS A SIGHT TO BEHOLD! THIS WILL BE THE ONE THEY REMEMBER ME FOR...

I'M JUST GLAD WE COULD FIND A PLACE BIG ENOUGH TO HOLD ALL THIS ICE CREAM!
OH, YOU KNOW WHAT WOULD BE THE BEES KNEES? MAKING A GIANT BANANA SPLIT!
I'LL JUST GO EXPOSE SOME CHERRIES AND BANANAS TO A LITTLE NUCLEAR RADIATION...
I THINK YOU'VE DONE MORE THAN ENOUGH TODAY TURNING ALL THIS ICE CREAM...
...INTO OUR NICE DREAM!
SOMETIMES I WISH WE DIDN'T SOLVE THE CASES JUST SO SHE WOULD STOP DOING THAT.
THE END

EXPOSED TO A SUCCESSION OF FREAK X-RAY ACCIDENTS, BART, LISA AND MAGGIE SIMPSON FIGHT CRIME AS STRETCH DUDE, CLOBBER GIRL, AND BOUNCING BATTLE BABY!
SURRENDER, JUDGE SNYDER! THAT RADIOACTIVE EVIDENCE YOU WERE HANDLING GAVE YOU SUPER POWERS BUT ALSO MADE YOU CRAZY!
I'M NOT OUT OF ORDER! YOU'RE OUT OF ORDER!
NOW FACE THE WRATH OF...
JUDGE MENTAL!
CG
STRETCH DUDE AND CLOBBER GIRL IN
A LEAGUE OF THEIR OWN
IAN BOOTHBY SCRIPT
JOHN DELANEY PENCILS
ANDREW PEPOY INKS
CHRIS UNGAR COLORS
KAREN BATES LETTERS
BILL MORRISON EDITOR

SMASH!
AND I FIND YOU KIDS IN CONTEMPT!
WHOA!
YOU SAY YOU'RE A JUDGE, HUH? WELL, EAT MY BRIEFS!
QUICK, CLOBBER GIRL! TIME FOR THE OLD FOUL BALL SPECIAL!
DON'T YOU MEAN FASTBALL SPECIAL?
NO, I MEAN FOUL! BATTLE BABY'S DIAPER REALLY NEEDS CHANGING!
OOOOF! RIGHT IN THE DOCKET!
DOING!

YOU'RE GOING AWAY FOR A LONG TIME! THAT IS, IF YOU DECIDE TO CONVICT YOURSELF! THE ONLY OTHER JUDGE IS ON VACATION!

GOOD WORK, SUPER SIS!

GOOD WORK?! LOOK AT THE *MESS* YOU MADE!

BUT WE CAUGHT THE BAD GUY!

AND WHO'S GOING TO PAY FOR THE DAMAGES TO THE COURT-HOUSE?

WE'RE GOING TO PUT A *STOP* TO YOU RECKLESS PUNKS AND YOUR *SUPER VANDALISM!*

OH PLEASE! JUST THIS MONTH WE FOUGHT THE LEAGUE OF CHAOS, THE LEAGUE OF DOOM, AND THE LEAGUE OF EVIL! AND WE BEAT THEM ALL!

YEAH, NO OFFENSE, BUT WHO ARE *YOU* COMPARED TO THEM?

WE'RE THE *LEAGUE OF WOMEN VOTERS!*

THE NEXT DAY...

ER...AH...BOWING TO PUBLIC DEMAND, I AM PASSING A LAW *BANNING* ALL SUPERHEROES FROM OUR FAIR CITY!

BUT, MAYOR QUIMBY! WE SAVED YOUR LIFE FOR THE *TENTH TIME* LAST WEEK!

SORRY, LITTLE SUPER GIRL, BUT...ER... I'M GETTING PRESSURE FROM A KEY VOTING DEMOGRAPHIC.

NO SUPERHEROES? AW...BUT I JUST MADE MY *GILL-MAN* COSTUME! I WAS GONNA FIGHT CRIME UNDER-WATER ONCE MY INNER EAR INFECTION CLEARED UP AND I LEARNED HOW TO SWIM!

WELL, I SUPPOSE THIS IS IT, LIS.

WE'RE STRETCH DUDE, CLOBBER GIRL, AND BOUNCING BATTLE BABY, NO MORE!

ACH! COME BACK HERE! SUPERHERO OUTFITS GO IN THE *RED RECYCLING BINS!*

THE NEXT DAY...

MAYBE THIS IS A GOOD THING! I'LL HAVE MORE TIME TO STUDY!

AND THE *GOOD THING* IS...?

HEY! WHAT ARE YOU DOING?

TRYING TO PUNCH YOU IN THE GUT AND TAKE YOUR LUNCH MONEY!

PRINCIPAL SKINNER! BART'S NOT LETTING ME BULLY HIM! HIS SUPERPOWERS ARE GETTING IN THE WAY!

BART! REPORT FOR *DETENTION* AFTER CLASS!

BART, THIS SCHOOL IS LIKE AN ECOSYSTEM. IF THE BULLIES CAN'T DO THEIR JOBS, THE WEAK CHILDREN WILL *RISE UP*...AND THEN WE'LL HAVE *ANARCHY!*

WHAT? THAT'S NOT *FAIR!*

OOF! WHY...?

THUD!

LATER...

LISA?

YES, MRS. POMMELHORST?

YOU'RE BANNED FROM GYM FOR THE REST OF THE YEAR!

WHAT? BUT IF I DON'T TAKE GYM, I WON'T PASS SECOND GRADE!

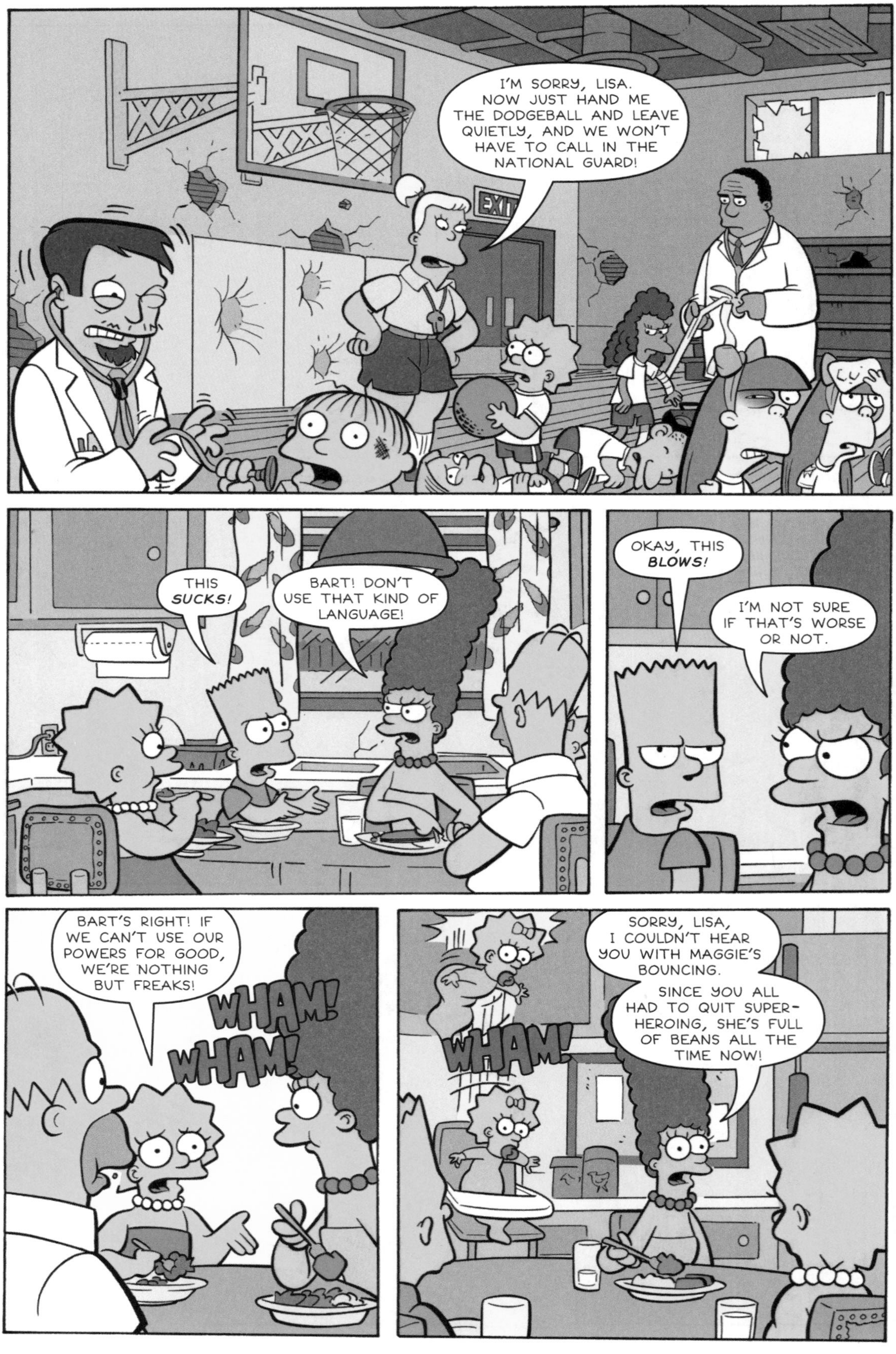
I'M SORRY, LISA. NOW JUST HAND ME THE DODGEBALL AND LEAVE QUIETLY, AND WE WON'T HAVE TO CALL IN THE NATIONAL GUARD!
EXIT
THIS *SUCKS*!
BART! DON'T USE THAT KIND OF LANGUAGE!
OKAY, THIS *BLOWS*!
I'M NOT SURE IF THAT'S WORSE OR NOT.
BART'S RIGHT! IF WE CAN'T USE OUR POWERS FOR GOOD, WE'RE NOTHING BUT FREAKS!
WHAM!
WHAM!
SORRY, LISA, I COULDN'T HEAR YOU WITH MAGGIE'S BOUNCING.
SINCE YOU ALL HAD TO QUIT SUPER-HEROING, SHE'S FULL OF BEANS ALL THE TIME NOW!
WHAM!

AND WORST OF ALL, *SUPER-VILLAINS* CAN STILL USE *THEIR* POWERS! IT'S NOT FAIR!

WELL, IT'S NOT LIKE THE BAD GUYS WOULD OBEY THE LAW ANYWAY! SO THERE WAS NO POINT IN OUT-LAWING *THEM*!

WE SHOULD GET BACK INSIDE BEFORE SOMEONE GETS HURT.

DON'T WORRY, MARGE. SUPERVILLAINS ARE MORE AFRAID OF YOU THAN YOU ARE OF THEM. JUST WATCH!

HEY, JERKS! NICE OUTFITS! HEY, BIG HEAD! WAY TO HAVE A HEAD THAT'S SO BIG!

THREE OPERATIONS AND ONE COMA LATER...

WAIT A MINUTE, IT'S *BOBCATS*! BOB-CATS ARE MORE SCARED OF YOU THAN YOU ARE OF THEM!

SOON...

PLEASE LET US BE SUPERHEROES AGAIN. THE CITY'S BEING TORN APART!

AND WE'RE BORED!

NO, BY ZORGON! YOU CHILDREN ARE TOO YOUNG TO USE SUCH POWER!

WHO'S *ZORGON?*

I DIDN'T SAY ZORGON. WHY WOULD I SAY ANYTHING ABOUT THE ALL MIGHTY LORD ZORGON?

LISA, THIS ISN'T THE TIME OR THE PLACE FOR THIS.

NOW I CALL THIS MEETING OF THE SPRINGFIELD P.T.A. TO ORDER!

:SIGH!:

SMASH!

OKAY, LIKE, HAND OVER ALL YOUR MONEY! I'M *JAILBIRD*, HE'S THE *HUMAN SCUMBAG*, AND WE'RE TOTALLY ROBBING YOU CONCERNED PARENTS AND TEACHERS!

WHY ARE YOU ROBBING A P.T.A. MEETING?

WITH NO SUPERHEROES AROUND, ALL THE GOOD PLACES TO ROB HAVE BEEN TAKEN. ALL THE BANKS, JEWELRY STORES, AND MILLIONAIRE YACHT CLUBS WERE *CLEANED OUT* DAYS AGO!

WE CAN SAVE YOU, IF YOU'LL JUST CALL THE MAYOR AND HAVE HIM CHANGE THE LAW.

FOR THE LAST TIME, *NO*, BY KRAZKAK!

MY *PEARLS*!

MY *DRINKING MONEY*!

LISA! DO YOU HAVE YOUR SPARE COSTUME WITH YOU?

YES. MAGGIE'S, TOO, IN CASE THEY CHANGED THEIR MINDS. BUT WHY?

SECONDS LATER...

HELLO, SPRINGFIELD! MEET STRETCH DUDE, CLOBBER GIRL, AND BOUNCING BATTLE BABY...YOUR NEWEST *SUPERVILLAINS*!

OH GREAT! THAT'S ALL WE NEED!

BUT YOU CAN'T...

NO LAW AGAINST BEING A *BAD GUY*! NOW TO *HELP* OUR FELLOW VILLAINS!

LET ME GET MR. VAN HOUTEN'S WALLET, OOOPS!

AAAAAH!

HERE! MY SISTER'LL HELP YOU, SNAKE!

BWANG!

OW! LIKE THIS IS TOTALLY *NOT* HELPING! PASSING OUT NOW!

OH NO! WE ACCIDENTALLY HIT MRS. SKINNER! *REALLY ACCIDENTALLY!*

BWANG!

AAAAH!

GROSS! MAGGIE KNOCKED HER FACE OFF!

IT'S NOT HER FACE! IT'S A *MASK!*

CURSES! BY THE FLAME PITS OF RORZAK, YOU'VE DISCOVERED MY SECRET!

YES, I REPLACED THE ONE YOU CALL AGNES SKINNER IN ORDER TO INFILTRATE YOUR VOTING LEAGUE! I KNEW I COULD GET YOU TO GET RID OF YOUR SUPERHEROES, AND ONCE YOU DID THAT, YOUR CITY WOULD BE WEAKENED AND RIPE FOR *INVASION!*

LATER...

TAKE HER AWAY, BOYS!

TO WHERE CHIEF?

I DUNNO, A BLACK HOLE OR SOMETHING.

I...ER...WOULD LIKE TO TAKE THIS OPPORTUNITY TO FLIP FLOP! SUPERHEROES ARE LEGAL ONCE AGAIN IN THE GREAT CITY OF SPRINGFIELD!

HEROES AGAIN, HUH? IT WAS KINDA FUN PRETENDING TO BE A VILLAIN. MAYBE SOME DAY I'LL TRY IT OUT FOR A WHILE, JUST TO SHAKE THINGS UP.

WE JUST WANTED TO SAY WE'RE SORRY. WE WERE WRONG.

US, TOO.

YOU WANT TO APOLOGIZE?

NO, WE WANT TO SAY YOU WERE WRONG, TOO!

MRS. SKINNER, ARE YOU OKAY?

I'M FINE.

I FOUND HER IN A POD IN THE BASEMENT BEHIND THE CAT'S LITTER BOX.

YOU KNOW, I SUSPECTED FOR YEARS THAT MOTHER HAD BEEN REPLACED WITH AN EVIL HIDEOUS ALIEN CREATURE!

SHE CHANGED PLACES WITH ME FOUR DAYS AGO.

HELP ME.

SORRY, SEYMOUR, THERE'S ONLY SO MUCH EVEN SUPER-HEROES CAN DO.

THE END!

NO CAUSE FOR ALARM

♪ OH HE LIVED ♪ HIS LIFE OF FREEDOM, EXACTLY THE WAY HE ♪ WANTED TO!* ♪

*"BORN TO DIE"--GRAND FUNK RAILROAD

WHAT ARE YOU DOING, HOMER?

SOMETHING I SHOULD HAVE DONE A LONG TIME AGO...

SERGIO ARAGONÉS
STORY & ART

ART VILLANUEVA
COLORS

KAREN BATES
LETTERS

BILL MORRISON
EDITOR

BRINGING A LITTLE COMFORT TO WORK!
WORK? HE RARELY DOES ANY OF *THAT!*
SPEAKING OF WORK, SHOULDN'T YOU BE TAKING CARE OF YOUR STATION, HOMER?
YOU KNOW, OUR SECURITY DEPENDS ON YOU.
NOT TO WORRY. I THINK OF EVERYTHING. I LEFT SOMEONE VERY RELIABLE IN CHARGE.

MAYBE I'LL BRING IN A RADIO. NO, BETTER YET, A TV SET!
AND MARGE COULD BRING ME LUNCH...
DANGER
...OR I COULD ORDER A PIZZA. GLAAARRGH...
DANGER
WAAAAAAAAA
WHAT THE--?
WAAAAAAAAA
EH? WHA...WHA...?
C.M. BUR
MR. BURNS! I'M HERE, SIR! DON'T WORRY!
I'LL TAKE YOU TO YOUR SHELTER. JUST RELAX...
ZZZZ

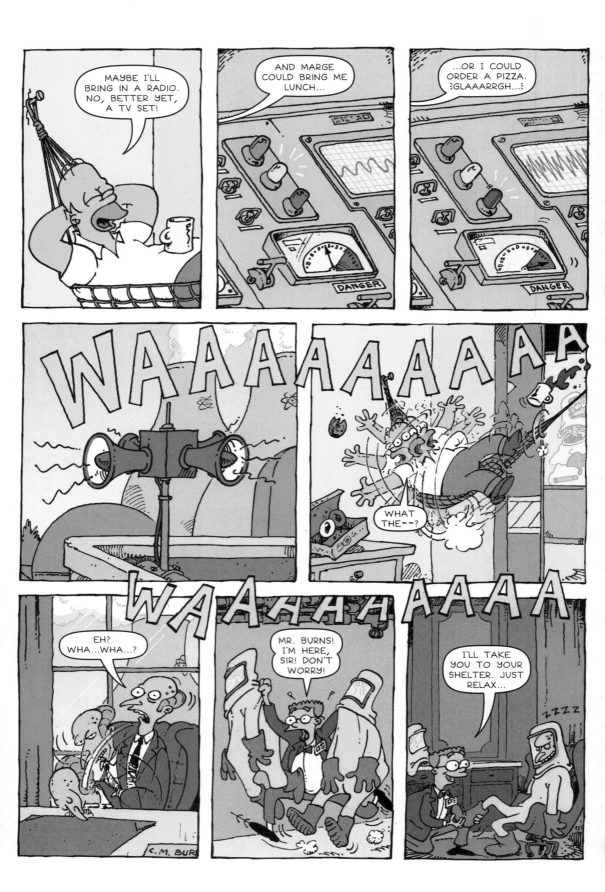

WAAAAAAAAA
LIBERTY AND JUSTICE FOR ALL
IT'S A MELTDOWN! WE'RE GOING TO DIE!
YOU READ IT IN MATTHEW 24:14! YOU SAW IT IN "SOYLENT GREEN"! WELCOME TO REALITY! THIS IS IT! WOW!
I DON'T WANT TO DIE! NOT YET!
THIS IS THE END!
NO TIME TO WASTE! **TO MOE'S!**
NO PARKING
A NOBLE SPIRIT EMBIGGENS THE SMALLEST MAN
ER...CHIEF, ANY SUGGESTIONS?
HOT DOGS
WE HAVE TO GET SUPPLIES!
TO THE SUPERMARKET!
NO, THE KWIK-E-MART! IT'S CLOSER!
BUZZ COLA
WAAAAAAA
MARGE, SAVE YOURSELF! COME TO MY SHELTER!
OH, DON'T WORRY, NED. MY HOMIE WILL TAKE CARE OF WHATEVER PROBLEM THEY'RE HAVING AT THE NUCLEAR PLANT.
WAAAAAAA
HOMER, ***DO*** SOMETHING!
I **AM** DOING SOMETHING! I'M TRYING TO GET OUT OF THIS HAMMOCK!

WAAAAAAA
♪ ...COMING THROUGH THE CLOUDS IN BRIGHT ARRAY! THE COUNTDOWN'S GETTING CLOSER EVERY DAY! ♪
THE END IS ~~NEAR~~ HERE!
SHELTER
YOU SEE? NOTHING TO WORRY ABOUT HERE, SIR!
Z Z Z
WAAAAAAAAA
BEER $1.00 DRINKS $3.00
BEER $1.00 DRINKS $3.00
BEER $10.00 DRINKS $25.00
SPRINGFIELD NEWS 6
THE WORST HAS HAPPENED! DOOMSDAY IS HERE. THE APOCALYPSE! ARMAGEDDON! BUT DON'T PANIC! REMAIN CALM!
KENT BROCKMAN
MORE NEWS AT ELEVEN...IF WE MAKE IT!
OUT OF MY WAY!
KENT BROCKMAN

WAAAAAAAAAAH
TAKE ME TO YOUR
BIG SALE COMICS 1/2 PRIC
COMICS
ROSWELL
WORST. PANIC. EVER!
YES WE'RE OPEN
KIBABA
KIBASH
SODA
SODA
KIBABA TOTOFU KIBASH
WAAAAAAAAAAAAA
CHILDREN, THE MOMENT HAS ARRIVED TO DO WHAT WE'VE PRACTICED FOR SO LONG...TO USE OUR CIVIL DEFENSE GUIDE BOOK!
CIVIL DEFENSE GUIDE
GO!
WAAAAAAAA
NOT A WEE MOMENT T' LOSE!
SHELTER
LET PEOPLE LAUGH AT WILLIE'S FORESIGHT *NOW!*
BEANS

THIS IS THE END! BUT I WON'T GO TO MY DOOM ALONE!

THE FIRST MAN I SEE, I...I...

WELL, A MAN IS A MAN!

COME AGAIN...OOPS! I AM SO USED TO SAYING THAT!

THANK YOU, COME AGAIN! OH, I SAID IT AGAIN!

THANK YOU, IT WAS NICE TO HAVE HAD YOU AS A CUSTOMER. COME AGAIN...OOPS!

HOMER'S BACK! HE'LL KNOW WHAT TO DO!

AS ALWAYS!

HE'S DONE THIS BEFORE!

HE HASN'T FAILED US YET!

EENY, MEENY, MINY...MOE!

WAAAAAAA...UUU!...

PLEASE PLEASE PLEASE...!

I *DID* IT!

DANGER AVERTED! DANGER AVERTED!

YEAH!

THAT SILENCE! WHAT'S WRONG, SMITHERS?

WE'LL FIND OUT IN A MINUTE, SIR.

SHELTER

I CAN'T TELL THEM I WASN'T AT MY POST!

SO WHAT HAPPENED, ER...

SIMPSON, SIR.

SIMPSON!

WELL, I WASN'T AT MY POST, AND...

D'OH!

NO, NO, THE ALARM STARTED BY ITSELF! IT MUST BE DEFECTIVE!

HMM...WE'VE HAD THAT ALARM FOR MANY YEARS. LET'S DO SOMETHING ABOUT IT!

I HAVE TO REMEMBER WHAT BUTTON I PUSHED IN CASE THAT HAPPENS AGAIN.

NO, NOT THAT ONE. HMM, MAYBE THIS RED ONE...

I KNOW IT WAS *THIS* ONE!

WAAAAAAAAA

D'OH!

AAAAAAH!

NOT AGAIN!

I'D BETTER TAKE THIS WHILE I FIGURE OUT WHAT TO DO.

SECURITY, HOLD THEM! THERE IS ONLY ENOUGH SPACE FOR MR. BURNS!

SHELTER
REST ASSURED, SIR. I'LL TAKE CARE OF EVERY-THING. NOBODY WILL BOTHER YOU.
WAAAAA AAA
LET'S PUT ON THE NEWS.
WHY? WE KNOW THAT ANY PROBLEM WILL BE SOLVED BY MACGYVER.
SPRINFIELD NEWS
THIS TIME IT'S FOR REAL! DOOMSDAY IS HERE! YOU HAVE NO CHANCE OF SURVIVAL, SO I'LL BID YOU GOODBYE! MY HELICOPTER IS WAITING!
KENT BROCKMAN
WELCOME LORD
NED, I TOLD YOU BEFORE, DON'T WORRY. HOMER WILL TAKE CARE OF EVERYTHING.
HOMER CAN BE INSENSIBLE AND A LITTLE OBTUSE, BUT ONE THING HE KNOWS IS NUCLEAR POWER! I'M CONFIDENT HE'S DOING EVERYTHING POSSIBLE TO ENSURE OUR SAFETY!

WAAAAAAA
HOMER, SHOULDN'T YOU BE INSIDE PREVENTING SOMETHING?
ICE CREAM
A AAAA
D'OH!
ICE CREAM
WAAAAAA
THE END OF THE WORLD SHOULD COME MORE OFTEN!
WAAAAAA
THANK YOU, COME AGAIN...IF YOU SURVIVE! THANK YOU, COME AGAIN...IF YOU SURVIVE!
WAAAAAAAA
THAT SURE WAS UNEXPECTED. SOMETHING LIKE THAT WILL ***NEVER*** HAPPEN TO ME AGAIN!
WAAAAAAAA
COME BACK! THIS TIME IT'S THE REAL THING!

WAAAAAAAAAAAAAAAAAAA
WELL, WE SENT THE KIDS HOME. AT LEAST THEY'LL BE WITH THEIR PARENTS.
WE'RE ALONE NOW. ARE YOU THINKING WHAT I'M THINKING?
SPRINGFIELD ELEMENTA SCHOOL
I THINK SO!
MOTHER!!
WAAAAAAAAA
WHERE IS EVERYBODY?
MOE'S!
First C of Spring
TODAY'S T
REPENT, MY SONS! IN THIS LAST MOMENT YOUR THOUGHTS SHOULD BE OF...
REVEREND LOVEJOY, WITH OR WITHOUT ICE?
WITHOUT!
WAAAAAAAAAAAAAAAAAA
CHIEF, ANOTHER HOUSE IS BEING BURGLARIZED!
CHIEF, THERE'S LOOTING AT THE MALL!
CHIEF WIGGUM
CHIEF, VANDALS ARE GOING BERSERK ON MAIN STREET!
MAP OF SP
WANTED
SHHH! YES, RALPHIE, I KNOW IT'S NOT YOU MAKING THAT NOISE.
OUT
IN

WAA

THIS WAS THE ONE!

AAAA

NO...NO, IT WAS THE BLUE ONE!

AAAA

HAA...*THIS* ONE! NO, *THIS* ONE!

AAiiuu...

THIS ONE... *YES*! THIS IS THE ONE!

DEFINITELY, POSITIVELY, THE ALARM SYSTEM IS DEFECTIVE!

THIS HAS TO STOP, SMITHERS. GET A NEW ALARM SYSTEM!

¿PHEW!?

THAT NIGHT...

I'M WORRIED, HOMIE. THE NEWS IS REPORTING THAT HOMES ARE BEING BURGLARIZED, STORES ARE BEING LOOTED...

DON'T WORRY, MARGE. WE HAVE THE BEST PROTECTION. WE HAVE A DOG!

WITH SANTA'S LITTLE HELPER ON GUARD, WE COULDN'T BE SAFER!

TRASH BLANG! CLANG! THUND!

WHA?

SOMEONE IS IN THE HOUSE!

WHOEVER IT WAS, THEY'RE GONE NOW.

ARF ARF

GOOD DOG! BEST PROTECTION EVER!

I DON'T KNOW, HOMER. I'LL FEEL MORE SECURE WITH AN ALARM.

NEXT MORNING...

WELCOME TO SEÑOR DINGDONG'S DOORBELL FIESTA, HOME OF THE BEST DOORBELLS AND ALARM SYSTEMS IN SPRINGFIELD!

AND FOR BEING FORMER CLIENTS, YOU WILL GET A 10% DISCOUNT.

WAY TOO EXPENSIVE.

DINGDONG! TING-ALING! DAN DINN DILING! DOLC YANNG TWING

I KNOW WHERE TO GET ONE FOR FREE!

REALLY, HOMIE?

AND, THAT NIGHT...

- CLICK -

HOLD IT RIGHT THERE, MISTER!

WAA! BUT...BUT I DIDN'T HEAR ANY ALARM!

IT'S A *SILENT* ALARM! IT RINGS ONLY AT THE POLICE STATION!

HOMER?

IT'S JUST A MISUNDERSTANDING, CHIEF WIGGUM. HOMER IS MY FRIEND AND NEIGHBOR. HE WAS ONLY TESTING THE ALARM FOR ME. RIGHT, HOMER?

EH?

WHAT DO YOU MEAN I WAS ONLY TEST--

OH...RIGHT. I WAS ONLY TESTING THE ALARM. HEE HEE.

AND DON'T FORGET, FLANDERS, I WAS ONLY TESTING YOUR ALARM SYSTEM.
OKILY DOKILY, NEIGHBORINO!
WHAT WAS *THAT* ALL ABOUT?
NOTHING. STUPID FLANDERS AND HIS *SILENT* ALARM. WHAT NEXT? TELEPHONES THAT TAKE PICTURES?
THE NEXT MORNING...
ALARM
ALARM INC
JOE
WHAT'S GOING ON? AM I BEING FIRED?
RELAX, HOMER. THEY'RE INSTALLING A NEW ALARM SYSTEM.
WELL, EH...
SIMPSON, SIR.
NO MORE TROUBLES. THE NEW ALARM WORKS PERFECTLY.
IT ALWAYS HAS...
ARMS
INC
DUMP

HEE HEE! JUST WHAT I NEEDED FOR THE HOUSE!

DUMP

DONUT

NOW WE'LL BE ABLE TO SLEEP WITHOUT ANY WORRIES, HONEY!

LET'S SEE, THIS THINGY GOES WITH THIS OTHER THINGY...

ALARM

ER...MOM? I THINK DAD NEEDS SOME HELP WITH... YOU KNOW...

ER.. NED?

SOON...

THERE IT IS. BUT I THINK THIS ALARM SYSTEM IS OVERKILL.

CAN WE TEST IT NOW? CAN WE?

ALARM

'FRAID NOT, HOMER. YOU DON'T HAVE A SIREN.

A SIREN?

YES, DAD. THE THING ON THE ROOF THAT MAKES THE NOISE!

ALARM

THE NEXT DAY...
I GUESS THIS IS WHAT FLANDERS MEANT ABOUT THE NOISEMAKER.
HEY, HOMER. AREN'T YOU WORKING TODAY?
I'LL BE BACK SOON. COVER FOR ME!
OH BOY. THAT DANGER GAGE IS IN THE RED, AND HOMER ISN'T HERE YET!
WHAT?
DANGER
SHELTER
WHY ISN'T THE ALARM SOUNDING? IT WORKED WHEN WE TESTED IT!
MAAARGE! TRY IT NOW!
WAAAAA

WAAAAAAAAAAA
IT'S NOT AS LOUD, BUT THE ALARM IS WORKING NOW!
HAAA!
AAAAAAAAA
THE ALARM! THERE'S DANGER AT THE PLANT!
WAAAA
DON'T PANIC, MR. BURNS! I'M COMING!
AAAAAAAAA
HOMER, THE ALARM IS SOUNDING HERE, NOT AT THE PLANT!!
CAN'T HEAR YOU, MARGE!
WAAAAA
NOW I KNOW WHAT TO DO FOR SURE...I THINK.
AAAAAAAAAAAAAA
HERE COMES HOMER!
WE'RE SAVED!
YEAH, HOMER!

WAAAAA
PLEASE, IT HAS TO BE ONE OF THIS GROUP!
AAAAAAAA
SAFE! THE DANGER IS AVERTED!
SAFE
DANGER
AAAAAAAAAA
BUT THE ALARM IS STILL ON. AHH! THAT'S MY HOUSE! WE'RE BEING ROBBED!
AAAAAAAAA
WHERE ARE YOU GOING NOW?
CAN'T YOU HEAR THE ALARM? THIEVES ARE LOOTING MY HOUSE!
WAAAAAAAAA
DON'T WORRY, MARGE! I'M COMING!
SPRINGFIELD
SPRINGFIELD NEWS 6
NEWS
LET ME GO! I HAVE TO GO TO MY SHELTER!
ARE YOU KIDDING? OUR RATINGS ARE THE HIGHEST THEY'VE EVER BEEN!
CHANNEL 6 TV

OH NO. THIS TIME IT *MUST* BE FOR REAL. I'LL FIND A MAN EVEN IF I HAVE TO GO ALL THE WAY TO CAPITAL CITY!

MANJULA, I THINK WE HAVE NOW ENOUGH TO PUT ALL THE KIDS THROUGH COLLEGE.

COME AGAIN!

I NEVER DREAMED I'D HAVE TO SAY THIS ONE DAY...

SORRY, GENTLE-MEN, I'M SOLD OUT OF EVERYTHING!

PULQUE?

EVERYTHING!

WAAAAAAAAAAAAAAAAAAAA!

TURN THAT THING OFF!

YOU'LL HEAR FROM MY LAWYER!

THIS IS MORE COMPLICATED THAN MY CONSOLE AT WORK!

WAA

WAAi..i.uuu...

I DID IT!

ALARM

I'D BETTER RETURN THE SIREN TO THE PLANT.

BART! DON'T TOUCH ANYTHING!

MOI?

I SHOULD HAVE BOUGHT THE ALARM AT DOORBELL FIESTA!

BACK TO THE PLANT YOU GO!
WAAAAAA
WAAA
AAAAAA
AA.. ii.. uuuu..
THUANK!
WHY YOU LITTLE...
HOMER, GET RID OF THAT THING ONCE AND FOR ALL!
THAT'S IT! NO MORE ALARM!
BART, STOP THAT!
ALARM
ALARM

MR. SIMPSON, MY GOOD MAN. THANKS TO YOU, MY SHOW HAD THE HIGHEST RATINGS EVER.
IF YOU COULD REPEAT WHATEVER YOU DID...LET'S, SAY IN A MONTH OR TWO...I WILL MAKE IT WORTH YOUR WHILE...
ALARM
SIMPSONS
IF YOU KNOW WHAT I MEAN...
HEY, HOMER. I DID TERRIFIC AT THE BAR. CAN YOU DO WHATEVER YOU DID... LET'S SAY IN A MONTH OR TWO? I'LL MAKE IT WORTH-WHILE, IF YOU GET MY MEANING...
MR. HOMER, THIS IS APU. I HAVE HAD MY BEST WEEK EVER! DO YOU THINK YOU COULD...
LET'S SEE. THIS THINGY GOES HERE IF I OPEN THIS...OR MAYBE HERE...
HOMER, IT'S LATE! COME TO BED!
ALARM
THE END

ANCHOR BLUES

...AND SO CONSTABLE KRUSTY CAPTURED FELONIOUS FLOUNDER BEFORE HE COULD ESCAPE TO HIS UNDERSEA LAIR. I GUESS THAT'S ONE FISH THAT *DIDN'T* GET AWAY! HA HA!

THAT CONCLUDES OUR SHOW, FOLKS. WE HOPE YOU ENJOYED THIS YEAR'S *CHANNEL 6 ALL-STARS HALLOWEEN SUPER VARIETY SHOWCASE!* FOR OUR FAMILY HERE AT CHANNEL 6, THIS IS *SUPER KENT BROCKMAN* SIGNING OFF.

AND WE'RE OUT. THAT'S A WRAP, EVERYONE.

WE'LL HAVE THE EDITING BOYS PUNCH UP THE LAUGH TRACK BEFORE THIS GOES TO BROADCAST NEXT HALLOWEEN.

MR. BROCKMAN, BEFORE YOU GO I NEED TO BRIEF YOU ON MONDAY'S NEWS STORIES.

SWEETHEART, AS SOON AS THAT TELEPROMPTER GOES DARK, I AM OFF THE CLOCK. SO UNLESS YOU HAVE THE NEW WEATHERGIRL'S PHONE NUMBER ON THAT CLIPBOARD, THE ONLY THINGS I'M READING ARE THE STOP SIGNS ON THE DRIVE HOME.

BUT MR. BROCKMAN--

TALK TO MY AGENT!

TONY DIGEROLAMO & NATHAN KANE
STORY

JAMES LLOYD
PENCILS

ANDREW PEPOY
INKS

NATHAN HAMILL
COLORS

KAREN BATES
LETTERS

BILL MORRISON
EDITOR

GEEZ, SHE TALKS MORE THAN MY DOG'S THERAPIST.

HEY! WHAT'S GOING ON?

STOP, THIEF! STOP HIM! IF HE MAKES IT TO THAT ELEVATOR, HE'LL GET AWAY!

MADE IT! LUCKY THAT DORK IN THE COSTUME DIDN'T STOP ME!

WHAT'S WITH YOU, BUDDY? ALL YOU HADDA DO WAS TRIP HIM UP OR HOLD HIM FOR A SECOND!

SORRY, PAL! THAT'S *YOUR* JOB!

I'M SORRY, MR. BROCKMAN! THAT THIEF GOT AWAY WITH EVERYTHING! HE EVEN STOLE YOUR CLOTHES FROM THE DRESSING ROOM!

:GASP!: MY LUCKY SUIT?! THAT WAS GIVEN TO ME BY TED KOPPEL'S WIGMAKER!

WHAT ABOUT MY PAYMENT FOR THE HALLOWEEN SPECIAL I JUST TAPED?

THAT ROBBER CLEANED OUT THE SAFE AS WELL. ALL YOUR *GOLD INGOTS* HAVE BEEN STOLEN.

YOU KNOW, THIS WOULDN'T BE A PROBLEM IF YOU LET ME PAY YOU WITH A CHECK.

I *TOLD* YOU ALREADY! CHECKS ARE TOO *MIDDLE CLASS!* I HAVE AN *IMAGE* TO PROTECT!

AND SO...

¦GRUMBLE!¦ I'LL BET THIS KIND OF THING NEVER HAPPENS TO BRIAN WILLIAMS!

HEY, SUPERDORK!

HAND OVER YOUR WALLET AND CAR KEYS!

PLEASE! DON'T SHOOT! I HAVE A WIFE AND TWO LOCAL EMMYS!

ALL RIGHT! I'M GOING TO *TOTALLY* USE UP YOUR SOUTHWEST AIRLINES FREQUENT FLYER MILES!

BUT THOSE MILES AREN'T TRANSFERABLE!

THEN I'LL TRADE THEM IN FOR A GIFT CERTIFICATE TO APPLEBY'S!

NOOOOO!

LATER...

HE WAS ABOUT SIX FEET TALL WITH A SNAKE TATTOO. HE HAD A GUN AND A DEVIL-MAY-CARE ATTITUDE.

WE'RE NOT GOING TO LIE TO YOU, MR. BROCKMAN. THERE'S BEEN A SPIKE IN UNSOLVED CRIMES THESE LAST FEW WEEKS. YOU PROBABLY WON'T SEE YOUR *BICYCLE* AGAIN

HE STOLE MY *CAR AND WALLET*. I DON'T EVEN *OWN* A BICYCLE!!

YEAH, DON'T TELL US HOW TO DO POLICE WORK, AND WE WON'T TELL YOU HOW TO BE THE SEA CAPTAIN.

EASY, MR. BROCKMAN.

I'M SPRINGFIELD'S *PREMIER NEWS ANCHOR*, NOT THE SEA CAPTAIN! YOU COPS ARE PATHETIC!

WELL, EXCUSE US, *DAN BLATHER!* I GUESS WE'LL BE ON OUR WAY THEN.

WAIT! WHERE ARE YOU GOING? I DEMAND AN INVESTIGATION!

SORRY, PAL. WE NEED TO GET BACK AND FILL OUT SOME PAPERWORK OR SOMETHING.

OH, AND I WOULDN'T STAY TOO LONG IN THIS ALLEY. IT GETS DANGEROUS AT NIGHT.

AFTER ALL, THIS ISN'T SMALLVILLE, KENT!

HA! HA! HA!

ΞSIGH!Ξ

THE NEXT MORNING...

MR. BROCKMAN... YOU LOOK TERRIBLE! HAVE YOU BEEN OUT HERE ALL NIGHT?

TODAY'S TOP STORY: "LOCAL MAN FINDS HIMSELF PENNILESS, STRANDED, AND BEREFT OF HIS LUCKY SUIT."

ONE EXPLANATION LATER...

...SO NOW YOU KNOW THE *REST* OF STORY.

IT'S ALWAYS HEARTENING TO TALK WITH A FELLOW NEWSIE WHEN I'M FEELING LOW.

WELL, THAT'S KIND OF YOU TO SAY, BUT I'M NOT REALLY A NEWSIE. I'M JUST TAKING OVER MILHOUSE'S PAPER ROUTE WHILE HE'S VISITING HIS NANA.

NONSENSE! YOU'RE PARTICIPATING IN THE NOBLE TRADITION OF DELIVERING NEWS TO THE MASSES. FROM TOWN CRIER TO MODERN-DAY BLOGGER, THERE IS NO GREATER CALLING!

IT'S BOTH AN INCREDIBLE POWER AND AN AWESOME RESPONSIBILITY!

UNFORTUNATELY, I LOST *SIGHT* OF THAT FACT. I'VE TAKEN THINGS FOR GRANTED, AND AS A RESULT...I'VE BECOME A JOKE.

I DON'T BELIEVE THAT'S TRUE. I READ IN YOUR BIOGRAPHY, "MAN AND ANCHORMAN," THAT YOU POSSESSED AN *UNRIVALED APTITUDE* FOR INVESTIGATIVE JOURNALISM WHILE YOU WERE A CUB REPORTER.

I'M SURE THAT KIND OF TALENT DOESN'T JUST GO AWAY. YOU'VE GOT TO DIG DOWN AND FIND IT AGAIN!

IT'S TRUE. BACK THEN I WAS A VERITABLE *VERONICA MARS*. ALL THE LEADS JUST SEEMED TO FALL INTO MY LAP. THAT SIMPLY DOESN'T HAPPEN ANYMORE.

HELLO... WHAT'S THIS?

IT'S A LIBRARY CARD... "PROFESSOR SNAKE JAILBIRD." HMMM...MY ASSAILANT MUST HAVE *DROPPED* IT LAST NIGHT!

LOOKS LIKE YOU'VE FOUND YOUR FIRST LEAD. GO GET 'EM, VERONICA!

LATER...

SMASH!

FREEZE! I'M KENT BROCKMAN! INVESTIGATIVE REPORTER!

WHY ON EARTH ARE YOU WEARING THAT OUTLANDISH GET-UP? AND MORE IMPORTANTLY...

...SHHHHH!!

I'LL ASK THE QUESTIONS HERE, LUCY LAWLESS! WHAT KIND OF CRIMINAL CAPER ARE YOU RUNNING?
IT'S JUST A LIBRARY. WE LEND BOOKS.
JUST A LIBRARY? I THINK NOT.
HEY!
WHAT'S A LIBRARY DOING WITH THIS?
THAT'S GOLDFINGER BY IAN FLEMING. IT'S A CLASSIC.
Gold Finge
YOINK!
WELL, IT LOOKS LIKE THIS STORY IS WORTH ITS WEIGHT IN GOLD. STOLEN GOLD INGOTS, TO BE PRECISE!
NERTZ! HOW DID YOU UNCOVER OUR FENCING OPERATION?
HOW? I LOOKED INTO YOUR JUNIOR ASSISTANT LIBRARIAN PROGRAM AND FOUND...
...FAT TONY AND THE D'AMICO CRIME FAMILY!
WHAT? CAN'T A GROUP OF SIX-TIME FELONS DO SOME LIGHT READING AMONGST FRIENDS?

COME ALONG, JUNIOR ASSOCIATES. LOOKS LIKE THIS NEWS-HOUND NEEDS TO BE PUT TO SLEEP...WITH THE FISHES.

STOP MIXING METAPHORS!

THWACK!

OUCH!

DON'T WORRY MR. BROCKMAN! *THE NEWSGIRL LEGION* HAS YOUR BACK! WE NEWSIES HAVE TO STICK TOGETHER, AFTER ALL!

NICE OUTFIT.

DON'T JUDGE ME.

HAW HAW! YOU'LL NEVER CATCH ME, BROCKMAN!

YOU!

I'VE GOT A GUN RIGHT IN HERE!

THE GUNS OF NAVARRONE
BY ALISTAIR MACLEAN

WHOA! IT'S JUST A BOOK! TALK ABOUT FALSE ADVERTISING!

I'M KENT BROCKMAN. OUR LEAD STORY TONIGHT...

...LOCAL NEWSMAN BECOMES LOCAL HERO!

KENT BROCKMAN, NOTED JOURNALIST, AUTHOR, AND AWARD-WINNING GRAVY CHEF HAS ALMOST SINGLE-HANDEDLY *PUT AN END* TO SPRINGFIELD'S RECENT CRIME WAVE.

A HIGH-LEVEL TRAFFICKING RING WAS OPERATING OUT OF THE SPRINGFIELD PUBLIC LIBRARY. AUTHORITIES LEARNED THAT STOLEN MERCHANDISE WAS BEING SMUGGLED OUT OF TOWN, CONCEALED IN LIBRARY BOOKS. A CRAFTY PLAN INDEED, BUT NOT TOO CRAFTY FOR *THIS* ACE REPORTER.

THE GOODS HAVE BEEN RETURNED TO THEIR RIGHTFUL OWNERS, AND THE PERPETRATORS JAILED. ALL THANKS TO SOME *HARD-HITTING* INVESTIGATIVE REPORTING. PUN VERY MUCH INTENDED.

BUT IF I MAY INDULGE MYSELF FOR A MOMENT...

...THE NEWS IS ALL ABOUT REPORTING THE FACTS. AND THE FACT IS, MY RECENT BEHAVIOR HAS BEEN...*UNBECOMING,* TO SAY THE LEAST.

MY ARROGANCE GOT THE BETTER OF ME, AND AS A RESULT, I WAS LAID PRETTY LOW. FORTUNATELY, FATE BROUGHT ME A VERY SPECIAL *YOUNG LADY* TO HELP ME BACK ON MY FEET.

SHE REMINDED ME THAT THIS OLD NEWSHOUND STILL HAS WHAT IT TAKES. I COULDN'T HAVE CRACKED THIS STORY WITHOUT HER SUPPORT, AND I'D LIKE TO TAKE A MOMENT TO THANK HER PERSONALLY.

MANDY, I COULDN'T HAVE DONE IT WITHOUT YOU! HOW CAN I REPAY YOU? DINNER, PERHAPS?

¦BLUSH!¦ OH, KENT! ¦GIGGLE!¦

...FOLLOWING THE BREAK, WE PRESENT THE FIRST IN A SIX-PART SERIES ABOUT MC T-BONE, THE RAPPIN' DOG!

AFTER THAT, WE ASK, "CAN A BIKINI WAX MAKE YOU *TOO SEXY?*" TEN GORGEOUS MODELS GIVE ME THEIR ANSWERS!

HRMMM...

WHAT A SCOOP!

A MATT GROENING PRODUCTION, BROUGHT TO YOU BY:

	1963 SEQUENCE		COMIC SHOP SEQUENCE		
SCRIPT BATTON LASH	PENCILS HILARY BARTA	INKS BOB SMITH	PENCILS BILL MORRISON	INKS STEVE STEERE, JR.	LETTERS CHRIS UNGAR
	COLORS NATHAN KANE		COLORS CHRIS UNGAR		

...THE CRAFTSMANSHIP ALONE OF THIS *LURE LASS* ACTION FIGURE MAKES IT QUITE THE DESIRABLE COLLECTIBLE!

SHOP-LIFTERS WILL BE **SNIKT!**

HMM! WHAT KIND OF BATTERIES ARE NEEDED TO LIGHT THE IL-*LURE*-MINATING BREASTPLATES?

DOUBLE D, IF YOU MUST KNOW--

WHAAAT?!

ARE YOU *MAD*? JUST WHAT DO YOU THINK YOU ARE DOING?!

DON'T HAVE A COW, MAN! I WAS JUST THUMBING THROUGH THAT COMIC BOOK!

YOINK!

THUMBING? THIS WORK OF GRAPHIC EXCELLENCE IS FROM 1967!

IN FACT, IT APPEARED ON NEWS-STANDS THE SAME WEEK "YOU ONLY LIVE TWICE" WAS RELEASED--MY PERSONAL FAVORITE *SEAN CONNERY* BOND FILM!

RADIOALTIVE MAN

DID YOU NOT NOTICE THE CONDITION OF THIS COMIC BOOK?

ITS *STAPLES* ARE STILL TIGHT! THE *GLOSS* IS STILL ON ITS COVER! THERE'S NO *ROLL* ON THE SPINE!

THAT IS WHY THIS ISSUE IS IN A PROTECTIVE *BAG* WITH AN ACID-FREE *BACKING BOARD!* TO KEEP IT *PRISTINE MINT!* I THOUGHT YOU KNEW *BETTER*--BUT APPARENTLY YOU DO NOT!

B-BUT YOU HAD A $25 PRICE TAG ON THAT COMIC!

YEAH--

--I'M NOT GONNA DROP THAT KIND OF *CASH* WITHOUT LOOKING TO SEE IF THE STORY'S ANY *GOOD* OR NOT!

AH, THE *NAIVETÉ* OF YOUTH ALWAYS AMUSES ME.

THE ANDROID'S DUNGEON & BASEBALL CARD SHOP

TAKE ME TO YOUR COMIC BOOKS & BASEBALL CARDS

OPEN 3PM-7PM

IN THE FUTURE, I WANT TO SEE CASH *UP FRONT* BEFORE I TAKE A BOOK *OFF* THE WALL AND *OUT* OF THE BAG!

HEY! WHAT ABOUT *THAT* ONE?

CAN WE LOOK THROUGH IT?

IT LOOKS KINDA BEAT UP!

THIS WAS A *HIGHLY PRIZED* ENTRY IN THE SERIES--*FONDLY REMEMBERED* BY ALL WHO WERE THERE WHEN IT CAME OUT! ⸴CHOKE!⸴

THIS IS *RADIOACTIVE MAN #100*. IT IS WELL-WORN AND WELL *BELOW* THE "OVERBOARD PRICE GUIDE'S" GRADE OF "GOOD"--BUT IT IS UP HERE FOR A *REASON*.

YOU SEE, THIS WAS THE VERY *FIRST* ISSUE OF "RADIOACTIVE MAN" I EVER READ. IT WAS A SPRING DAY IN 1963. I WAS EIGHT YEARS OLD...

...MY MOTHER TOOK ME INTO *GARDNER'S PHARMACY* TO FILL A PRESCRIPTION. I COULDN'T HELP BUT BE DRAWN TO THE BRIGHTLY COLORED *COMICS* IN THE SPINNER RACK!

AND IT WAS THIS PARTICULAR ISSUE IN WHICH I INVESTED MY MOTHER'S 12 CENTS--AND WHAT AN *EVENT* I SERENDIPITOUSLY HAPPENED UPON!

A *CENTENNIAL* CELEBRATION OF A CHARACTER WHO NOT ONLY THRILLED THE YOUNG WITH HIS *HEROISM*--

--BUT *INSPIRED* A NEW GENERATION TO *ENTER* THE COMIC BOOK INDUSTRY!

FANS GREW UP TO BECOME *PROFESSIONALS,* TO BE PART OF THIS FABULOUS *ART FORM*. AND WE TOOK A *MASS MEDIUM* AND MADE IT WHAT IT IS TODAY--A *SUBCULTURE!*

SLUTTINA

KIDS COMICS

HAPPY LITTLE ELVES

SNUGGLE DUCK

ANTIQUE BLOW-UP FROM 1997 $150.00

RADIOACTIVE MAN #100 INSPIRED YOU TO OPEN A COMICS SHOP? *WOW!*

THAT COMIC MUST KICK SERIOUS *BUTT!*

CORRECTOMUNDO!

IN FACT, THE "RADIOACTIVE MAN" TITLE WAS IN THE MIDST OF ONE OF MY *FAVORITE* PERIODS.

IT WAS DECIDED THAT THE STORIES WERE TO HAVE A BASIS IN *SCIENCE.* THAT GAVE IT A MORE *REALISTIC* FEEL, RATHER THAN THE *CHILDISH* ESCAPADES THE CHARACTER HAD TO ENDURE UNDER OTHER EDITORIAL TUTELAGES!

AH, YES, WE HAD *COMICS* THEN!

RADIOACTIVE MAN

MAY
AN ALL NEW ADVENTURE STARRING THE WORLD'S MOST IRRADIATED HERO!
COMICS BONGO GROUP
1963
APPROVED BY THE COMICS CODE AUTHORITY
RADIOACTIVE MAN
NO. 100
12¢
NO. 1
RADIOACTIVE MAN
NO. 25
RADIOACTIVE MAN
UGH! A GIRL!
GALA 100TH ISSUE!
NO. 50
RADIOACTIVE MAN
GALA 50TH ISSUE!
NO. 75
RADIOACTIVE MAN
I KNEW THE LADIES ROOM WAS A BAD SPOT TO CHANGE!

For the
BRIGHTEST
STARS in the
COMICS COSMOS
RADIOACTIVE MAN
CAPTAIN SQUID
BRAVE HEART
LURE LASS
BUG BOY
COMICS BONGO GROUP
SHECKY WOO
GERRY LOUIS
ITCHY & SCRATCHY
GLORIA GRAND
PRESS
Every Bongo Comic is Approved by the Comics Code Authority
APPROVED BY THE COMICS CODE AUTHORITY
NICE 'N WHEEZIE

RADIOACTIVE MAN
WE'RE ALL FAMILIAR WITH THE CITY OF ZENITH'S GREATEST HERO--*RADIOACTIVE MAN!*
BUT WHAT IF A *MENACE* AROSE IN ZENITH AND THE *IRRADIATED CRUSADER* WAS NOWHERE TO BE FOUND?
WHAT IF THIS MENACE *DEFIED* THE BASIC LAWS OF *PHYSICS*, BREAKING THE RULES OF *TIME AND SPACE?* WHERE DOES THE *SCIENCE* END--AND THE *FICTION* BEGIN?
DO *YOU* KNOW THE LAWS OF PHYSICS? FOR INSTANCE, WHAT HAPPENS WHEN A *BEAM OF LIGHT* IS INTERRUPTED BY A *MASS?*
OH, EXCUSE ME, MR. VICE PRESIDENT, SIR--I THOUGHT I WAS HERE *ALONE!*
FOR *99 ISSUES*, RADIOACTIVE MAN HAS BEEN UNBEATEN BY FOES, ADVERSARIES, AND ENEMIES ALIKE! IN *THIS*, HIS *100TH ISSUE*, HAS HE FINALLY MET HIS MATCH IN A *ROBOT* FROM *100 YEARS AGO?*
ANOMALY OF THE AUTOMATON THAT RAN AMOK!

RADIOACTIVE MAN, Vol. 1, No. 100, May, 1963. Published monthly by BONGO PERIODICALS & PUBLICATIONS, INC. Arnold Leach, publisher and editorial director. Yearly subscriptions are available on an annual basis. Please inquire. Editorial and executive offices are located on the second floor of the Legitimate Businessman's Social Club, Springfield, U.S.A. "This publication may not be sold except by authorized dealers and only with my permission and blessings." – Fat Tony d'Amico. Any resemblance to any characters or incidents depicted in this publication to any real world characters or incidents would not only be coincidental - it would be phenomenal! There's a flying man and a runaway robot in this comic book, for Pete's sake! In the meantime, we recognize our right under the constitution to feature any public figure that may have once been vice president or recently lost the Californian gubernatorial race. God bless America! PRINTED IN CANADA

YES, MY FRIENDS, OUR BELOVED CITY OF ZENITH HAS COME A LONG WAY...

...BUT THERE'S STILL *PLENTY* OF WORK TO BE DONE BEFORE WE CAN GET THE CITY TO LOOK LIKE THAT *ARTIST'S RENDERING!*

THE CITY PLANNERS SAY IT'LL TAKE AT LEAST 37 YEARS--THAT WOULD BE THE YEAR *2000!* WE'LL BE FLYING TO WORK WITH *JET PACKS* BY THEN, EH?

HA, HA!

PRESS

MUSEUM

ANYWAY, YOU'RE ALL HERE FOR THE *CEREMONY*-- LET'S GET ON WITH IT!

ON THE *ANNIVERSARY* OF OUR CITY, WE'VE UNEARTHED A TIME CAPSULE BURIED BY THE ZENITH MUSEUM *ONE HUNDRED YEARS AGO!*

THE CURRENT REIGNING *MISS ZENITH* WILL PULL THE NAME OF THE LUCKY WINNER WHO WILL HAVE THE HONOR OF *OPENING* THE TIME CAPSULE!

MISS ZENITH

OH, THIS IS *SO* EXCITING!

OKAY, JULIE-- *DRAW!*

WHAT TH--?!

ZENITH

BAM!

BAM!

BAM!

BAM! BAM!

GREAT SCOTT! A *ROBOT* WAS IN THE TIME CAPSULE--DRESSED AS A *COWBOY*, USING A PAIR OF *SIX-GUNS* TO SHOOT HIS WAY OUT!

AH WANTS RADIOACTIVE MAN!

THE ROBOT'S *DEMANDING* RADIOACTIVE MAN WHILE IT *STANDS* ON THE MUSEUM STEPS *TWIRLING* ITS--

WE GET IT! WE GET IT! WE'RE NOT *BLIND*, YOU KNOW!!

AS *FATE* WOULD HAVE IT, *RADIOACTIVE MAN* WAS INVITED TO THE ZENITH MUSEUM GALA ANNIVERSARY TO PARTICIPATE IN THE TIME CAPSULE UNEARTHING--BUT SO WAS HIS *ALTER EGO*, LAYABOUT SOCIALITE *CLAUDE KANE IIII!* LONGTIME READERS KNOW THAT ASIDE FROM A GROUP OF PEOPLE WHO COULD FILL A SMALL BANQUET HALL, *NO ONE* KNOWS THAT RADIOACTIVE MAN AND CLAUDE KANE ARE ONE AND THE SAME! TO AVOID THIS EMBARRASSING TURN OF EVENTS, *BOTH* RADIOACTIVE MAN AND CLAUDE RSVP'ED THAT THEY WOULDN'T BE ABLE TO ATTEND THE CEREMONY! FORTUNATELY, THE MAYOR WAS COPACETIC WITH THE CURRENT REIGNING *MISS ZENITH* TAKING RM'S PLACE ON THE PODIUM...

AH SAID, WHERE'S RADEEO-ACTIVE MAN?

WE DON'T KNOW!

YOU SEEN RADIOACTIVE MAN?

WASN'T HE SUPPOSED TO BE HERE TODAY?

THAT'S WHAT I HEARD.

NOT FOR A WHILE.

WHERE'S THE *MAYOR*? MAYBE *HE* CAN CONTACT RADIOACTIVE MAN!

THE MAYOR'S *BODYGUARDS* MUST'VE GOTTEN HIM OUTTA HERE!

HMPH! I DON'T SEE *MISS ZENITH* AROUND EITHER!

QUIET! TELL THAT LIGHTNIN'-HEADED HOMBRE THAT SHOOTIN' IRONS IS IN TOWN!
BAM!
BAM!
SCHWARTZ
MEANWHILE, AT CITY HALL...
MAYOR
MR. MAYOR! THIS IS SERIOUS! THINK OF THE DAMAGE THIS WILL DO...
MISS ZENITH IS HALF YOUR AGE! YOU'VE GOT TO STOP BEING SEEN WITH HER! IT COULD WRECK YOUR POLITICAL CAREER!
QUIET, ANDERSON! I'VE GOT OTHER CONCERNS--LIKE THAT PISTOL-PACKING ROBOT! I NEED RADIOACTIVE MAN!
CLICK!
NOT THE ATOMO-SIGNAL--!
BOOOOM!
MR. MAYOR--WE'VE GOT TO TELL RADIOACTIVE MAN TO FURNISH US WITH A BETTER SIGNAL!
STORY CONTINUES AFTER YOU TURN THE NEXT PAGE!
TRY GIELLA GELATTO

IMAGINE THIS!

COMICS BONGO GROUP
12¢
APPROVED BY THE COMICS CODE AUTHORITY
SUPERIOR SQUAD
SEPT.
NO. 18
YOUR FEATS MAY BE STUPENDOUS, SUPERIOR SQUAD...
... BUT MY FEET HAVE YOU ALL IN TOE!
Feet-uring
THE SUPERIOR SQUAD'S ARCHED-FOE IN...
"FATAL FEET of the SCARLET FLOOZY!"

THE GREATEST HEROES EVER ASSEMBLED...

- PLASMO!
- CAPTAIN SQUID!
- BRAVE HEART!
- LURE LASS!
- BUG BOY!
- WEASEL WOMAN!

...WILL SEPARATE YOU FROM YOUR 12 CENTS FASTER THAN YOU CAN SAY,

"SUPERIOR SQUAD, REGROUP!"

RESERVE YOUR COPY -NOW!

IF YOU CAN'T FIND IT AT YOUR NEWSTAND,

FORGET IT! IT'S GONE, DADDY-O!

COMICS BONGO GROUP

ANOMALY OF THE AUTOMATON THAT RAN AMOK!
CHAPTER TWO
PEOPLE ARE RUNNING IN SYMMETRY THROUGH THE STREETS OF ZENITH AS AN ASTOUNDING CREATURE KEEPS REPEATING A REFRAIN ALMOST AS OFTEN AS HIS BLAZING SIX-GUNS ARE REPEATING...
BAM!
BAM!
WHAR'S RADIOACTIVE MAN? WHAR?
BAR
GREENE INC.
CINFA

WHAR INDEED? AND WHAT OF RADIOACTIVE MAN'S COMRADES-IN-ARMS, THE SUPERIOR SQUAD? WHERE ARE THEY WHILE THE ROOTIN' TOOTIN' ROBOT RAMPAGES THROUGH ZENITH? LET'S SEE WHAT THE SQUAD IS DOING AT THEIR HQ IN THE MANDO MANSION...
WE INTERRUPT THIS PROGRAM...

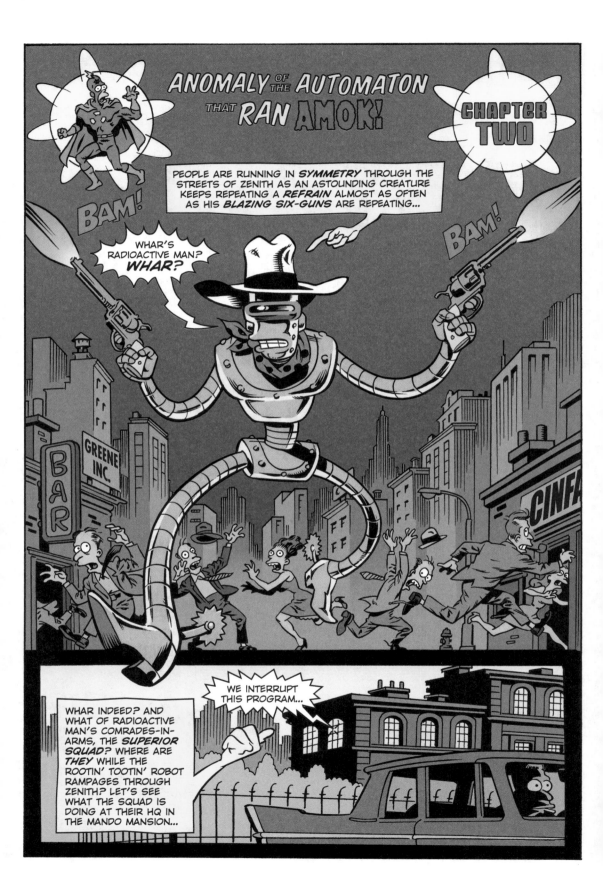

THIS IS GLORIA GRAND OF WZEN. ALL WE KNOW AT THE PRESENT TIME IS THAT THE MECHANICAL MAN SPEAKS WITH A TEXAS DRAWL AND SEEMS TO HAVE AN ENDLESS SUPPLY OF BULLETS IN HIS SIX-GUNS!
SHOOTIN' IRONS WANTS HIM.
GREAT SUFFERING SCUNGILI!
A ROBOT WHO'S SUPPOSED TO BE FROM 100 YEARS AGO IS OUT LOOKING FOR RADIOACTIVE MAN...AND RM IS NOWHERE TO BE FOUND!
I CAN UNDERSTAND YOUR CONCERN, CAPTAIN SQUID, BUT THERE'S NO NEED FOR YOU TO CONTINUE WITH THE EXPOSITION...
ONE BY ONE, THE MEMBERS OF THE LEGENDARY SUPERIOR SQUAD THROW IN THEIR TWO CENTS:
EXPOSITION MY EYE! I HAD TO SAY SOMETHING THAT CONCERNED THE SQUAD LEST LURE LASS WOULD NOTICE THAT I WAS YEARNING FOR HER...
BUG BOY'S RIGHT, CAP! I SAY LESS TALK, MORE ACTION!
BUT WOULDN'T RM BE A LITTLE TICKED OFF THAT WE WERE FIGHTING HIS BATTLE?
OH, CAPTAIN SQUID! IF ONLY YOU HAD THOUGHTS OF ME, RATHER THAN THINKING OF MISSIONS FOR THE SUPERIOR SQUAD!
YES--THE ROBOT HAS CLEARLY INDICATED THAT IT WANTS RADIO-ACTIVE MAN...
...THERE HAS BEEN NO SIGN OF RADIOACTIVE MAN OR ANY OF HIS SUPER-POWERED CONTEMPORARIES. THE QUESTION ON EVERYONE'S MIND NOW IS, CAN ZENITH DEAL WITH A CRISIS WITHOUT THE HELP OF SOMEONE IN A MASK AND TIGHTS?
YOU KNOW, WE COULD HELP IF YOU'D LET US...
QUIET! I HAVE A TOENAIL CLIPPER--
--AND I KNOW HOW TO USE IT!
*EDITOR'S NOTE: WE'D RATHER NOT GET INTO THE HABIT OF CROSS-REFERENCING TITLES, BUT THIS SCENE SHOULD SATISFY THE INSATIABLE FAN WHO HUNGERS TO KNOW WHY THE SUPERIOR SQUAD DIDN'T COME TO THE AID OF ZENITH IN THIS ISSUE.

AT THAT MOMENT, ON THE SHELL-STREWN STREETS WHERE THE STEEL STRANGER STALKS...

WHAT THE-- *PARDNER*, AH RECKON YOU'RE GONNA BE *EATIN' LEAD!*

HEY, *TINHORN*--THIS TOWN ISN'T BIG ENOUGH FOR THE BOTH OF US!

NOT HUNGRY--BUT *HERE!* HAVE A *KNUCKLE SANDWICH* ON ME--FALLOUT BOY!

CLANG!

FALLOUT BOY IS IN REALITY *ROD RUNTLEDGE*--YOUNG WARD OF CLAUDE "RADIOACTIVE MAN" KANE*!* ROD BECAME FALLOUT BOY BY AN INCREDIBLE *ACCIDENT* THAT JUST SO HAPPENED TO ENABLE HIM TO *ABSORB* POWER FROM RADIOACTIVE MAN (THE STORY OF HIS ORIGIN WAS MOST RECENTLY RECOUNTED FOR THE ZILLIONTH TIME IN ISSUE #88--MAY *1962*--OF *RADIOACTIVE MAN*). SHARP READERS WILL JUST ASSUME THAT ROD WAS IN *SCHOOL* AND HAD TO WAIT UNTIL HIS *LAST CLASS* WAS OVER BEFORE HE COULD DON HIS CRIME-FIGHTING COSTUME TO GO AFTER THE CLINKETY-CLANKETY COWBOY...

YEEOCH! THAT *SMARTS!* I HADDA SWING AT THAT ROBOT JUST TO USE THE KNUCKLE SANDWICH LINE, DIDN'T I?

WAL, LOOKEE HERE--

IT'S JUST SOME HALF-PINT COWPOKE! WHAR'S RADIOACTIVE MAN, BOY?

GURGLE!

THAT AIN'T COMPUTIN', BOY!

DON'T WASTE MAH TIME--AH'M A LOOKIN' FOR RADIO-ACTIVE MAN!

WHEW! THAT WAS CLOSE! BUT WHERE *IS* RADIOACTIVE MAN ALREADY?

PLAYING A HUNCH, FALLOUT BOY GOES TO CITY HALL...

WHY, YES, FALLOUT BOY--RADIOACTIVE MAN KEEPS A *SPARE* COSMIC COMMUNICATOR HERE AT CITY HALL FOR EMERGENCIES...

THANKS, MR. MAYOR! IT MAY JUST HELP ME FIND OUT WHERE RADIO-ACTIVE MAN HAS GONE OFF TO.

...IT'S GOT TO BE AROUND HERE *SOMEWHERE.* I'LL HAVE ANDERSON LOOK FOR IT FOR YOU.

QUICKLY, THE COSMIC COMMUNICATOR IS LOCATED AND FALLOUT BOY GETS TO WORK.

LET ME SEE IF I CAN REMEMBER OFF THE TOP OF MY HEAD THE *GAMMA FREQUENCY* NUMBERS FOR SOME OF RM'S *PALS*...

THE COSMIC COMMUNICATOR IS A FANTASTICALLY CONVENIENT DEVICE RM USES TO COMMUNICATE WITH *HIDDEN CITIES, PARALLEL UNIVERSES,* AND THE *FUTURE!* IT WAS A GIFT FROM THE RADIOACTIVE MAN OF EARTH BETA AS DEPICTED IN THE SEPTEMBER *1961* ISSUE OF THIS MAGAZINE.

AND SO HE DIALS! ACROSS DISTANCE, TIME, AND SPACE, FALLOUT BOY'S INQUIRY REACHES LONG-TIME CRIME-FIGHTING COMPANIONS OF RADIOACTIVE MAN...

HELLO? *RADIOACTIVE APE?* ARE YOU THERE?

IN THE HIDDEN JUNGLES OF SIMIAN CITY...
SORRY, FALLOUT BOY! RADIOACTIVE MAN'S NOT HERE IN SIMIAN CITY! LOOK, I'VE GOT AN EMERGENCY MEETING OF THE SECRET SOCIETY OF SUPER-SIMIANS--
--THE BANANA THIEF WAS RELEASED FROM JAIL TODAY--HE'S OUT ON APPEAL!
MURDER ON THE ORANGUTAN EXPRESS
by APE-ATHA CHRISTIE
FALLOUT BOY THEN CALLS A WORLD ALIGNED WITH OURS...
HE HASN'T BEEN HERE ON EARTH BETA, FALLOUT BOY! HEY--DO ME A FAVOR?
NEXT TIME YOU CALL--DON'T REVERSE THE CHARGES! YOU WON'T BELIEVE THE RATES DURING THE WORKDAY FOR CALLS BETWEEN PARALLEL WORLDS!
UNDAUNTED, THE UNDERAGED WONDER PLACES A VERY LONG DISTANCE CALL--TO THE RADIOACTIVE MAN OF THE FUTURE...
WHAT--WHO DID YOU SAY IS CALLING? FALLOUT BOY?
JIMINY JILLIKERS! THAT'S ME CALLING FROM THE PAST! BUT I CAN'T LET HIM-- I MEAN "ME"-- KNOW THAT...DARN! THESE TIME PARADOXES GIVE ME A HEADACHE!
HELLO? HELLO? RADIOACTIVE MAN OF THE FUTURE, ARE YOU THERE?

AS LONG-TIME READERS KNOW, THE RADIOACTIVE MAN OF THE *FUTURE* WILL BE THE *GROWN-UP* FALLOUT BOY, TAKING OVER THE MANTLE OF HIS MENTOR! THIS FACT IS *UNKNOWN* TO THE PRESENT-DAY FALLOUT BOY, OF COURSE!

HEY! AM I ON HOLD?

MUST BE CAREFUL WHAT I SAY--EVEN THE MOST INNOCENT REMARK MIGHT TIP OFF THE PAST OF A FUTURE EVENT! MUST ACT *NATURAL*... BUT *VAGUE*!

AHEM! YES, FALLOUT BOY! WHAT CAN I DO FOR YOU?

SAY, IS THE RADIOACTIVE MAN OF *1963* VISITING YOUR TIME ERA BY ANY CHANCE?

IS--IS HE VISITING *MY* TIME ERA?

THAT'S WHAT I SAID! IT'S *URGENT* THAT I FIND HIM!

URGENT?

YEAH, URGENT! IS HE THERE?!

SHEESH! IT'S LIKE TALKING TO *MYSELF* WITH THIS GUY!

NOPE! HAVEN'T SEEN HIM! WELL, FALLOUT BOY, I'M GONNA LET YOU GO--

HMM-- I HAVE AN *IDEA*...

UH OH...

SINCE I'VE GOT YOU ON THE LINE, LET ME TELL YOU *WHY* I'M LOOKING FOR YOUR NAMESAKE...

THERE'S A ROBOT LOOKING FOR A SHOWDOWN--AND GET THIS! IT'S DRESSED AS A COWBOY! DOES THAT RING ANY BELLS?
UH...COME AGAIN?
IF I WERE YOU, PAL, I'D PAY ATTENTION! WHAT HAPPENS IN THE PAST EVENTUALLY AFFECTS WHAT HAPPENS IN THE FUTURE!
OD, DIS DON CUNNEKSHON ID DERRIBUH.
WHAT? SPEAK UP! CAN YOU HEAR ME?!
I SAID CAN YOU LOOK UP AN OLD NEWSPAPER ACCOUNT OR TV REPORT FROM 1963
AND FIND OUT HOW THIS THING WITH THE ROBOT TURNED OUT?
IT'LL REALLY GIVE US AN EDGE! CAN YOU DO ME THAT ONE FAVOR PLEASE?
WHAT'S WRONG WITH YOU?! HAVEN'T YOU LEARNED YOUR LESSON? REMEMBER WHEN YOU SUGGESTED TO TWO SUPER-VILLAINS TO GO INTO THE FUTURE TO PEEK AND SEE IF THEIR EVIL PLANS WORKED? THAT GAVE THOSE VILLAINS SOME BIG IDEAS, LEMME TELL YOU, BOY! THE UNVERSE ALMOST COLLAPSED, THANKS TO YOU! CAN'T YOU LEAVE WELL ENOUGH ALONE?
WHAT ARE YOU TALKING ABOUT? WHAT VILLAINS? WHEN DID I SAY THIS??
OH, NO! HE--I MEAN "ME"--HASN'T BLABBED YET! BUT I BLABBED! THAT MEANS HE'S GOING TO BLAB! GROAN THESE TIME PARADOXES MAKE ME SICK!!
GOTTA GO! CLICK
WHAT A JERK!

SOON, AFTER FALLOUT BOY HAS MADE SEVERAL MORE CALLS ACROSS THE UNIVERSE...

I THOUGHT FOR SURE I'D BE ABLE TO CONTACT RM AT ONE OF HIS FAVORITE *HAUNTS.*

AND YOU SAY THERE WAS NO ANSWER AT THE SUPERIOR SQUAD HEADQUARTERS?

SOUNDS LIKE TROUBLE AFOOT!

HAVE YOU TRIED CALLING--

NOT NOW, LITTLE LADY.

I EVEN TRIED THE HOME AND WORK NUMBERS OF HIS *SECRET IDENTITY*--WHICH ONLY *I* AM PRIVY TO!

MAYBE HE'S IN HIDING!

NO! HE'S NOT *SMART* ENOUGH FOR THAT!

I'VE GOT AN APB* OUT ON HIM.

:TSK: DOESN'T HE HAVE A HIDEAWAY OR SOMETHING...WHERE HE GOES TO GET AWAY FROM IT ALL... OH, WHAT'S IT CALLED--*CONTAINMENT DOME?* THAT'S IT! MAYBE HE'S THERE?

*ALL POINTS BULLETIN--EDITOR

WHAT? I SAY SOMETHING WRONG?

I KNOW I MUST HAVE THE CONTAINMENT DOME NUMBER SOMEWHERE HERE...

I SEEM TO REMEMBER RADIOACTIVE MAN WRITING THE DOME'S NUMBER DOWN ON THE SIDE OF A FOLDER ONCE...

I'M GOING *HOME* TO GET THE NUMBER--BUT KEEP LOOKING ANYWAY!

MEN!

YES, THAT'S "D" AS IN DONALD, *DOME!* YES, OPERATOR, I'LL HOLD ON WHILE YOU SEE IF YOU HAVE THE NUMBER...

STORY CONTINUES AFTER NEXT PAGE IS TURNED!

Dear Editor: I suppose "The Red Light, Green Light, One, Two, Three Crimes of Dr. Broome" in *Radioactive Man* #97 had its moments. For *this* Golden Age fan, it was the glimpse at RM's 1940 incarnation--Radio Man--that was the *real* highlight (even though the artist drew him with his tunic button on the right, rather than the left)! I'm a wee bit concerned that your writer is relying too much on RM's plot device of choice--the trans-spatial stairclimber. That thingamajig has been hauled out to resolve the story in issues #57, 62, 69, 91, and now 97 (plus, I believe the stairclimber was what Plasmo was referring to when he told the Superior Squad a secret device helped save them in SS #5). Give it a rest! Also, your artist can't seem to decide whether the stairclimber has 13 steps or 12 steps. Consistency is what the fans want to see--nay, we demand it! Now, does my brutal honesty earn me some of that original art you like to dole out to readers who write the most provocative letters?

Roger Doubt
Johnson, Miss.

(We're always pleased to parry with regular correspondent "Doubting" Roger, but we must again point out that we simply can't write or design our comics just for nit-picking, continuity-obsessed fans! If the general reader feels left out, sales will slip across the board--and eventually there will be no comics, period! Although comics professionals are amused by the adulation and obsessiveness of fans, we think saner heads prevail when we aim our books to a general audience! As for "doling" out the original art--not this time, Roger! You write several letters a month under assumed names to all our titles! Frankly, you're getting on my nerves! How's that for "brutal honesty"? --Editor)

Dear Editor: I love your comic books! Especially the ads—mmm—Tootsie Rolls! Mmm—ice cream bars! Mmm—more candy ads!

Homer J. Simpson (age 5)
Springfield, USA

(Homer's letter offers food for thought--so we're awarding him the art for Chapter One of "The Red Light, Green Light, One, Two, Three Crimes of Dr. Broome." Glad you liked the food ads in #97--but there was also a public service strip about nuclear power plants...What's the matter, Homer? Not interested? --Editor)

Dear Editor: I've never written to *Radioactive Man* before, but I feel that I must. RM is my favorite hero (Brave Heart being a close second). I think the scientific accuracy that's put in the stories elevates it a notch or two above kiddie stuff like Hartley Comics. My schoolmates would always rib me about reading comic books (I'm an undergraduate at Chico State) but when I point out the scientific basis for your stories, they get positively speechless and just stare at me! Let 'em keep their Holden Caulfield--I've got Claude Kane!

Melvin Coznowski
Chico, Calif.

(We were going to award Melvin the art for Chapter Two of "The Red Light, Green Light, One, Two, Three Crimes of Dr. Broome," but our handwriting expert in residence says this letter is really from Roger Doubt! Close, but no cigar, Roger! --Editor)

Dear Editor: May I make a suggestion? You've got to start bringing Radioactive Man into the stories earlier! In #95, #96, and the current issue RM doesn't show up until half the story's over! I hope you make up for the recent lack of RM in your upcoming one hundredth issue and have him in every panel! By the way, I noticed several typos in #97! Someone in the editorial department may need replacing!

Terry Delegeane
Millbrae, CA

(Calm down, Terry! If ye editor didn't know better, he'd think you were after his job! We're sending you the original art for Chapter Two of "The Red Light, Green Light, One, Two, Three Crimes of Dr. Broome," and see if you can figure out what all the blue pencil marks in the margins are supposed to mean! --Editor)

Dear Editor: I notice that you "award" original art from your publication to letter writers. Why don't you just give the artwork back to the *artist?*

Chester J. Lampwick
Los Angeles, Calif.

(It's simply company policy to give the original art to total strangers who write inane letters rather than back to the freelancers who have drawn for us for years. I'm sure you'll agree with our policy when you receive in the mail the original art from RM #97's backup story: "Fallout Boy's Atomic Wedgie!" --Editor)

Send correspondence to Ground Zero, Bongo Periodicals and Publications.

ANOMALY OF THE AUTOMATON THAT RAN AMOK!

CHAPTER THREE

HIGH ABOVE THE PERPETUALLY FOG-SHROUDED PEAK OF MOUNT ZENITH, THERE EXISTS, UNBEKNOWNST TO THE AVERAGE PERSON, THE SECRET HIDEOUT GETAWAY OF RADIOACTIVE MAN...*THE CONTAINMENT DOME!**

IT IS A PLACE AWAY FROM THE DEMANDING THRONGS OF CIVILIZATION, A PLACE TO UNWIND AND REFLECT UPON PREVIOUS ADVENTURES WHILE MAKING SURE NOBODY, BUT *NOBODY*, CAN DISTURB YOU! WITHIN ITS GEODESIC WALLS ARE THE MEMENTOS, TROPHIES, AND DETRITUS OF A SUPER-HERO'S LIFE...SUCH AS SIGNED PICTURES OF FRIENDS AND FOES...

***EDITOR'S NOTE**: THE CONTAINMENT DOME WAS BUILT BY HAND BY THE ATOMIC AVENGER HIMSELF-- INSPIRED BY A MODEL DESIGNED BY FAMOUS ARCHITECT *WESTMINSTER FULLBRIGHT* AS RELATED IN A THROWAWAY SEQUENCE IN THE VERY *FIRST* NOVEMBER *1952* ISSUE OF THIS MAGAZINE.

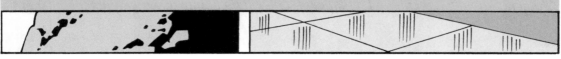

AH, THERE'S NOTHING LIKE *RELAXING* AND WATCHING PAST EXPLOITS IN THE *COMFORT* OF ONE'S OWN HOME...

...ALTHOUGH I SHOULD'VE PICKED A *DIFFERENT* ADVENTURE! THIS IS MY RECENT ENCOUNTER WITH *DR. BROOME!* HE MANAGED TO *ELUDE* ME, LEAVING A *LOOSE END* DANGLING THAT I HAVE THE COMPULSIVE NEED TO TIE UP BEFORE I ENTER THIS BATTLE INTO MY *CASEBOOK!**

Dome Sweet Dome

*EDITOR'S NOTE: THE FULL STORY OF RM'S DUEL WITH DR. BROOME WAS RELATED IN *ISSUE 97* OF RADIOACTIVE MAN!*

I SHOULDN'T COMPLAIN--LIFE IS GOOD! I HAVE SO MANY SUCCESSFUL ADVENTURES AND THIS SWELL HOME VIDEO ENTERTAINMENT CENTER! THE AVERAGE AMERICAN WON'T HAVE ACCESS TO ONE OF THESE BABIES UNTIL *AT LEAST* THE *80'S!* ≈CHUCKLE≈

CLICK

STILL, WITH ALL THE TECHNOLOGICAL ADVANCES THAT HAVE BEEN MADE, I'M *STYMIED* BY MY CONSTANT FAILURE TO FIND A WAY TO REMOVE THE LIGHTNING-SHAPED SHRAPNEL EMBEDDED IN MY HEAD...

AS YOU KNOW, DEAR READER, THIS IS THE ALTER-EGO OF THE CONTAMINATED CRUSADER, *CLAUDE KANE III...*

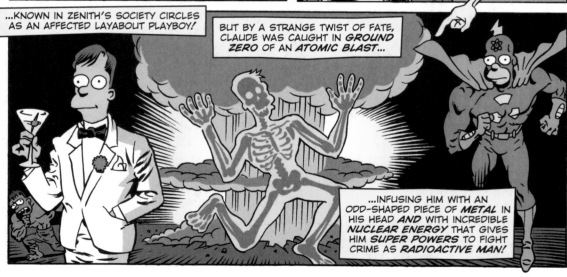

...KNOWN IN ZENITH'S SOCIETY CIRCLES AS AN AFFECTED LAYABOUT PLAYBOY!

BUT BY A STRANGE TWIST OF FATE, CLAUDE WAS CAUGHT IN *GROUND ZERO* OF AN *ATOMIC BLAST...*

...INFUSING HIM WITH AN ODD-SHAPED PIECE OF *METAL* IN HIS HEAD *AND* WITH INCREDIBLE *NUCLEAR ENERGY* THAT GIVES HIM *SUPER POWERS* TO FIGHT CRIME AS *RADIOACTIVE MAN!*

OF COURSE I HAVE TO WEAR A *HAT* WHENEVER I'M IN MIXED COMPANY AS CLAUDE KANE! ASIDE FROM A SMALL LEGION OF SUPER-POWERED BEINGS, INCLUDING MY SIDEKICK AND WARD *FALLOUT BOY*, NO ONE KNOWS THE SECRET OF MY TRUE IDENTITY!

THRLLLL

CLAUDE? IT'S ME-- *FALLOUT BOY*!! WE'VE BEEN LOOKING *ALL OVER* FOR YOU! WHAT DO YOU MEAN, "WHY DIDN'T ANYONE CALL"? NO ONE HAD THE UNLISTED NUMBER OF THE *CONTAINMENT DOME*!

IT'S A GOOD THING YOU LEFT THE NUMBER ON THE FRIDGE! LET ME TELL YOU WHAT'S BEEN GOING ON--AND DO ME A FAVOR? NEXT TIME YOU WANNA TAKE A FEW DAYS OFF, LET *ME* KNOW!

EGGS MILK

QUICKLY, A CRANKY FALLOUT BOY BRIEFS HIS MENTOR...

HMPH! SO MUCH FOR SOME R&R! BUT I CAN'T HELP BUT BE INTRIGUED...A HUNDRED-YEAR-OLD ROBOT GUNNING FOR ME? HOW CAN THAT BE?

THE TECHNOLOGY *DIDN'T EXIST* IN 1863 FOR A ROBOT OF THAT SOPHISTICATION TO BE BUILT! AND *I* CERTAINLY WASN'T AROUND IN *1863*!

THIS IS A MYSTERY THAT BEARS LOOKING INTO--AS *RADIOACTIVE MAN*!

WHEN CLAUDE PRESSES A BUTTON ON HIS WATCH, A FAMILIAR SCARLET AND ORANGE COSTUME EMERGES. OXYGEN PUMPS IN, EXPANDING IT RAPIDLY--

CRASH!

AW, HECK! NOT AGAIN! I'LL NEVER GET THE HANG OF THAT EXPANDING THINGIE! I'M JUST GOING TO WEAR MY COSTUME UNDER MY CLOTHES LIKE I USED TO!

WZEN CONTINUES ITS SPECIAL REPORT AS WE FOLLOW *SHOOTIN' IRONS*, THE ROBOT WHO IS LOOKING TO HAVE A SHOWDOWN WITH RADIOACTIVE MAN!

THIS IS *GLORIA GRAND* COMING TO YOU LIVE AS THE ROBOT APPROACHES THE STATELY MANSION OF LAYABOUT SOCIALITE CLAUDE KANE III...THE BURNING QUESTION IS, *WHY* WOULD IT COME HERE?

WHERE ARE YOU RM

SHOOTIN IRONS FOR MAYOR

WZEN

MISS ZEN

RADIOACTIVE MAN? ARE YA IN THAR, YA LILY-LIVERED TINHORN?

NO HE'S NOT--HE'S, ER, TAKEN CLAUDE KANE TO SAFETY! BUT YOU AND I HAVE A SCORE TO SETTLE UNTIL RADIOACTIVE MAN RETURNS...!

IT'S A WELL-KNOWN *FACT* THAT CLAUDE KANE AND THE ATOMIC AVENGER ARE GOOD *FRIENDS*-- EVEN THOUGH I *CAN'T* REALLY EVER RECALL SEEING THEM *TOGETHER!*

BUT THAT'S A SCOOP FOR *ANOTHER* TIME--

--RIGHT *NOW,* LET'S SEE HOW *FALLOUT BOY* FARES WITHOUT HIS BIGGER, MORE POWERFUL MENTOR AT HIS *SIDE...*

WZEN

WAP! WAP! WAP!

BAH! FOR THE ROBOT, ZIS IS CHILD'S PLAY...

...ZO WHEN IS IT GOING TO *ZDOP* PLAYING WITH THE CHILD AND *DESTROY* RADIOACTIVE MAN, DR. BROOME?

PATIENCE, DR. CRAB, *PATIENCE*! I WANT *MY* REVENGE ON RADIOACTIVE MAN ALSO...

IN MY LAST CONFRONTATION WITH RADIOACTIVE MAN,* I MANAGED TO ELUDE HIM BY WAY OF MY INVENTION, THE TRANS-SPATIAL STAIRCLIMBER, AND ESCAPE INTO THE *PAST*...

PUFF PUFF PUFF

*SEEN *EARLIER* IN THIS ISSUE, BUT WAS ORIGINALLY SHOWN IN #97 OF RADIOACTIVE MAN!

"THE GOOD NEWS WAS I ESCAPED TO ONE HUNDRED YEARS AGO!"

FUTURE SITE OF ZENITH MUSEUM --COMING JULY 1863

"THE BAD NEWS WAS I WAS BORED SILLY IN *1863* WITHOUT THE *TECHNOLOGY* TO CREATE EVIL INVENTIONS!"

WHAT DO YOU MEAN YOU DON'T HAVE TITANIUM-BASED CARBON CONVERTERS?!

TRY FLEE HAIR TONIC

"FORTUNATELY FOR ME, A ROBOT APPEARED OUT OF NOWHERE..."

"ITS ORIGIN WAS UNKNOWN, BUT IT WAS IN GOOD ENOUGH CONDITION TO KEEP ME OCCUPIED IN 1863 UNTIL THE EFFECTS OF THE STAIRCLIMBER WORE OFF..."*

*DUE TO A CERTAIN IMPURITY OF THE ELEMENT THAT MOTORIZES THE TRANS-SPATIAL TIME/SPACE CONTINUUM, ANYONE WHO USES THE STAIRCASE WILL EVENTUALLY RETURN TO HIS OR HER PRESENT TIME!--EDITOR

THE STRAIN OF TRANSPORTING HAD APPARENTLY DEACTIVATED THE ROBOT. I PROGRAMMED IT WITH THE VERNACULAR OF THE PERIOD AND HID IT IN THE TIME CAPSULE BEING PLACED IN THE ZENITH MUSEUM FOUNDATION! UPON BEING REACTIVATED IN 1963, THE ROBOT WOULD MAKE A PERFECT DIVERSION FOR RADIOACTIVE MAN'S ATTENTION--

--WHILE HE FIGHTS THE ROBOT, WE CAN AMBUSH HIM!

Y'KNOW, I'VE BEEN WONDERING WHERE THAT ROBOT CAME FROM. ARE YOU *SURE* YOU DIDN'T SEND IT INTO THE PAST FOR ME, DR. CRAB?

I'VE TOLD YOU *VUN HUNDRED* TIMES, DR. BROOME! IT VASN'T ME! ASK *BRAIN-O*-- MAYBE IT VAS HIM--

EH? VHAT'S ZAT??

KRRUMPF!

YEE-HAW!

BAM! BAM! BAM!

YOU IDIOT! VHY IS IT SHOOTING AT US?!

I- I DON'T KNOW! LET ME THINK!

SPLANG!

FEEOW!

PING!

DR. CRAB SURE IS CRABBY TODAY, ISN'T HE?

AND WELL HE SHOULD BE! TODAY I'M SWEEPING HIM AND YOU, DR. BROOME, OFF TO JAIL!

:GROAN: WHY DO ALL CRIMEFIGHTERS THINK THEY'RE WITTY?

VHAT? HOW? WHO? HUH? HANH--??

CRASH!

"I WAS OUT OF TOWN ON A, UH, VERY IMPORTANT MISSION--LUCKILY WHEN I ARRIVED IN ZENITH I SAW FALLOUT BOY ADEQUATELY HANDLING THE SITUATION WITH THE ROBOT. WHILE THE METAL MONSTER WAS BUSY, I TOOK THE OPPORTUNITY TO REPROGRAM IT....!"

WAP! WAP! WAP!

AH... REMARKABLE! BUT--TELL ME, VAUNTED FOE! HOW DID YOU DO IT?

GLAD YOU ASKED, DR. CRAB! I TOOK THE RED WIRE, CROSSED IT WITH A BLUE WIRE, AND PUNCHED IN INSTRUCTIONS FOR THE ROBOT TO LEAD ME TO YOUR LAIR...

THAT'S IT, CRAB! GET HIM BRAGGING...

...AND HE'LL NEVER NOTICE THAT I'M ABOUT TO BLAST HIM OUT OF THIS TIME ZONE WITH MY TIME MACHINE GUN!

UP AND ATOM, DOC!
ZAP!
UHH!
THUD!
"UP AND ATOM"? HEY, THAT'S MY LINE--HUH??
ZZZZT!
YAH HIT ME, YA VARMINT--!
I SURRENDER! ZIS WHOLE AFFAIR TEACHES ME AN IMPORTANT LESSON--NEVER AGAIN TO TEAM UP VITH ANOTHER VILLAINOUS SCIENTIST TO INCREASE DIABOLICAL OUTPUT--ZAT IS CAPITALISTIC DELUSION!
WHATEVER, DR. CRAB--BUT JUST IN CASE YOU AND DR. BROOME DECIDE TO TEAM UP AGAIN, I'M GIVING YOUR ARSENAL MY OWN PERSONAL MELTDOWN--STARTING WITH THAT DOOHICKEY!
NOOO! ALL MY PLANS--RUINED!
NEXT TIME, DR. BROOME, WHY NOT USE YOUR TIME MACHINE TO GO INTO THE FUTURE AND SEE WHETHER YOUR EVIL PLAN WORKED OR NOT...
AH, NOT THAT THAT PLAN WOULD EVER WORK...!

WELL, THE POLICE WILL SEE TO IT THAT THOSE TWO RENEGADE SCIENTISTS WILL BE BEHIND BARS--AT LEAST FOR A COUPLE OF MONTHS, WHEN IT'LL BE TIME TO FIGHT THEM AGAIN!
THERE'S ONE THING I DON'T UNDERSTAND, RADIOACTIVE MAN...
ZENITH DAILY APEX
MAYOR, BEAUTY QUEEN, CAUGHT IN LOVE NEST
RADIOACTIVE MAN SAVES CITY --AGAIN
WHO CREATED SHOOTIN' IRONS IN THE FIRST PLACE?
WHY, DR. BROOME, OF COURSE!
NO HE DIDN'T! BROOME JUST TOLD US IN THE PRECINCT THAT THE ROBOT APPEARED OUT OF NOWHERE WHILE HE WAS HIDING IN 1863--AND THAT THE TIME-MACHINE GUN HE TRIED TO USE ON YOU WAS SET FOR 1863!
YOUR POINT BEING--?
THE POINT BEING THAT IF BROOME ACCIDENTALLY ZAPPED THE ROBOT TO 1863 AND IF BROOME HIDING OUT IN 1863 FOUND IT AND BURIED IT IN A TIME CAPSULE TO EMERGE IN 1963...THEN WHO THE HECK BUILT THE DARN ROBOT?!
WELL, ER, YOU MUST REMEMBER, FALLOUT BOY, THAT WE WERE DEALING WITH TWO RENEGADE SCIENTISTS... TAMPERING WITH TIME TRAVEL...
...AND THAT'S A PAIR O' DOCS BETTER LEFT ALONE!
FORGET I SAID ANYTHING ABOUT IT, RM--IT JUST GIVES ME A HEADACHE! LET'S GO EAT!
The End

FALLOUT SHELTER!

BIG ENOUGH FOR 2-3 KIDS AND A YEAR'S WORTH OF NON-PERISHABLE FOOD!

$1.00 a day for 1,368 days.

BILLY

SPECIAL
GIRL'S PLAYHOUSE
NOW AVAILABLE!
Same size, shape, and food storage capacity as normal Fallout Shelter, and includes exciting, easy-to-apply can of pink paint. Trés de fille!

FREE "Large" 2" by 8" Name Plate for Door. Galvanized Steel Coating Withstands Any Nuclear Blast. Shelter Can Be Personalized with Child's Name, Date of Birth, Fingerprints, and Epitaph.

Orders Shipped within 24 Hours Barring Declaration of War!

This huge, government-style shelter is a child's dream come true. Size approx. 3 feet high with 23 cubic square feet of space inside and 24 inch thick concrete walls. Complete with 2 cots attached to walls and air mattress that stores away easily. Also comes with HAM radio for hours of listening fun and keeping track of post-apocalyptic doings. Endless hours/days/months of end-of-the-world fun! Big enough for 2-3 kids to "live" in this shelter of their very own. Constructed of bomb-resistant, fallout-safe steel, brick, and mortar. "Easy"-to-read blueprints for "simple" setup.* Shelter lasts forever, withstanding the most atomic of blasts. Flat roof constructed of mutant-resistant concrete. In a youngster's imagination it quickly becomes a GROUND ZERO PLAYHOUSE - MILITIA HEADQUARTERS - or a LIFE-SIZE DOLLHOUSE FOR GIRLS. This king-size shelter is our greatest bargain in years. Your sale price is made possible by buying directly from the factory (i.e. government). We are the largest manufacturers/distributors of "play" fallout shelters in the U.S. They make wonderful gifts. Buy several! Pay for years! Keep the whole neighborhood safe! Are you and your friends prepared for a play "Red Scare" or the real thing? Don't delay--the commies won't! GUARANTEE: Try without risk or obligation for ten days. Let the kids play in and enjoy it. If they are not delighted (or saved from the blast of a nuclear bomb), return for immediate refund.

*Degree in structural engineering required to read blueprints.

FALLOUT SHELTER
Dept. of Defense, The Pentagon, Washington, D.C. 20301

Please send items checked.

☐ **Fallout Shelter @ $1.00** a day for 1,368 days, plus $169.95 postage and handling.

☐ **Girl's "Playhouse" @ $1.00** a day for 1,368 days, plus $199.95 postage and handling.

☐ **Fallout Shelter or Girl's "Playhouse" or Any Combination -- 5 for $4.00** a day for 1,368 days, plus $229.95 postage and handling each.

I enclose: ☐Cash ☐Check ☐Money Order ☐Weapons for Trade ☐Russian Secrets

Sorry, No C.O.D.'s!

Name_______________________________

Address_____________________________

City__________________Zone____State_____

Hey, Buddy!
GET ALL 5 PICTURE-PACKED COURSE GUIDES IN ONE GIANT VOLUME!
HOW in 10 Minutes of "Fun" a Day...
YOU Can Become AN AMAZING NEW
"HE"-MAN
Like We Did
Look at RICHIE'S ARMOR-PLATE-LIKE CHEST-- Like 2 smooth Buick Roadmaster hub caps!
Look at the GIRL I USED TO BE!
1
-HOW TO MOLD A BARREL CHEST
BRENT F. before
NOW
I gained 100% in HE-MAN STRENGTH and GROTESQUE MUSCULAR BULGES!
2
This is one-time pathetic-excuse-for-a-man CHRIS AFTER mailing the coupon below
-HOW TO MOLD A ROCK-LIKE, HAIRLESS ARM
I gained 70 lbs. of FREAKISH MUSCLE!
Guess who snaps the towel hardest in the men's locker room now?
LOOK at ME and MY FRATHOUSE "PALS"!
Who needs girls when you have workout buddies like these? Like you, we were a pack of pathetic pukes! Then we mailed the coupon!
Don't delay, sissy boy —
MAIL THE COUPON BELOW and Get a NEW HE-MAN BODY for your BONY, WORTHLESS FRAME!
3
-HOW TO MOLD A LUMPY, OILY BACK
I GAINED 53 lbs. OF SHAPELY, STRENGTH-PACKED MUSCLE.
I Was Skinny, Puny, and Pint-Sized, with a Womanly Skeleton. Now All My Guy Pals Say My Body is the Best in the Neighborhood! Don't Wait, Susie Q. Mail the Coupon Below.
4
-HOW TO MOLD THICK, STUBBY LEGS
-HOW TO MOLD A MANLY, VISE-LIKE GRIP
5
YOU CAN "WIN" $100.00 AND A 15" TALL "SILVER" CUP LIKE WE DID!**
100
LAST CHANCE - FREE COUPON!
5 Course Guides
Muscle Gauge-o-Sizer
Photo Book of Strong Bulging, Hairless Men
"Riphoffski's course greatest in world for real He-Men!" -Rock Speedo, Physical Director
RIPHOFFSKI'S PHYSIQUE INSTITUTE
71453 BROADWAY DRIVE, NEW YORK, NY
Dear Rock: Please mail to me FREE Riphoffski's Photo Book of Strong Men and a Muscle Gauge-o-Sizer, plus all 5 He-Man course guide booklets, all in one volume -- 'How to Become a He-Man!' Enclosed find 10¢ for postage and handling -- No C.O.D.'s.
NAME AGE
ADDRESS
CITY ZONE STATE
MAIL NOW! SAVE DOLLARS, TEARS, and EMBARRASSMENT!
**$100 payable in booklets of half-naked, hairless, body-building men. Silver cup made of paper maché. Actual value 75¢.

CALLING ALL SPACE CADETS!
Try This
HUGE
CARDBOARD
City of the Future
ONLY $2.98
Plus 97 playing pieces made of the miracle substance of tomorrow--PLASTIC!
GIGANTIC 2-COLOR FUTURE CITY
97 PIECES AND OVER 2 FEET LONG
We at KRUSTCO worked over one whole year to design, develop, and place ads for this thrill-packed TOY CITY. Based on actual predictions by TOP SCIENTISTS and beloved RELIGIOUS LEADERS!
AN EXCITING TOY FOR BOYS AND EVEN GIRLS
YOU'LL HAVE UNLIMITED HOURS AND HOURS AND HOURS OF FUN trying to assemble the many Space Men, Space Trucks, Rocket Bombs, and Industrial Equipment included in every box. AND they glow in the dark! What's our secret? Each toy is individually hand-dipped in buckets of radioactive water - just like the water the people and farm animals of Nevada drink!
SPACEY-MINDED YOUNGSTERS can have tons of fun pretending these little hunks of plastic are REAL Rockets zooming through space, ACTUAL jetmobiles blasting off, and AUTHENTIC robots whizzing around! And YOU get to be the SUPREME DICTATOR of the UNIVERSE!
Here is what you get...
Plastic bowl (space dome)
Pointy plastic thing (rocket)
Brown marble (meteor)
Cardboard tube (elevator tower)
Yellow marble (satellite)
Plastic square (launching pad)
Another pointy plastic thing (space ship)
Another brown marble (little planet)
Another cardboard tube (space tunnel)
Misshapen plastic pieces (space men)
Shipping box (full-size space helmet)
Bag of dirt (space dirt)
You won't find this fantastic toy in snobby five-and-dime stores. You must order it from us scientists. Order Now and get ready for the FUTURE!
FREE MYSTERY SURPRISE IN EVERY BOX!
It's not a spoon! It's not a fork!
It's the Eating Utensil of Tomorrow! The SPORK!
CLIP & MAIL NOW! DON'T FORGET THE MONEY!
Krusty's Toy, Novelty, and Industrial Surplus Co.
Box B, Dept. RM, Springfield USA
Dear Krusty : Please rush me _____ Huge Cities of the Future @ $2.98 each. I am enclosing $______ in cash. I understand if you are out of Huge Cities of the Future, you may substitute a Little Miss Tinkle Fairytown Fun Set instead. I also understand the mails are "tricky" and my cash might get "lost," which means I might get nothing--not even a lousy Fairytown Fun Set--in return.
Name
Address
City Zone State
DID YOU REMEMBER TO ENCLOSE THE MONEY?
DON'T FORGET TO ENCLOSE THE MONEY!
Offer void after December 31, 1963.

SIGH: YES, *RADIOACTIVE MAN* #100 WAS A PIVOTAL ISSUE... IT WAS THE FIRST TIME THE TITLE WENT TO *THREE* DIGITS...

"TAKE ME TO YOUR COMIC BOOKS & BASEBALL CARDS"

AND DUE TO A CARELESS SLIP OF THE TONGUE FROM FALLOUT BOY ON PAGE 22 OF ISSUE 100, THE SEEDS WERE *PLANTED* FOR A CLASSIC 12-PART EPIC IN 1977, WRITTEN BY ONE OF THE ALL-TIME GREATS, *ROGER DOUBT!*

AH, WHAT A SAGA THAT WAS! AS A FORMER FAN, ROGER WROTE WITH INSPIRED *PASSION!*

ROGER EVEN EXPLAINED WHY THE TRANS-SPATIAL STAIRCLIMBER FLUCTUATED BETWEEN HAVING 12 STEPS AND 13 STEPS IN THE EARLY STORIES...

GEE...*RM #100* SOUNDS LIKE SUCH A *HISTORIC* ISSUE...DO YOU THINK I COULD...

LANDMARK ISSUE IN TERMS OF RM CONTINUITY, BUT IT HAS *SENTIMENTAL* VALUE AS WELL! HOWEVER, *ONE HUNDRED DOLLARS* WILL BUY A NEW HOME FOR IT--

MILHOUSE-- WANNA *READ* RM #100?

LOOK, DUDE! A *SPECIAL* MILLENNIUM EDITION WAS PUBLISHED FOR LESS THAN *THREE BUCKS!*

HEY, MAN! DON'T LOOK SO GLUM! WE GET TO READ THAT COOL COMIC YOU TOLD US ABOUT, AND YOU GET TO KEEP THE ORIGINAL!

SOLD!

TSK: THESE YOUNG PEOPLE TODAY DO NOT UNDERSTAND THE TRUE MEANING AND VALUE OF COLLECTOR'S ITEMS.

COMICS MUST HAVE THE SMELL, THE FEEL, NAY, THE *TASTE* OF THE ORIGINALS TO BE FULLY ENJOYED FOR THE ARTFORM AND ARTIFACTS THEY...

LET'S GO, MILHOUSE--HE'S HOPELESSLY *LOST* SOME- WHERE BACK IN THE *SILVER AGE,* AND HE AIN'T GONNA FIND HIS WAY *OUT* ANY- TIME SOON...!

THE END!

"D'OH, NUTS!"

TONIGHT ON "BIG MONEY FOR BIG IDEAS," WE'LL BE TALKING WITH SPRINGFIELD'S RESIDENT INVENTOR, JOHN FRINK, WHO HAS JUST BEEN AWARDED $1,000,000 TO FURTHER HIS LATEST EXPERIMENT, "PROFESSOR FRINK'S TIME-ROLLING RINK."

PAY ATTENTION, YOU DRUNKS. YOU MIGHT LEARN SOMETHING.

CHRIS YAMBAR SCRIPT	**RYAN RIVETTE** PENCILS	**SHANE GLINES** INKS	**RICK REESE** COLORS	**KAREN BATES** LETTERS	**BILL MORRISON** EDITOR

SO, PROFESSOR FRINK, YOU CLAIM YOUR NEW INVENTION IS EDUCATIONAL...IN WHAT WAY?

WHEN ONE TAKES INTO ACCOUNT THE LOW TEST SCORES OF OUR YOUNG PEOPLE AND THE BIG ROLLER SKATING FAD, THE ANSWER PRESENTS ITSELF AS NATURALLY AS A PAINFUL FALL ON TO ONE'S ƎGLAVIN!Ƹ

WHEN USED ON MY TIME-ROLLING RINK, THESE SPORTY SKATES WILL PROPEL THE STUDENT BACK IN TIME WHERE THEY CAN RETAKE TESTS OVER AND OVER UNTIL THEY BECOME SUPER GENIUSES...OR PERHAPS A VALUABLE MEMBER OF SOCIETY, SUCH AS THE PRESIDENT, A PLUMBER, OR A MIME. ƎWOO HOY!Ƹ

YOU ARE AWARE THAT THE MAJORITY OF TODAY'S CHILDREN ARE MORE INTERESTED IN *SKATE BOARDING* THAN *ROLLER SKATING,* A FAD THAT WENT OUT WITH THE DEATH OF ROLLER DISCO *DECADES* AGO.

ABSOLUTELY. THAT FACT ALLOWS ME TO ASK FOR EVEN MORE RESEARCH MONEY NEXT YEAR WHEN THE WIFE AND I WILL EMBARK ON OUR GLOBAL SKATEBOARD FACT-FINDING MISSION AND SHOPPING THINGY.

AMAZING. IT DOESN'T GET MORE CONVOLUTED THAN THAT!

I DON'T KNOW ABOUT YOU GUYS, BUT I'M TIRED OF WATCHING ALL THE EGGHEADS COME UP WITH THE BIG MONEY SCHEMES WHILE WE NORMAL JOES WORK OUR FINGERS TO THE BONE EVERY DAY.

≈HIC!≈ THAT'S RIGHT, MOE! I WAS JUST THINKING THE SAME THING.

≈BURP!≈ LET'S HARNESS OUR BRAIN POWER. ALL WE NEED IS *ONE* GOOD IDEA.

≈SIGH.≈

BEER.

D'OH.

NUTS.

THAT'S IT! *THAT'S* OUR MILLION DOLLAR IDEA!

STRETCHY CLOTHES THAT LOOK COOL NO MATTER HOW FAT YOU GET?

A WATERPROOF SANDWICH YOU CAN EAT IN THE SHOWER?

NO, YOU DOPES. WHAT'S THE ONE THING THAT *EVERY* MAN WANTS WHEN HE WAKES UP IN THE MORNING?

MARGE?!

UM...BESIDES MARGE.

BEER-FLAVORED DONUTS?!

EXACTLY! NOBODY HAS EVER DONE THAT BEFORE. WE CAN MAKE AND SELL THEM RIGHT HERE. WE'LL BE ROLLING IN THE DOUGH IN NO TIME.

⌐HIC!⌐ THAT'S THE GREATEST IDEA I'VE EVER HEARD. YOU'RE A TRUE GENIUS, MOE.

YEAH, HOW DID YOU EVER COME UP WITH IT? ⌐BURP!⌐

NEVER MIND. JUST FINISH YOUR DRINKS.

HERE'S THE PLAN. I'VE GOT THE BEER, THE BUILDING, AND THE GOOD LOOKS.

YOU TWO PAY FOR THESE SUPPLIES ON THIS LIST AND GET BACK HERE AS FAST AS YOU CAN WITHOUT BREATHING A WORD OF THIS TO ANYONE.

WHERE ARE WE GOING TO GET THE MONEY TO PAY FOR ALL OF IT?

YOU KNOW THAT SOUL YOU'VE BEEN HANGING ONTO? MAYBE IT'S TIME TO SELL IT TO THE DEVIL, BARNEY.

OR I COULD JUST GATHER UP ALL OF MY EMPTY BEER CANS AND TAKE THEM TO THE RECYCLER.

SUIT YOURSELF.

HEH HEH! MOE, THIS IS THE EASIEST MONEY-MAKING SCAM YOU'VE EVER COOKED UP. NOW I CAN GET RID OF ALL THAT OLD EXPIRED BEER I HAVE IN THE BACK ROOM. THIS WON'T COST ME A SINGLE SHINY...
EXIT
K-RASH!
HIC. SORRY, MOE! HEY! THIS COULD MAKE A GREAT DRIVE-THRU WINDOW!.
I'LL TELL MARGE I HIT A DEER.
...PENNY.
THE NEXT MORNING...
HAVING A GIANT DOOR THAT LIFTS UP AUTOMATICALLY WHEN CUSTOMERS COME TO PICK UP THEIR ORDERS IS A GREAT IDEA! WE'LL BE ABLE TO HANDLE A WHOLE CROWD IN NO TIME. YOU'RE FULL OF GREAT IDEAS, MOE.
THANKS, HOMER, BUT REMEMBER...
"...WITHOUT YOU I NEVER WOULD HAVE THOUGHT OF IT."
MOM! SOMEBODY STOLE OUR GARAGE DOOR!

ONE WEEK LATER...

OUR BIG STORY TODAY IS A LOCAL BUSINESS THAT HAS THE CITIZENS OF SPRINGFIELD OUT OF THEIR MINDS WITH GREASY ALCOHOLIC DELIGHT... *DRUNKEN DONUTS*, WHERE THE ONLY ITEM ON THE MENU IS...

"...BEER-FLAVORED DONUTS."

YEAH, KENT, ALL WE SELL IS DONUTS THAT TASTE LIKE FRESH-SQUEEZED, RIGHT OUT OF THE KEG, JUST PLAIN GOOD FOR YOU...BEER.

6   **KENT BROCKMAN**

THE VISION CAME TO ME IN A DREAM. I KNEW THAT SOME HIGHER POWER WAS DIRECTING ME TO BRING THIS PRECIOUS GIFT TO THE FINE PEOPLE OF SPRINGFIELD, THIS DELICIOUSLY BITTERSWEET NECTAR IN THE FORM OF A DEEP-FRIED, CIRCULAR, MELT-IN-YOUR-MOUTH, CHEWY WAD OF DOUGH.

IN THAT INNOCENT MOMENT, DRUNKEN DONUTS AND OUR PATENTED BEER-FLAVORED DONUT CAME TO LIFE.

YOU MUST BE VERY PLEASED WITH THE CROWDS THAT LINE UP FOR YOUR INTOXICATING TREATS. I UNDERSTAND THAT SOME PATRONS EVEN CAMP OUT TO GET THE FIRST ONES FOR SALE EACH MORNING.

TRAFFIC HAS BEEN A MADHOUSE EVER SINCE WE COOKED UP THE FIRST BATCH. THANK GOD THE INJURIES HAVE BEEN KEPT TO A MINIMUM.

YOU MUST BE TAKING QUITE A BITE OUT OF THE PROFITS OF YOUR FAST FOOD NEIGHBORS.

THOSE OTHER GUYS AND THEIR BREAKFAST GARBAGE WENT OUT WITH THE CAVEMAN. I'M JUST GIVIN' THE PEOPLE WHAT THEY REALLY WANT, A PLACE TO ORDER DONUTS BY THE SIX-PACK, TWELVE-DONUT PARTY BOX, OR NON-RETURNABLE CASE.

SO LIKE THE SIGN SAYS... GET YOUR *DUFF* IN HERE! THESE DONUTS AREN'T GOING TO EAT THEMSELVES, YOU KNOW!

"WE'LL BE RIGHT BACK WITH THE WEATHER AFTER THESE IMPORTANT WORDS FROM OUR SPONSOR, DRUNKEN DONUTS. CAN I GET SOME OF THOSE TO GO?"
WHOO-BOY! WELL, THAT'S THE ENEMY. MY KRUSTYBURGER BREAKFAST MENU SALES ARE AS FLAT AS A WHOOPEE CUSHION ON A FAT FARM.
MINE, TOO, KRUSTY. MY LARD LAD DONUT SALES ARE COMPLETELY ICED OVER.
AT THIS RATE I'M NOT ONLY GOING TO LOSE MY SHIRT, I'M GOING TO LOSE MY PANTS, TOO. BELIEVE ME. NOBODY WANTS TO SEE THAT HAPPEN.
THEN WE'VE GOT TO DO WHAT WE'VE GOT TO DO TO SURVIVE!
NO WAY! I'M NOT MOVING BACK HOME AGAIN WITH MY PARENTS!
PULL YOURSELF TOGETHER, KRUSTY. WE NEED TO GET SOME HELP REGAINING OUR REPUTATIONS AND WE'VE GOT TO DO IT NOW!
SOON...
...SO WHAT DO YOU SAY, FAT TONY? CAN WE COUNT ON YOU FOR PROTECTION?
IN ANSWER TO YOUR PLEA I MUST SAY, "NO."
BUT WHY?
Y'SEE, WE ARE ALREADY UNDER CONTRACT WITH DRUNKEN DONUTS AS THEIR EXCLUSIVE SUPPLY DISTRIBUTOR AT FIFTY-PERCENT OF THE PROFITS.
GULP!
WHAT THE--?!
AND THAT IS AN OFFER I JUST CANNOT REFUSE.
TOSS!
OOF!
OW!

I'VE GOT ANOTHER IDEA, BUT IT COULD BE SCARY.
SCARIER THAN THE MOB...?
WE'RE JUST LOOKING FOR SOME JUSTICE. THERE'S GOT TO BE ***SOMETHING*** YOU CAN CLOSE THEM DOWN FOR. RATS, OPERATING WITHOUT A PERMIT, SELLING TO MINORS...
LISHEN, LADY... WHY DON'T YOU AND YOUR PLUMP LITTLE HUBBY JUSHT MOVE TO SHELBYVILLE BEFORE WE RUN YOU IN FOR TRYIN' TO CREATE A DISHTURBANCE?
I'D DO WHAT THE CHIEF SAYS, FELLA.
HEY! YOU GUYS ARE DRUNK!
SURE! WHO DO YOU THINK GETS THE FIRST SEVEN DOZEN DONUTS FOR FREE EVERY MORNING?
NOW IF YOU TWELVE PESTS WOULD BEAT IT, WE WON'T HAVE TO WASTE ANY BULLETS BEFORE LUNCH.
DRUNKEN DONUTS
Get your Duff in here!!!
MOE'S
WE ARE SO DOOMED! WE HAVE NO ONE ELSE TO TURN TO.
IN TIMES LIKE THESE, THERE IS ONE LAST PLACE OF REFUGE FOR SCOUNDRELS LIKE US...
EVEN JESUS HAD A DOZEN

PLEASE! YOU'VE GOT TO HELP US! WE CAN'T DO IT ALONE ANY MORE!
SAVE US FROM DESTRUCTION! WE'LL DO ANYTHING YOU ASK!
ANYTHING?
YEAH. PRETTY MUCH.
SNIFFLE.
IN THAT CASE... YOU'VE COME T THE RIGHT PERSON. HELEN LOVEJOY, PASTOR'S WIFE, AT YOUR SERVICE.
NOW ARISE AND DRY YOUR EYES.
WE'VE GOT OURSELVES A CRUSADE TO ORGANIZE.
THE NEXT DAY AT DAWN...
DRUNKEN DONUTS
Get Your Duff in here!!!
YOU BOOZE, YOU LOSE!
DOWN WITH Devil DONUTS!
let's put drunken donuts in the drunk TANK!
WE'RE HERE, NO BEER, GET USED TO IT!
Eat at KRUSTYBURGER!
LARDLAD DONUTS

WE'RE LIVE AT THE PROTEST OUTSIDE OF DRUNKEN DONUTS, WHERE FANS OF THE DELICIOUS BREAKFAST TREAT ARE ABOUT TO GO TOE-TO-TOE WITH THEIR BORING BUSYBODY NEIGHBORS WHO JUST DON'T KNOW A GOOD THING WHEN THEY SEE IT.
DRUNKEN DONUTS Get your Duff in here!!!
MOE'S
6
KENT BROCKMAN
THERE ARE HUNDREDS OF ANGRY PEOPLE OUT THERE READY TO TEAR THIS ENTIRE BUILDING DOWN.
WE'RE ALL GOING TO DIE! WHAT ARE WE GOING TO DO, MOE?!
WE'RE GOING TO DO THE ONE THING THEY LEAST EXPECT US TO DO.
WE'RE GOING TO PASS OUT FREE SAMPLES TO THE CROWD. NOTHING WINS PEOPLE OVER LIKE FREE STUFF.
NOW GRAB SOME BOXES AND FOLLOW ME IF YOU WANT TO LIVE.
EXPIRED
GET YOUR FREE SAMPLES! FREE BEER-FLAVORED DONUTS!
WOW! THE CROWD IS STARTING TO MELLOW OUT AND GET FRIENDLY AGAIN.
MOE IS OUR LEADER.

I HATE TO SAY THIS, BUT THESE TASTE GREAT.

:SIGH: MAYBE WE SHOULD JUST BUY SOME STOCK IN THE COMPANY.

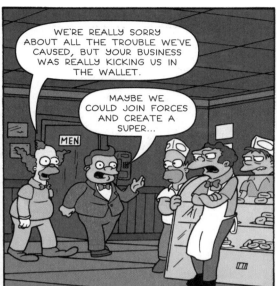

WE'RE REALLY SORRY ABOUT ALL THE TROUBLE WE'VE CAUSED, BUT YOUR BUSINESS WAS REALLY KICKING US IN THE WALLET.

MAYBE WE COULD JOIN FORCES AND CREATE A SUPER...

HOLD IT RIGHT THERE! THERE WILL BE NO FURTHER CONVERSATION OR FRANCHISE-MERGING UNTIL *DUFFMAN* IS FINISHED WITH HIS AMAZING ENTRANCE!

ARE YOU THE OWNER OF THIS ESTABLISHMENT?

YEAH AND WHAT OF IT?

CHA-CHING! THAT STATEMENT IS LEGALLY BINDING IN ANY COURT OF LAW!

COULD YOU SHUT UP AND WAIT IN THE CAR UNTIL WE'RE DONE IN HERE?

DUFFMAN IS CONTRACTUALLY OBLIGATED TO LEAVE AND AWAIT HIS NEXT COMMAND TO PARTY. *OH YEAH!*

ACCORDING TO OUR SPIES, YOU'VE BEEN SELLING THOUSANDS OF DONUTS EVERY DAY USING *DUFF BEER* AS THE SECRET INGREDIENT TO YOUR SUCCESS.
WHAT'S YOUR POINT? I'VE BEEN BUYING BEER FROM YOU GUYS SINCE I OPENED THIS DUMP.
YOU TELL HIM, MOE!
TOO TRUE, AND WE THANK YOU FOR SERVING OUR FINE BEVERAGE. HERE'S YOUR NEW BILL FOR USING OUR WORLD FAMOUS CATCHPHRASE, "GET YOUR *DUFF* IN HERE," AS A MAJOR PART OF YOUR ADVERTISING WITHOUT OUR EXPRESSED WRITTEN PERMISSION.
HAW! WITH WHAT I BEEN MAKIN', THIS IS CHUMP CHANGE! I CAN PAY FOR THIS WITH PETTY CASH RIGHT NOW. GIVE HIM THE MONEY, HOMER.
UH...WE DON'T HAVE ANY MONEY LEFT, MOE.
WHAT ARE YOU TALKING ABOUT? WE'RE LOADED WITH LOOT.
WE *WERE* UNTIL HOMER AND I SPENT IT ALL ON BEER TO HELP US UNWIND AFTER EACH DAY'S WORK SHIFT. WE'RE BROKE.
WHAAAH! I'M FINISHED. I CAN'T PAY THIS IN A MILLION YEARS. WHEN FAT TONY FINDS OUT I CAN'T COVER HIS PERCENTAGE FOR MY OTHER SUPPLIES, I'M A DEAD MAN!
YES!
HMMM...
here!!
GEE. IT SURE WAS NICE OF THE DUFF PEOPLE TO LET YOU GIVE THEM OUR SECRET RECIPE AND SHUT DOWN OUR BUSINESS.
PAYING OFF FAT TONY AND NOT SUING YOU FOR ILLEGAL USE OF THEIR TRADEMARKED CATCHPHRASE WAS PRETTY NICE, TOO.
SEE YOU NEXT WEEK AT YOUR GRAND REOPENING PARTY!

WE'RE SORRY WE DRANK UP ALL THE PROFITS AND RUINED YOUR DREAM, MOE.
YOU MUST THINK WE'RE THE WORST FRIENDS EVER.
YEAH, YOU GUYS ARE PRETTY LAME, BUT RIGHT NOW YOU'RE ALL THE FRIENDS I'VE GOT. C'MON IN, AND I'LL START RUNNING YOU A NEW TAB.
CAN YOU BELIEVE IT? TOMORROW MORNING WE GO BACK TO BEING BREAKFAST MENU COMPETITORS.
I LOOK FORWARD TO HUMILIATING YOU AGAIN. GOOD LUCK, LOSER!
:AHEM.: IT WOULD BE A SHAME TO HAVE PROTESTERS ON THE VERY FIRST DAY YOU REOPEN FOR BUSINESS WOULDN'T IT? YOU **OWE** ME, BOYS.
LOOK, LADY, WE WERE DESPERATE WHEN WE CUT THAT DEAL WITH YOU.
YOU WOULDN'T DARE THREATEN US.
THROW A PIE AT A CELEBRITY! ALL PROCEEDS GO TO CHARITY
BLECCH! THE WHIPPED CREAM IS FAT-FREE!
AW, SHUT YOUR STUPID DONUT HOLE!
THE END

ITCHY & SCRATCHY
in
FACE-LIFT FELINE

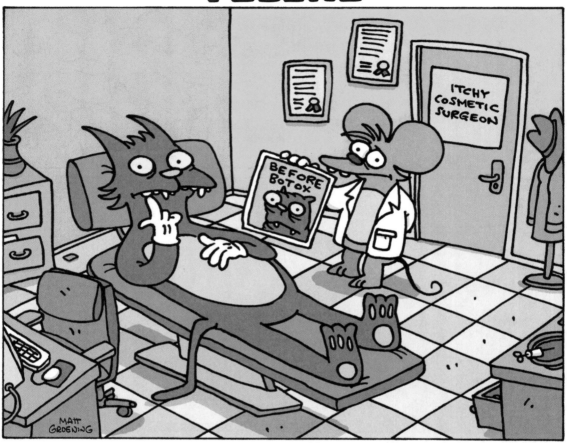

DEAN RANKINE
STORY & ART

KAREN BATES
LETTERS

BILL MORRISON
EDITOR

HAHA!
PUMP
PUMP
PUMP!
HELIUM
STRETCHO!
KA-POP
GASP!
HEEE!
BILL
$$$$
AARRR!
FIN

BARTMAN BEYOND
DO YOU THINK BARTMAN WILL SHOW UP, CHIEF?
I HOPE SO, EDDIE. LEMME JUST MAKE SURE THIS THING IS WORKING.
MATT GROENING

IAN BOOTHBY SCRIPT · JOHN DELANEY PENCILS · ANDREW PEPOY INKS · NATHAN KANE COLORS · KAREN BATES LETTERS · BILL MORRISON EDITOR

YAAAAH!

CHIEF?

I LOOKED RIGHT INTO IT! EDDIE, I'M BLIND!

ANYTHING I CAN GET YOU, CHIEF?

EYEDROPS AND A DOG! MAYBE A CANE! ONE OF THOSE COOL ONES THAT TURNS INTO A BILLY CLUB!

I THINK THAT'S JUST IN THE COMIC BOOKS, CHIEF.

THEN ORDER IT FROM A COMIC BOOK! NOW GO!

CHIEF WIGGUM!

BARTMAN? IS THAT YOU? YOU SOUND LIKE YOU HAVE A COLD!

I **AM** BARTMAN, BUT NOT THE BARTMAN YOU KNOW!

CHIEF WIGGUM, YOU'VE FAILED THE CITY YOU SWORE TO PROTECT!

NOW SEE HERE! I DIDN'T SWEAR TO ANY SUCH THING.

AND IF I DID, IT WAS JUST AN EMPTY PROMISE!

WHOOOAH!

BARTMAN! HELP ME!

YOU LET SPRINGFIELD DOWN, IT'S ONLY FAIR I DO THE SAME TO YOU!

TELL MY WIFE I LOVE HER...

...POT ROAST!

IT NEVER FAILS! EVERY TIME THERE'S A NEW "ITCHY & SCRATCHY" CARTOON ON TV, THE BARTSIGNAL GOES OFF!
NOW, WHERE AM I GOING TO GET THE SLAP-STICK VIOLENCE I NEED?
WHAM
WHO... BROKE...MY FALL?
WHO... BROKE...MY BACK?
BARTMAN!
NO NEED MOAN TO THANK ME!
LOU! EDDIE! HE TRIED TO KILL ME! OPEN FIRE!
WHAT?
WHAT?
WHAT?
JUST DO IT, OR I CANCEL "DOUBLE DONUT FRIDAYS" IN THE BREAK ROOM!
YAAAAAH!
BLAM!
BLAM!

AND SO...

OKAY, FOR SOME REASON I'M HATED AND FEARED BY THOSE I'VE SWORN TO PROTECT!

MAYBE I'M A MUTANT NOW.

GARGOYLE SALES AND RENTAL

HEY, PALLY, IF YOU'RE NOT GOING TO BUY A GARGOYLE MOVE ALONG!

FINE! BUT DON'T CALL ME IF A SUPER VILLAIN IS ATTACKING YOU!

SHHHTK!

TWANG!

MY ROPE? SLICED BY A BARTARANG?

BAFF!

OOOF! BUT HOW?

HELLO, BARTMAN!

SORRY, GRAMPS, YOU GOT THE COSTUME WRONG! NEXT TIME, DON'T BUY THE BOOTLEG VERSION!
YOU'RE NO MATCH FOR ME! I KNOW ALL YOUR FIGHTING MOVES!
THEN HOW ABOUT SOME BART-GAS?
YES, HOW ABOUT IT?
PAFF! PAFF!
YOU KNOW I'M THE ONLY ONE OF US WEARING A GAS MASK, RIGHT?
OH YEAH.
WHAM!
VERY SHORTLY...
BARTMAN?
MOM? I DON'T WANT TO GO TO SCHOOL.
TOO BAD, BECAUSE CLASS IS IN SESSION!
SPLASH!
WAAAAH!

YOU DIDN'T UNMASK ME. THE SAFETY SEAL ON MY COWL ISN'T BROKEN.
OF COURSE NOT, I ALREADY KNOW WHO I AM.
WHO YOU ARE?
BECAUSE YOU SEE...I **AM** YOU!
BARTMAN, I'M YOU FROM THE FUTURE.
REALLY? COOL!
WAIT A MINUTE, IF YOU'RE REALLY FROM THE FUTURE, TELL ME SOMETHING ONLY SOME-ONE FROM THE FUTURE WOULD KNOW!
VIDEO GAME GRAPHICS WILL GET MUCH BETTER!
WOW, IT ***IS*** TRUE! BUT WHY ARE YOU HERE?
YOU'VE GOT TO SAVE THE FUTURE AND THE ONLY WAY...
...IS TO QUIT BEING BARTMAN, ***FOREVER!***

YOU LOST ME.

DO I DO THAT LOUSY A JOB AS A HERO?

"YOU DO *TOO GOOD* A JOB AS SOCIETY'S PROTECTOR..."

WITH BARTMAN AROUND, THERE'S NO NEED FOR THE POLICE, I'M DISBANDING THE FORCE!

NO POINT IN HAVING A MILITARY EITHER! I'LL CALL THE ARMY, NAVY, AIR FORCE, AND MARINES AND TELL THEM TO SEND EVERYONE HOME.

THE *SALVATION ARMY*, TOO, FOR THAT MATTER!

SOUNDS GOOD!

NO, IT DOESN'T! EVERYONE GREW LAZY!

"THEN ONE DAY WHEN I CAME DOWN WITH THE 24-HOUR FLU..."

¡MOAN!¿

"A RACE OF SUPER-INTELLIGENT BEES, MUTATED BY THE POWER PLANT, TOOK OVER!"

BUZZZZ!

BUZZZZ!

HELPLESS, WITHOUT THE WILL TO FIGHT, EVERYONE BECAME A SLAVE DRONE, FORCED TO WORK IN THEIR HONEY HIVES.

I TRIED TO DEFEAT THEM. FOUGHT THEM UNTIL I WAS AN ADULT, UPDATED MY SUIT, TRIED EVERYTHING I COULD, BUT IT WAS NO USE. I WAS STILL JUST ONE PERSON!

"I WAS ABLE TO HELP A SCIENTIST ESCAPE JUST LONG ENOUGH TO BUILD A TIME MACHINE FOR ME."

HURRY, PROFESSOR! THE BEES WILL BE HERE ANY SECOND!

BUZZZZ!

BUZZZZ!

:GA-HEY!: WHAT'S THE BUZZ? TELL ME WHAT'S A HAPPENIN'?

HIT THE SWITCH, PROFESSOR!

I'M SURE HE'S DOING TRIPLE DUTY AT THE POLLEN PLANT NOW! BUT HE SACRIFICED HIMSELF SO I COULD WARN YOU! YOU'VE GOT TO LET EVERYONE FIGHT THEIR OWN BATTLES!

I DON'T KNOW.

IF YOU CAN'T TRUST YOURSELF, WHO CAN YOU TRUST?

FINE. FROM THIS POINT ON, BARTMAN IS HISTORY!

AND THE FUTURE IS SAVED!

THE NEXT DAY...

MAN, WITHOUT ALL MY CRIME FIGHTING DUTIES I SURE HAVE A LOT OF FREE TIME.

MAYBE I COULD SPEND IT STUDYING.

HA! HA! HA!

LIKE, HAND OVER YOUR WALLET!

BUT OL' GIL NEEDS THAT MONEY FOR LOTTO TICKETS!

THIS LOOKS LIKE A JOB FOR...

SOMEONE ELSE!

HELP! SOMEONE STOP THAT SUPER VILLAIN!

NO ONE CAN STOP GARGOYLE MAN FROM HIS GARGOYLE STEALING SPREE!

SLUUUURP!

MEANWHILE...

THIS MOVIE LINE IS AS LONG AS MY ONLINE RANT ABOUT IT WILL BE!

NEVER FEAR, CITIZEN! I'LL SAVE YOU!

TRANS...ROBOTS 3
...RON

TRAN...
THE R...

TRANSFORMABOTS 3
THE RISE OF RUSTATRON

SAVE ME? FROM *WHAT*?

FROM YOUR OWN BAD TASTE IN FILMS!

THANKS TO MY DISSOLVING RAY!

FWOOOSH!

UM... WE'RE NOT OPEN YET!

YOU CAN'T DO THIS!

OH, BUT I *CAN*! I AM *THE CENSOR*, SWORN ENEMY OF THE LOWEST COMMON DENOMINATOR!

I WILL CLASS UP THIS CITY, WHETHER IT WANTS IT OR NOT, AND *NO ONE* CAN STOP ME!

AND SO...

FARE WELL, TACKY STATUE!

FWOOOSH!

NOOOOO! IT WAS THE ONLY FAST FOOD MASCOT THAT MADE ME FEEL THIN!

AND THEN...

THE SPRINGFIELD SYMPHONY ORCHESTRA PRESENTS ITS TRIBUTE TO THE MUSIC OF INFORMERCIALS?

I'LL PUT A STOP TO *THAT*!

HERE'S AN INFORMERCIAL FOR YOU!
THWACK!
ACT NOW AND GET A BUTT KICKING!
BUT WAIT...THERE'S MORE!
BARTMAN? BUT YOU QUIT!
NO, I JUST PRETENDED TO UNTIL I COULD SEE WHAT YOU WERE UP TO...
YOINK!
...SIDESHOW BOB!
SPROING!
CURSES!
ON THE OTHER HAND, IT DOES FEEL NICE TO LET MY HAIR BREATHE AGAIN!
NOW, BEFORE I DISSOLVE YOU WITH MY RAY, HOW DID YOU FIND ME OUT? MY STORY WAS FLAWLESS!
YOUR FUTURE BARTMAN COSTUME WAS VERY COOL, ESPECIALLY THE CAPE.
THANK YOU, I BOUGHT IT ONLINE FROM MACFARLANE'S CAPES AND COWLS.
IT ALMOST DID THE JOB OF COVERING UP YOUR ***GIANT FEET***. BUT ONCE I SAW THEM, I KNEW YOU COULDN'T BE ME.

OH WELL, I TRIED TO GET YOU OUT OF THE WAY SO I COULD FINALLY GIVE THIS TOWN THE MAKEOVER IT DESERVES. I DIDN'T WANT TO KILL YOU. YOU'RE NO BART SIMPSON!

BUT IF I MUST, I MUST!

AAAH! MY EYES! I'M BLIND!

IT'S JUST TEMPORARY, YOU BIG BABY! THAT'LL TEACH YOU TO MESS WITH SPRINGFIELD'S TOP COP!

GOOD WORK, CHIEF WIGGUM!

AND SO...

YOU SEE, SIDESHOW BOB, I DON'T MAKE THE POLICE WEAKER. WE WORK TOGETHER!

YOU'RE GOING AWAY FOR A LONG TIME, BOB!

YEP, WHEN YOU FINALLY GET OUT, YOU REALLY WILL BE ABLE TO TELL ME ABOUT THE FUTURE!

HA! HA! HA! HA! HA! HA!

WAIT, SO WHEN DO WE TAKE OVER?

SOON! PATIENCE, MY QUEEN, PATIENCE!

TIME FOR US TO BUZZ OFF!

SURE, WALKING'S FINE...
RAIN? BUT THE WEATHERMAN PREDICTED A CLEAR NIGHT.
THE WEATHER'S LIKE YOU, SEYMOUR. DISAPPOINTING AND ALL WET!
BUT SOMETIMES, A WALK WON'T DO...
NEITHER WILL A STROLL, A SAUNTER, OR A JOG.
GASP! WHEEZE!
SOMETIMES YOU JUST NEED A...
IAN BOOTHBY SCRIPT
BILL MORRISON PENCILS & EDITS
ANDREW PEPOY INKS
NATHAN KANE COLORS
KAREN BATES LETTERS
MATT GROENING

BUT WHY IS THIS MASKED MYSTERY MAN IN SUCH A RUSH? FOR THE ANSWER WE MUST TURN BACK THE CLOCK TO THE BYGONE AGE OF...

ROADS AND SIDEWALKS BEING REPAIRED PLEASE USE ROOFTOPS

ONE MINUTE AGO!

≡YAWN!≡ THAT SECOND HELPING OF PORK CHOPS REALLY TOOK IT OUT OF ME! EATING'S TIRING WORK! I'M GONNA GRAB A NAP BEFORE GOING TO MOE'S!

THAT WASN'T A SECOND HELPING. IT WAS *MY* DINNER!

THAT WAS MOE ON THE PHONE. HE'S SPRAYING FOR STINK BUGS TONIGHT.

I *TOLD* HIM IT WASN'T ME MAKING THAT SMELL!

SO THE BAR WILL BE CLOSING EARLY.

≡YAWN!≡ OKAY, HOW EARLY?

IN SEVEN MINUTES!

AAAAAAH!

OH, AND THE CAR BATTERY IS DEAD.

AAAAAAH!

YOU MIGHT BE ABLE TO MAKE IT IF YOU RUN!

TAKE A HAT, COAT, AND GLOVES. IT'S COLD OUT!

HEY, THOSE ARE MINE!

WHAT'S THAT GIZMO ON YOUR FACE? IS IT A SPEED MASK? WILL IT HELP ME RUN FASTER?

IT'S A RELAXING LAVENDER-SCENTED EYE MASK.

YOINK!

COULDN'T HURT!

HEY!

THAT'LL BRING US BACK TO...

D'OH! THAT'S WAY TOO FAR TO JUMP! WHAT WERE THE CITY PLANNERS THINKING?

YOU CAN DO IT! IT IS I, THE GHOST OF EDWIN GOURDIN, THE AMERICAN LONG JUMPING LEGEND OF THE 1920s! I HAVE FAITH IN YOU!

CAN I GET SOMEONE I'VE *HEARD* OF?

IT'S A' *ME!* YOU CAN *DO* IT!

RIGHT. I'LL JUST DOUBLE TAP *"A"* WHEN I'M IN THE MIDDLE OF THE JUMP!

MEANWHILE...

OKAY, REV, LIKE HAND OVER THE CHURCH'S COLLECTION MONEY!

OH, WON'T SOMEBODY *SAVE* ME?

SORRY, BUT THERE'S NO ONE UP ABOVE WHO'S GOING TO HELP YOU NOW!

WHAM!

AAAAH! FOUR MINUTES LEFT!
THAT'S WHAT HAPPENS WHEN YOU MESS WITH SOMEONE WHO HAS...
...A CONTRACT WITH GOD!
MOAN!
GROAN!
ALL THIS SWEAT IN MY EYES...CAN'T SEE WHERE I'M RUNNING!
KA-BAM!
OH THANK YOU, KIND SIR. HE JUST RAN OFF WITH MY PURSE!
P'GEL
NO TIME FOR THANKS! GOTTA GO!
THAT NEW MASKED CRIMEFIGHTER'S AWESOME...HUH, CHIEF?
I'LL SAY. HE MAKES OUR OLD SUPERHERO LOOK SO LAME.
POLICE
UM...
BRAAAP-MAN'S STANDING RIGHT BEHIND ME, ISN'T HE?
BRAAAP!

THREE MINUTES LEFT! ⁝GASP!⁝ ALMOST THERE! COME ON HEART, THERE'LL BE TIME TO EXPLODE LATER!
EBONY AND IVORY PIANOS
HEH HEH!
SHORT CUT
SHORT CUT
A SHORT CUT! THAT'S JUST THE KIND OF CUT I NEED!
GLOBES
AAAAAAAAAAAH!
MEN AT WORK
WHOOOOAH!
YECCH! HOW COME SEWERS ARE NEVER AS CLEAN AS THEY ARE IN THOSE NINJA TURTLE MOVIES?

OH, HELLO!

AAAAH!

NO NEED FOR GIRLISH SCREAMS, MASKED MAN!

WE'RE JUST DOING SOME LATE NIGHT TOXIC WASTE DUMPING!

AND BY WE, I MEAN SMITHERS.

HE'S SEEN US, SIR. SHOULDN'T WE...ELIMINATE HIM?

PISH AND TOSH. HE'S OBVIOUSLY A CRIMINAL ON THE LAM! HE'S NOT ONE TO RAT US OUT TO JOHN LAW!

WHAT'S WITH THE BIRD?

OH, THIS IS SMITHERS JR. I'M TRAINING HIM AS A REPLACEMENT IN CASE SOMETHING HAPPENS TO YOU-KNOW-WHO.

HE ALREADY SAYS THREE SYCOPHANTIC PHRASES!

GOOD IDEA, SIR! WELL DONE, MR. BURNS! I'LL EAT THE EVIDENCE RIGHT AWAY, BOSS!

I DON'T LIKE HOW HE LOOKS AT ME.

WHAT'S WRONG...AFRAID OF A LITTLE HEALTHY COMPETITION?

DID YOU HAVE TO TRAIN HIM TO HOLD A KNIFE AND FORK?

AAAAAH! ONLY TWO MINUTES LEFT!

HE LIKES SHINY SILVERWARE.

MOE'S! AT LAST!

BLAM!

WELL, HELLO HANDSOME!

WHAA--?! WHO ARE YOU?

THEY CALL ME... KRABAP'ELL!

WHY DO THEY CALL YOU *THAT*?

BECAUSE THOSE IDIOT TWIN SISTERS AT THE DMV SCREWED UP THE NAME ON MY DRIVER'S LICENSE!

SO, ARE YOU GOING TO BUY A LADY A DRINK OR WHAT?

AAAAH! FIVE SECONDS LEFT!

SHOVE!

MOE! ⸬WHEEZE!⸬ GIMME A BEER *QUICK* BEFORE YOU CLOSE! ⸬GASP!⸬

OKAY, HOMER, BUT THERE AIN'T NO RUSH. I'M OPEN FOR *HOURS* STILL!

HEH HEH! MY PLAN WORKED PERFECTLY!

MARGE? BUT WHY?

THAT'S *TWO* DAMES IN MY BAR IN ONE NIGHT? BUT HOW?

I'LL TAKE OFF MY DISH-WASHING GLOVES AND EXPLAIN

"HOMER, YOU'VE BEEN SO LAZY LATELY THAT DR. HIBBERT SUGGESTED I TRICK YOU INTO GETTING SOME EXERCISE."

...OR SOON HE'LL BE LIVING IN A CEMETERY!

"I KNEW YOU'D NEVER RUN UNLESS YOU THOUGHT THERE'D BE BEER, SO..."

"I MADE UP THE STINK BUG SPRAYING AND THE DEAD CAR BATTERY. YOU WERE DOING SO WELL WITH YOUR RUN, I TRIED TO GET YOU TO TAKE A LONGER ROUTE."

"BUT I DIDN'T SEE THE OPEN MANHOLE. SORRY ABOUT THAT."

SHORT CUT

MEN AT WORK

EEEEW!

I CAN'T BELIEVE IT. I RAN FOR *EIGHT PAGES*...I MEAN *MINUTES*!

YEP, IT JUST GOES TO SHOW YOU, ANYTHING'S POSSIBLE WHEN YOU'VE GOT THE *WILL* POWER!

UH, MIDGE? HOMER'S PASSED OUT FROM EXHAUSTION...HE MIGHT BE IN A COMA!

I GUESS THE FLESH WAS WEAK, BUT AT LEAST *THE SPIRIT* WAS WILLING!

YOU REALLY *SHOULD* GET HIM TO A HOSPITAL.

RIGHT AFTER THIS BEER!

THE END

BART LIKE ME

STUDENTS, FACULTY, AND FRIENDS, I AM PROUD TO PRESENT...

DRUM ROLL, RALPH.

PLPLPLPLPLPLPLPLPLPL

CHUCK DIXON	PHIL ORTIZ	MIKE ROTE	ART VILLANUEVA	KAREN BATES	BILL MORRISON
SCRIPT	PENCILS	INKS	COLORS	LETTERS	EDITOR

LEARNING ANNEX

...THE SPRINGFIELD ELEMENTARY LEARNING ANNEX!

PLPLPLPLPLPLPLPLPL!

IT'S A TRAILER.

LEAR ANN

IT'S A LOW COST *SOLUTION* TO CLASSROOM OVERCROWDING IS WHAT IT IS. YOU CAN STOP THAT NOW, RALPH.

PLPLPL PLPLPLPLPLPL

AND WILL YOU BUY *SCHOOLBOOKS* OR HIRE ANOTHER *TEACHER* WITH THE MONEY YOU SAVED?

ACTUALLY, I USED *THAT* TO GET THESE COOL SCISSORS.

MY *LIPS* ARE DIZZY.

SPRINGFIEL ELEMENTAR SCHOOL

DO YOU KNOW WHAT I'M SEEING, MILHOUSE?

THE LEARNING ANNEX?

A *CANVAS.*

OR HIGHER SALARIES FOR THE TEACHERS WE HAVE?
WHAT ABOUT THAT, SEYMOUR?
WELL, I--
THAT BLANK AND LIFELESS EDIFICE WILL SOON BE HOME TO MY *MASTERPIECE*.
YOU MEAN AS...*EL BARTO?*
SHH!
YOU'RE EL BARTO?
WHAT IS THIS EL BARTO YOU SPEAK OF?
AND WHO THE HELL ARE *YOU*?
I'M *BRAD*. I'M THE *NEW* KID IN YOUR CLASS.
BRAD... BRAD...
UM...BRAD AKA BRADSTER AKA BRADLEY.
YOGIMON CARDS, THROWING ROCKS AT THE GREENHOUSE, CAPTAIN SQUID COMICS.
SNAP! SNAP!
CAPTAIN SQUID, EH? I PICTURED YOU AS MORE OF A *PLASMO* MAN.
BUT I'LL TAKE YOU UNDER MY WING *ANYWAY*.
I'M *HONORED,* BART!
CAN I HAVE A WING, *TOO*? HUH?

AFTER SCHOOL...

MOM, THIS IS THE *NEW* KID IN CLASS. HIS NAME'S *BRAD*.

HELLO, MRS. SIMPSON.

WHAT A *POLITE* YOUNG MAN. HELP YOURSELF TO *COOKIES*.

HE'S MY *NEW* BEST FRIEND.

THESE COOKIES LOOK AWESOME.

BEST FRIEND...?

AWW...

WE HAVE A LOT IN COMMON.

I'M EVEN RE-THINKING THE ³MUNCH!³ WHOLE *CAPTAIN SQUID* THING.

GOOD ³CHOMPF!³ MAN!

UM...WHAT'S WITH YOUR *DOG?*

RRRRRRRR

MAYBE SANTA'S LITTLE HELPER KNOWS YOU HAVE *COOTIES!*

GAH!

BART! PUT THAT *PEST* OUTSIDE!

RARF! RARF! ROWRRF!

SORRY! MOM'S ORDERS.

I MEANT THE *DOG*, BART!

SORRY, BOY!

THIS IS MY *CRIB*. IT'S WHERE I KEEP MY STUFF.

LOOK AT THIS LIMITED EDITION TALKING *HEE-HAH JOE*.

GEEZ. IT'S LIKE A KRUSTY *SHRINE*.

PRETTY *COOL*, HUH?

GENEVA CONVENTION? SOUNDS LIKE A STRIPPER I USED TO DATE!

I GUESS.

THIS STUFF'S *OKAY*...BUT WHEN ARE WE GONNA DO SOMETHING *FUN*?

ROBOT MADNESS

LIKE WHAT?

LIKE SOME *EL BARTO* ACTION? THE LEARNING ANNEX?

I DUNNO. SKINNER'LL BE KEEPING AN EYE ON THAT BABY FOR A WHILE.

AFRAID OF A *CHALLENGE*, BART?

HECK, NO.

WHAT D'YA *THINK*? DAY-GLO OR TRADITIONAL?

ALL *RIGHT*!

THAT EVENING...

TOLD YOU. WILLIE'S *WATCHING* THE PLACE.

SO?

MAYBE YOU WANT TO SPEND EVERY RECESS PULLING WEEDS.
CHICKENING OUT?
LET ME THINK OF A PLAN.
HOW ABOUT THIS?
HEY, ENGLISH GUY! WAKE UP!
ULP!
WHA--? WHO SAID THAT?
WHAT ARE YOU DOING?
PROVIDING A DISTRACTION, DUMMY!
HOO BOY.
YOO!
CALL ME A BLOODY ENGLISH, WILL YE?
OH MAN...

I'LL *LEARN* YE T'SPREAD SLOGGIN' *LIES* ABOOT WILLIE!

GOT YE, YE WEE *SPROOT!*

WHOA!

WHA' TH' DEVIL? *OCH!*

SFFTTSSH!

HA HA HA HA HA!

ME *EYES!* OWWWW!

THE NEXT MORNING...

...AND I NEVER *DID* GET TO TAG SKINNER'S NEW SHACK.

WELL, *SOMEONE* DID.

HUH?

THIS CAN'T BE HAPPENING.
I THOUGHT I COULD TRUST YOU TO DO ONE THING RIGHT, WILLIE!
THERE WAS A HUNNERD O' THEM! BIG UGGSOME COME-O-WILLS! CALLED WILLIE ENGLISH, THEY DID!
BRAD STOLE MY THUNDER. MY THUNDER!
GUESS THERE'S A NEW OPENING FOR BEST FRIEND, HUH?
CHECKIN' OUT MY ROCKIN' TAG, HUH?
YOU!
YOU?
FIRST YOU STEAL MY TRADEMARK AND NOW MY HAIRCUT?
IT'S AN HOMAGE, HOMIE!
IT'S A RIP-OFF IS WHAT IT IS! YOU'RE NO BART SIMPSON!
I'M MORE BART THAN YOU ARE, BART!
WOW! IT'S LIKE YOU'RE TWINS!

TWINS?

HE'S NOT ME! HE'S NOTHING LIKE ME!

SORRY, BRAD...UM... BART?

COME ALONG, BART! WE NEED TO CHECK YOUR SPRAY FINGER FOR PAINT RESIDUE.

WHAT?

OW!

HOW COULD THIS GET WORSE?

GO, BRAD... GO, BRAD...GO, BRAD...!

YO, BRAD-A-TOLLAH!

YO, YO, OTTO-MATIC!

BRAD, I PUT ASIDE A RADIOACTIVE MAN YEARBOOK WITH PLATINUM VARIANT COVER AS YOU REQUESTED.

NEW COMICS

CHOICE!

WHY, YOU LITTLE--!

≡BAAAK!≡

UM...DAD?

ITCHY & SCRATCHY™ in SINGLE WHACKED FELINE

ROOMMATE WANTED
SHARE RENT, UTILITIES
NO SMOKERS,
NO PETS
CALL SCRATCHY
555-2219

F21

PEPE le PAINT

PEPE le PAINT

WHACK!

HA! HA! HA! HA! HA! HA! HA!

HMMM...

WHERE YOU *GOING*, BART? KRUSTY'S NOT *OVER*.

WHAT DO *YOU* CARE? YOU HAVE *BART* LITE RIGHT THERE.

WHAT'S *HE* HAVING A COW ABOUT, LISA?

HE'S NOT ACTING LIKE *HIMSELF* LATELY, BRAD.

WANT AN ORGANIC YOGURT TUBE?

DO I!

RRRRRRRRR

THAT NIGHT...

I HAVE TO *DO* SOMETHING ABOUT THIS BARTY-COME-LATELY.

I CAN'T LET HIM *STEAL* THE BAD BOY, DEVIL-MAY-CARE, TROUBLED YOUTH PERSONA I'VE WORKED SO HARD TO CREATE.

BRAD IS SO MUCH LIKE ME THAT EVERYONE'S BEGINNING TO THINK HE *IS* ME.
BUT IF HE'S *ME,* THEN WHO AM *I*?
THAT'S RIGHT, BART... WHO?
YAAAH!
WHO?
WHO?
WHO?
EEYAAAAH!
LISA! STOP THAT SCREAMING!
A DREAM...A HORRIBLE SUBTEXTUAL *NIGHTMARE!*
BUT *I'M* NOT SCARED.
ARE *YOU* SCARED, KRUSTY?
GUNG HO AND ALL THAT TUMMEL.

THE NEXT DAY...

WHO IS BART SIMPSON ANYWAY?

I THOUGHT I WAS *UNIQUE*.

I THOUGHT I WAS THE ONLY KID *LIKE* ME.

COULD I BE *WRONG*?

IS MY INDENTITY JUST SOMETHING THAT CAN BE *TRANSPLANTED* TO ANOTHER KID?

IF THAT'S TRUE, THEN WHAT MAKES ME, *ME*?

HAW HAW!

BART'S HAVING AN EXISTENTIAL CRISIS!

AM I?

WHO'S TO SAY, NELSON?

WHO IS TO SAY?

DEEP.

THAT AFTERNOON...

SO, I KNOW WHO WROTE ON THE LEARNING ANNEX WALL.

RINCIPAL SEYMOUR SKINNER

I'M LISTENING...

IT WAS BRAD. "EL BRADO." GET IT?

I THOUGHT IT WAS *BART*.

NO. *I'M* BART.

SO, YOU'RE *CONFESSING*?

TRY TO KEEP *UP*, SEYMOUR.

THEN YOU'RE *NOT* TURNING YOURSELF IN?

I'M RATTING *BRAD* OUT. I NEED HIM *OUT* OF THE PICTURE.

I *THINK* I SEE.

VERY *WELL* THEN, YOUNG MAN.

RETURN TO YOUR CLASSROOM. *JUSTICE* IS COMING.

SWEET.

MOMENTS LATER...

YOU'RE IN BIG TROUBLE, BRAD!

YOU'LL *SEE* HOW THIS SCHOOL TREATS *VANDALS*, BRAD!

SKINNER...

APRIL

MY BAD.

OH!

UM...QUIET *DOWN,* CHILDREN.

I NEED YOUR ATTENTION WHILE I MAKE AN *EXAMPLE* OF ONE OF YOU.

TAP TAP

WE'VE *CAUGHT* THE MISCREANT WHO MIS-CRAYOLA-ED THE LEARNING ANNEX.

IT'S THE *NEW* KID... *BRAD!* AND WE'RE GOING TO TEACH HIM WHAT WE *DO* TO THOSE WHO STEP OUT OF LINE AT SPRINGFIELD ELEMENTARY, RIGHT?

GASP!

HEH.

YAYYYYYYY!

WAY TO GO, BRAD!

HUH?

SIC TRANSIT GLORIA, SMARTYPANTS.

VENI, VIDI, VICI, SKINNER.

BRAD! BRAD! BRAD! BRAD!

WELL, E PLURIBUS UNUM TO *YOU* THEN!

NICE *COMEBACK,* GENIUS!

BRAD! BRAD! BRAD! BRAD!

AFTER SCHOOL...

MAN, I TRY TO WREAK VENGEANCE ON BRAD AND WIND UP MAKING HIM A *HERO*.

IT'S ALMOST LIKE HE'S *RUBBER*... AND YOU'RE *GLUE*... TO QUOTE THE CLASSICS.

THERE'S BRAD *NOW*.

AND HE'S GETTING IN THAT *CAR*.

SO, YOU'RE A *NARRATOR* NOW?

WHERE YOU *GOING*, BART?

BRAD KNOWS MY WHOLE LIFE, AND I KNOW *NADA* ABOUT HIM.

I'M GOING TO SHOW *HIM* THAT A LITTLE KNOWLEDGE IS A DANGEROUS THING.

LET'S SEE HOW *HE* LIKES HAVING A SPY IN THE HOUSE OF BRAD.

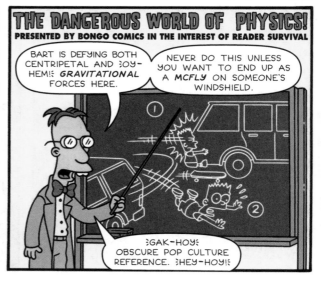

THE DANGEROUS WORLD OF PHYSICS!
PRESENTED BY BONGO COMICS IN THE INTEREST OF READER SURVIVAL

BART IS DEFYING BOTH CENTRIPETAL AND ¡OY-HEM!¡ *GRAVITATIONAL* FORCES HERE.

NEVER DO THIS UNLESS YOU WANT TO END UP AS A *MCFLY* ON SOMEONE'S WINDSHIELD.

¡GAK-HOY¡ OBSCURE POP CULTURE REFERENCE. ¡HEY-HOY!¡

SO, DAD OR MOM IS MAKING A PIT STOP.

AND BRAD'S THE *ERRAND* BOY.

MOMENTS LATER...

HUH?

APU SURE HAS DROPPED THE BALL ON CARDING *MINORS!*

DRINK Duff BEER

WHUMP!

OW!

YOU ESCAPED *THIS* TIME, BRAD. BUT THERE'LL BE *ANOTHER* DAY.

DO YOU *MIND?* SOME OF US HAVE *WORK* WE HAVE TO SNEAK BACK TO?

YEAH, YEAH.

THE NEXT DAY...

WHAT'RE YOU DOIN' AFTER *SCHOOL*, BRAD?

I DUNNO. SOMETHIN'.

MAYBE WE COULD GO TO *YOUR* HOUSE.

I DON'T THINK SO. MY *MOM'S* SICK.

SO, IT WAS YOUR *DAD* WHO PICKED YOU UP YESTERDAY?

SURE. MY *DAD*.

I COULD RIDE HOME *WITH* YOU. I'VE NEVER *SEEN* YOUR HOUSE.

THAT'S NOT A GOOD IDEA.

KEE YOU SCH CLEA

IT'LL BE *FUN*. YOU CAN SHOW ME YOUR *STUFF*.

IT'S JUST *STUFF*.

BUT IS IT *COOL* STUFF?

UM...I DON'T THINK I'M VERY *HUNGRY* ANY MORE.

HEH.

YOU JUST MADE YOUR FIRST *MISTAKE*, BRADSTER.

YEAH! HE LEFT HIS *PUDDING*!

WHAT'S HE *HIDING*? I *HAVE* TO GET INTO HIS HOUSE.

BUT I DON'T KNOW WHERE BRAD *LIVES*. NOT EVEN THE *STREET*.

HOW CAN I TRACK HIM TO HIS *LAIR*?

CERTAINLY, I CAN LEARN THE EARTH LOCATION OF YOUR SUBJECT.
A SIMPLE UHF TRANSMITTER CONNECTED TO A RUDIMENTARY GPS DEVICE AND--
I WANTED "IF" NOT "HOW," MARTIN.
WELCOME TO A LARGER WORLD.
WE'RE LEAVING SCHOOL? DURING SCHOOL HOURS?
I DON'T LIKE DOING THIS, BART.
WOULD YOU LIKE NELSON TO KNOW YOU WEAR HOBBIT UNDERWEAR?
I'D PREFER NOT.
BUT I'M NOT SURE OF THE LEGALITY OF THIS, BART.
THEN DON'T LEAVE ANY FINGERPRINTS, BRAIN-O.
I CAN MONITOR THE VEHICLE'S PROGRESS ON MY PDA.
HERE HE COMES!
IS BRAD MEETING HIS PARENTS HERE?
I DON'T THINK HE HAS PARENTS.
HE'S A CLONE?
AN ORPHAN, DOOFUS.

HA!
GO ANYWHERE ON THE PLANET, AND I'LL FIND YOU, BRAD.
THE CHASE IS ON.
BUT THAT PALM PAL WAS A GIFT FROM MY MEE-MAW!
I'LL HAVE TO REPORT THIS!
HOBBITS!
RIGHT...
MILES LATER...
BRAD IS HEADING OUT PAST THE MALL.
HE LIVES HALFWAY TO SHELBYVILLE.
I'VE NEVER BEEN ON THIS STREET.
THERE ARE NO SIDEWALKS HERE.
THAT'S THE HOUSE. THERE'S THE CAR.
GUESS THERE'S NO GOING BACK NOW, HUH?

I KNEW IT!
BRAD DRIVES HIMSELF TO SCHOOL.
PHONE BOOK
PHONE BOOK
PHONE BOOK
PHONE
SHOULD I?
YOU KNOW IT!
THERE'S SOMETHING VERY WEIRD ABOUT THIS HOUSE.
WHOA.
EVERYTHING IS SO SMALL.
IT'S LIKE A HOUSE BUILT JUST FOR KIDS.

AND MOST OF THE ROOMS ARE *EMPTY*.

NO PARENTS. TINY FURNITURE. BUYS BEER.

THAT MEANS--

CLICK!

OOP.

RIGHT YOU *ARE,* SHERLOCK.

I'M *NOT* A KID. *HAVEN'T* BEEN FOR TWENTY YEARS.

I'M LITTLE LARRY BAXTER, AND I'M *WANTED* IN SIX STATES FOR ARMED ROBBERY.

WELL, *THAT'S* COOL, LARRY. BUT I'M LATE FOR *DINNER*.

OH, YOU'RE GONNA BE *REAL* LATE THIS TIME.

AW...AND TONIGHT WAS *CHILI-MAC* NIGHT.

MARCH, NOSEY!

NOW I TAKE YOUR PLACE FOR *GOOD,* BART. IT'S THE PERFECT WAY TO HIDE OUT IN PLAIN SIGHT.

I *ALWAYS* GET AWAY WITH IT. *NOBODY* SUSPECTS A CHILD.

YOU'LL NEVER GET AWAY WITH THIS.

YEAH. I'LL EVEN STEP INTO YOUR LIFE WITH YOUR *FAMILY*. YOUR MOM WILL MISS *YOU* SO MUCH SHE'LL PROBABLY *ADOPT* ME.
AND WHEN THEY'RE ASLEEP SOME NIGHT I'LL STEAL EVERY-THING THEY *OWN*.

HEY!

RRRRAHHRRR!

SANTA'S LITTLE HELPER!

HELP ME! PLEASE *HELP* ME, BART!

RRRRRRR...

HOLD STILL.

AN HOUR LATER...

IF YOU GUYS WERE *PIZZAS*, YOU'D BE FREE.

SO NEXT TIME CALL *LUIGI'S*.

SO, WHAT'S THE *4-1-1* ON THIS *9-1-1?*

NICE, CHIEF. RELATING TO THE YOUTHS.

I TRY, LOU. GOD KNOWS I *TRY*.

THIS KID IS *NO* KID. HE'S LITTLE LARRY BAXTER, AND HE'S A *CROOK*.

KEEP THAT DOG *AWAY* FROM ME. I WANT MY *MOMMY!*

HIS MOMMY'S PROBABLY SITTING IN A *CELL* SOMEWHERE. THIS GUY'S OLD ENOUGH TO HAVE VOTED FOR THE *FIRST* GEORGE BUSH.

FIRST HE STOLE MY *IDENTITY,* AND THEN HE WAS GONNA *KILL* ME AND TAKE OVER MY LIFE, BUT SANTA'S LITTLE HELPER STOPPED HIM.

SO...I ARREST THE *DOG,* RIGHT?

THE *LITTLE GUY*, CHIEF. YOU ARREST THE LITTLE GUY.

LUCKILY, I ORDERED *DEMI*-CUFFS AFTER WE BUSTED THAT GANG OF BABY BURGLARS.

THEN YOU FOUND OUT IT WAS *GROWN-UP* BURGLARS *STEALING* BABIES.

WAY TO RUIN THE *MOMENT,* EDDIE.

SEE YA IN FIFTEEN TO TWENTY, *LARRY.*

INSIDE THE STATE PRISON...

SPRINGFIELD MAXIMUM SECURITY PRISON

♪ WHEN I WAS ♪ A LAD I SERVED A TERM AS OFFICE BOY TO AN ♪ ATTORNEY'S FIRM. ♪

♪ I CLEANED THE ♪ WINDOWS AND I SWEPT THE FLOOR, AND I POLISHED UP THE HANDLE OF THE ♪BIG FRONT DOOR. ♪

BOB?

YES, GUARD?

GOT A NEW *CELLMATE* FOR YOU. MAKE HIM FEEL AT HOME, OKAY?

WHAT'S WITH THE *HAIR,* CHIEF? YOU LOSE A *BET?*

OH, WE'RE GOING TO GET ALONG *JUST* FINE. *JUST* FINE...

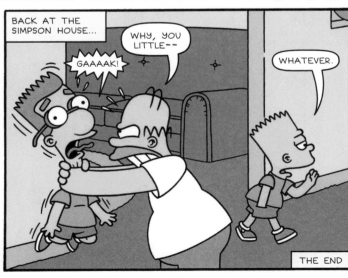

BACK AT THE SIMPSON HOUSE...

GAAAAK!

WHY, YOU LITTLE--

WHATEVER.

THE END

HEY THERE, YA BUNCHA YAHOOS! I'M ALL OUT OF BAR NUTS AND THE LOVE TESTER'S ON THE FRITZ, SO IF YOU AIN'T GONNA ORDER SOME SUDS...MAYBE YOU SHOULD TRY YOUR LUCK WITH THE NEXT

BUSY HANDS PAPERCRAFT PROJECT!

THAT'S RIGHT...IT'S AN ITTY-BITTY VERSION OF MOE'S TAVERN! BUT IF YOU WANT THE REAL THING (COMPLETE WITH THE ROACHES, THE RATS, AND THE DANK) THEN COME DOWN TO THE REAL THING FOR HAPPY HOUR FROM 5:00-5:30 P.M.

WHAT YOU WILL NEED:
- Scissors, adhesive tape, and a straight edge (such as a ruler).
- An ability to fold along straight lines.
- An additional "mint condition" copy of this book secured elsewhere!

Fig. 1

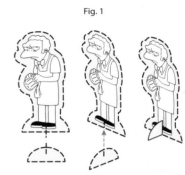

1. Cut out figures and bases.
2. Cut along the dotted line at the base of each figure and also the center of each curved base. (Be careful not to cut too far!)
3. Connect base to figure as shown (Fig. 1).
4. Before cutting out the shapes, use a ruler and a slightly rounded metal tool (like the edge of a key) to first score, and then fold lightly along all the interior lines (this will make final folds much easier).
5. Cut along the exterior shape. Make sure to cut all the way to where the walls, the roof, and the flaps lines meet (Fig. 2). Also, carefully cut along the dotted lines on the roof, being careful to limit your cuts to the length of the lines.

Fig. 2

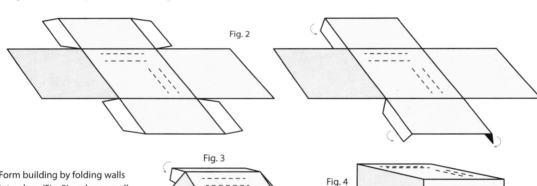

6. Form building by folding walls into place (Fig. 3) and secure all tabs to the interior of the building with tape (Fig. 4).

Fig. 3

Fig. 4

Fig. 5

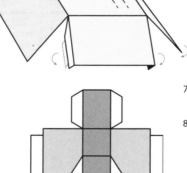

7. Fold skylight and stairwell shapes as shown, and secure flaps with tape (Fig. 5).

8. Attach it to the top of the building by inserting the bottom flaps through the previously cut roof slots (Fig. 6).

Fig. 6

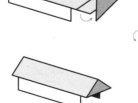

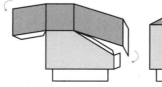

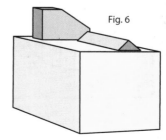

HOLT
3
FRENCH

Allez, viens!®

Listening Activities

HOLT, RINEHART AND WINSTON

A Harcourt Classroom Education Company

Austin • New York • Orlando • Atlanta • San Francisco • Boston • Dallas • Toronto • London

Contributing Writers

Additional Listening Activities

Marc Prévost
Austin Community College
Austin, TX

Françoise Klingen
Landrum, SC

Tests and Quizzes

Jena Hiltenbrand
Austin, TX

Elizabeth M. Rowe
Oceanside, NY

Stuart Smith
Austin, TX

Cover Photo/Illustration Credits
Girl: Christine Galida/HRW Photo; boy: Marty Granger/HRW Photo; French horn: Image Club Graphics © 1997 Adobe Systems; CD player: Sam Dudgeon/HRW Photo; CD: Digital imagery ® © 2003 Photodisc, Inc.

ALLEZ, VIENS! is a trademark licensed to Holt, Rinehart and Winston, registered in the United States of America and/or other jurisdictions.

Printed in the United States of America

ISBN 0-03-065567-6

2   3   4   5   6   7   066   05   04   03

Contents

Student Response Forms for Textbook Listening Activities and Additional Listening Activities

Scripts and Answers for Textbook Listening Activities and Additional Listening Activities

Scripts and Answers for Testing Program

To the Teacher

The *Listening Activities* book presents many of the listening activities available for use with Level 3 of *Allez, viens!* Here, presented in one book and packaged together by chapter for ease of use, you will find the materials needed in order to include listening practice at every point in your lesson cycle. The recordings for all the activities in this book can be found on the *Allez, viens! Audio Compact Discs.*

What will you find in the Listening Activities book?

- **Textbook Listening Activities, Student Response Forms, Scripts and Answers**
  The listening activities in the *Allez, viens! Pupil's Edition* are designed to practice and develop listening comprehension skills in real-life contexts. The Textbook Listening Activities, which are indicated in the *Pupil's Edition* with a listening icon, feature a wide variety of situations and tasks, such as phone messages, exchanges in a store or restaurant, or conversations between friends about school and free-time activities. Many of the activities are art-based, and in some cases, students will need to look at the art on the corresponding page of the *Pupil's Edition* as they complete the activity on the Student Response Form. Copying masters of the Student Response Forms for each chapter's listening activities are included here. Each copying master is referenced by page number to the corresponding page in the *Pupil's Edition.* In addition, this book contains the scripts and answers to all Textbook Listening Activities, also organized by chapter.

- **Additional Listening Activities, Songs, Copying Masters, Scripts and Answers**
  Six Additional Listening Activities per chapter, two for each **étape**, provide further listening comprehension practice. The purpose of these Additional Listening Activities is to develop, reinforce, and refine listening skills, using contexts that simulate real-life settings. Students hear conversations, announcements, advertisements, radio broadcasts, weather reports, and so on. The Additional Listening Activities are thematically related to each chapter and focus on the target vocabulary and grammar points, but also contain some new and unfamiliar material. For further practice, each chapter of Additional Listening Activities also includes a song. This *Listening Activities* book contains the copying masters for the Additional Listening Activities and song lyrics, organized by chapter. Also included are the scripts and answers to each Additional Listening Activity.

- **Quiz and Test Listening Scripts and Answers**
  The *Listening Activities* book also contains the scripts and answers for the listening sections in each quiz and test of the *Allez, viens! Testing Program,* as well as the scripts and answers to the Midterm and Final Exams. The listening sections of the quizzes and tests are brief, contextualized activities that test both discrete-point and global listening skills. The emphasis is on evaluating students' ability to recognize target vocabulary and structures in a variety of real-life contexts.

How can you use the materials in the Listening Activities book?

The goal of *Allez, viens!* is the development of proficiency in all four skills. To develop proficiency in listening comprehension, the program facilitates incorporation of listening activities into all phases of the lesson cycle—from presentation, to practice and expansion, to review and assessment. The materials gathered together in the *Listening Activities* book allow you to familiarize yourself quickly with the many listening options available to you and your students with this program, and to incorporate these materials easily into your lesson. All the recordings feature a wide variety of native speaker voices, thus allowing students to experience and become familiar with a range of authentic French-speaking accents that they may encounter while studying or traveling in the French-speaking world.

- **Using the Textbook Listening Activities**
  In each chapter, there are different kinds of Textbook Listening Activities, each appropriate for use at specific points in the lesson cycle. Icons in the *Pupil's Edition* indicate listening activities. First, you may use the listening activity following a **Comment dit-on...?** or **Vocabulaire** presentation to develop students' recognition of new material. Second, as students move from recognition to production, you may use subsequent Textbook Listening Activities, as well as the **Mise en pratique** listening activity, to develop more global listening skills and to reinforce the language students are beginning to produce. The Textbook Listening Activities are also excellent preparation for the listening sections on the quizzes and tests.

- **Using the Additional Listening Activities**
  The Additional Listening Activities are ideal for developing global listening skills, and may be best used towards the end of an **étape** or chapter. The fact that these activities contain some unfamiliar material helps students to learn an invaluable lesson in developing listening proficiency: they need not understand every word in order to comprehend the main idea. These activities may also be used to review for the test, and to offer the faster-paced students a challenge and the opportunity to experience language that is slightly ahead of their level. The songs, although thematically linked to each chapter, may be used at any time. Teachers use songs in many ways: as part of a culture lesson or "fun" day; to present or reinforce certain vocabulary or structures; or to practice listening comprehension by turning the song lyrics into a cloze or matching activity.

- **Using the Quiz and Test Listening Scripts and Answers**
  The anxiety many students feel when faced with a listening section on a quiz or test may affect their performance. To help lower anxiety, remind students that the tasks they are asked to do on the quizzes and tests, as well as the voices they will hear, are very similar to what they have done and heard in the Textbook Listening Activities and the Additional Listening Activities. Many teachers find it preferable to administer the listening portion of the quiz or test first, and then have students proceed with the other sections. You may have students complete the listening portion of the quiz or test on one day, then administer the rest of the test the next day. You may also play the recording once and ask students just to listen, then replay it and have students complete the task.

Student Response Forms for Textbook Listening Activities and Additional Listening Activities

Student Response Forms

8 Ecoutons!

Ecoute les dialogues et choisis la phrase qui correspond à chaque dialogue.

_____ **a.** Ils ne se sont pas vus depuis trois mois.

_____ **b.** Ils ne se sont pas vus depuis deux ans.

_____ **c.** Ils ne se sont pas vus depuis janvier.

_____ **d.** Ils ne se sont pas vus depuis le mois de juin.

10 Ecoutons!

Ecoute ces dialogues. Est-ce que ces personnes sont contentes ou non?

	Contente	Pas contente
1.		
2.		
3.		
4.		
5.		
6.		

13 Ecoutons!

Ecoute ces gens qui parlent de leurs vacances. Est-ce qu'ils parlent du passé ou du futur?

	Passé	Futur
1.		
2.		
3.		
4.		
5.		
6.		
7.		
8.		

Student Response Forms

15 Ecoutons!

Tes amis Annick, Joséphine et Pierre viennent juste de rentrer de vacances. Ils t'ont laissé des messages sur ton répondeur. Ecoute leurs messages et choisis l'endroit où chaque personne est allée.

a.

b.

c.

24 Ecoutons!

Ecoute le dialogue. Combien est-ce que chaque personne doit payer?

Julien _____   Pauline _____   Patricia _____

Yasmine _____   Hector _____

26 Ecoutons!

Ecoute les phrases suivantes. Est-ce que les personnes hésitent ou recommandent quelque chose?

	Hésite	Recommande
1.		
2.		
3.		
4.		
5.		
6.		

28 Ecoutons!

Ecoute ce dialogue. Le serveur a mélangé les commandes et demande à son client ce qu'il a mangé. Laquelle des commandes suivantes est la bonne? *(Circle the correct letter.)*

salade de tomates
poulet frites
salade verte
tarte aux pommes

a.

salade de tomates
poulet haricots verts
assiette de fromages
tarte aux pommes

b.

salade de tomates
poulet haricots verts
salade verte
tarte aux prunes

c.

30 Ecoutons!

Tu es au restaurant. Le serveur te pose des questions. Choisis la meilleure réponse.

1. _____

2. _____

3. _____

4. _____

5. _____

a. A point.

b. De l'eau minérale.

c. La crème caramel, s'il vous plaît.

d. Les crudités.

e. Oui, je vais prendre le steak-frites.

Mise en pratique 5

Ecoute les lycéens suivants. Décide dans quelle école ils vont en t'aidant des menus à la page 28 de ton livre. *(Write the number of the dialogue next to the school.)*

_____ Cité Technique
_____ Lycée Bartholdi
_____ Lycée Camille Sée
_____ Collège Berlioz
_____ Collège Molière
_____ Collège Saint-André
_____ Institut de l'Assomption
_____ Institution Saint-Jean
_____ Ecoles maternelles

A LA SOUPE LES POTACHES

Les menus suivants seront servis mardi à midi dans les cantines scolaires:

CITÉ TECHNIQUE: aile de raie, sauce aux câpres, pommes vapeur ou coq au riesling et spaetzlé, entrée au choix, dessert au choix.

LYCÉE BARTHOLDI: assiette de charcuterie, filet de poisson sauce nantua, riz, orange.

LYCÉE CAMILLE SÉE: spaghettis à la bolognaise ou gratin de raviolis au poulet, entrée et dessert au choix.

COLLÈGE BERLIOZ: choux-fleurs ou brocolis en salade, filet de lingue, blettes et pommes de terre à la crème, Danette.

COLLÈGE MOLIÈRE: potage, raviolis au gratin, salade verte, cône glacé.

COLLÈGE SAINT-ANDRÉ: côte de porc, gratin de choux-fleurs ou émincé de dinde, pâtes, entrée, fromage et dessert au choix.

INSTITUT DE L'ASSOMPTION: omelette-frites, entrée, fromage et dessert au choix.

INSTITUTION SAINT-JEAN: spaghettis bolognaise ou émincé de veau, petits pois à la française, entrée, fromage et dessert au choix.

ÉCOLES MATERNELLES: salade au gruyère, rôti de bœuf, choux-fleurs au gratin, salade de fruits.

■ PREMIERE ETAPE

1-1 Listen to these people greet someone they haven't seen recently.

a. For each statement you hear, choose the appropriate response. Circle the letter of your choice.

1.
  a. Ben oui, depuis hier.
  b. Vous avez raison, ça fait au moins trois ans!
  c. Non, dix ou onze ans peut-être...

2.
  a. Moi aussi, Benoît. Alors, comment ça s'est passé, ton voyage au Sénégal?
  b. Ah bon, tu me trouves en forme? C'est gentil!
  c. Moi non plus! Allez, on s'assied à cette table?

3.
  a. Oui, je reviens à peine de vacances.
  b. Bof, tu sais, toujours la même chose...
  c. Mais non, voyons! On s'est vues la semaine dernière. Tu ne te souviens pas?

4.
  a. Très bien, merci. Et vous? Ça va?
  b. Neuf? Pas du tout! C'était à mon arrière-grand-mère!
  c. Rien. Vous savez, Monsieur Dupont, à mon âge...

b. Now, complete this short dialogue between two people who haven't seen each other for a long time.

— _____

_____

— Tu l'as dit! Ça doit faire vingt ans... depuis l'école primaire!

— _____

_____

— Eh bien, je suis mariée, j'ai quatre enfants et j'habite en Bretagne.

1-2 It's back to school time! Benoît and his friends have gotten together at the café to talk about their vacations. Listen to their conversation and then complete the chart below in French. Tell what each person did during the vacation and check the + column if the person's vacation was good, or the − column if it wasn't.

Nom	Ce qu'il/elle a fait	+	−
Benoît			
Marc			
Virginie			
Aymeric			
Nabila			

Additional Listening Activities

1-3 You're going to hear four conversations. For each one, choose the picture that best represents the setting of the person's vacation.

a. b. c. d.

1. _____ 2. _____ 3. _____ 4. _____

■ DEUXIEME ETAPE

1-4 Listen to this exchange between a waiter and an indecisive customer. Then listen again and complete the script of their conversation.

SERVEUR Vous avez choisi? _____
_____?

CLIENTE Oh... Je ne sais pas. _____...
Je _____...

SERVEUR _____ les côtelettes de porc.
Elles sont délicieuses!

CLIENTE Non, le porc, je n'aime pas vraiment...

SERVEUR Alors, _____
_____ du poulet?

CLIENTE Ah oui, tiens! Bonne idée! Mais... _____
le poulet aux fines herbes et le poulet à la provençale.

SERVEUR _____ le poulet aux fines herbes. Vous ne le regretterez pas!

Additional Listening Activities

1-5 In a restaurant, you overhear a family at the next table deciding what to order. Listen to their conversation. Then write the number of each person next to the items he or she finally decides to order.

1. **M. Dufour**
2. **Anne**
3. **Mme Dufour**
4. **Pierre**

ENTRÉES	
_____	Salade de tomates
_____	Assiette de crudités
_____	Jambon du pays
_____	Assiette de charcuterie

PLATS DU JOUR	
_____	Steak-frites
_____	Côtelette de porc/pâtes
_____	Poulet/haricots verts
_____	Escalope de dinde/purée

FROMAGES	
_____	Brie
_____	Roquefort
_____	Camembert
_____	Fromage de chèvre

DESSERTS	
_____	Crème caramel
_____	Glace à la vanille
_____	Tarte aux pommes
_____	Tarte aux abricots

1-6 In a restaurant you overhear these four conversations. Listen carefully and then circle the statement that best describes the situation.

1.
   a. Le serveur s'impatiente; le client pose trop de questions.
   b. Le client est irrité; le serveur est impoli.
   c. Le serveur est en colère; le client prend trop de temps pour choisir.

2.
   a. Le client aime sa viande bien cuite.
   b. La serveuse demande au client s'il veut son steak à point.
   c. Le client préfère sa viande bien saignante.

3.
   a. La serveuse a oublié d'apporter les boissons.
   b. La cliente n'a pas envie de prendre la truite au camembert et aux olives.
   c. La cliente décide de prendre le plat du jour.

4.
   a. Le client n'écoute pas les conseils du serveur.
   b. Le client commande la spécialité de la maison.
   c. Le serveur conseille au client de prendre l'assiette de crudités.

Additional Listening Activities

Song: *En passant par la Lorraine*

En passant par la Lorraine,
avec mes sabots,
En passant par la Lorraine
avec mes sabots,
Rencontrai trois capitaines,
Avec mes sabots, dondaine,
Oh, oh, oh,
Avec mes sabots.

Rencontrai trois capitaines,
avec mes sabots,
Rencontrai trois capitaines,
avec mes sabots,
Ils m'ont appelée vilaine,
Avec mes sabots, dondaine,
Oh, oh, oh,
Avec mes sabots.

Je ne suis pas si vilaine,
avec mes sabots,
Je ne suis pas si vilaine
avec mes sabots,
Puisque le fils du Roi m'aime
Avec mes sabots, dondaine,
Oh, oh, oh,
Avec mes sabots.

Il m'a donné pour étrenne,
avec mes sabots,
Il m'a donné pour étrenne,
avec mes sabots,
Un bouquet de marjolaine,
Avec mes sabots, dondaine,
Oh, oh, oh,
Avec mes sabots.

S'il m'épouse, je serai reine,
avec mes sabots,
S'il m'épouse, je serai reine,
avec mes sabots,
Serai reine de Lorraine
Avec mes sabots, dondaine,
Oh, oh, oh,
Avec mes sabots.

This song is recorded on *Audio Compact Discs,* CD 1, Track 27.
Although it is presented with this chapter, it may be used at any time.

7 Ecoutons!

Ecoute cette conversation. Est-ce que cette jeune fille va à Spa, Malmédy ou Verviers?

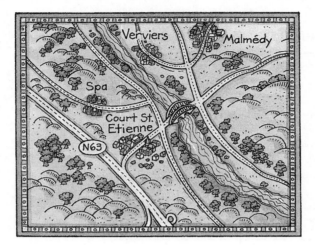

Spa _____   Malmédy _____   Verviers _____

11 Ecoutons!

Est-ce que c'est le pompiste ou le chauffeur qui parle?

	Pompiste	Chauffeur
1.		
2.		
3.		
4.		
5.		
6.		
7.		
8.		

Student Response Forms

COPYING MASTERS

16 Ecoutons!

Est-ce que ces personnes sont impatientes ou plutôt calmes?

	Impatiente	Calme
1.		
2.		
3.		
4.		
5.		
6.		
7.		
8.		

25 Ecoutons!

Stéphane et Hervé visitent la bédéthèque. Est-ce qu'ils s'amusent ou s'ennuient?

	S'amuse	S'ennuie
1.		
2.		
3.		
4.		
5.		
6.		
7.		
8.		

Holt French 3 Allez, viens! Chapter 2

28 Ecoutons!

Ecoute ces personnes qui demandent des renseignements à l'accueil du Centre de la B.D.
Regarde le plan du Centre et choisis la lettre qui correspond à leur destination.

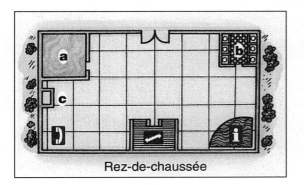

Rez-de-chaussée

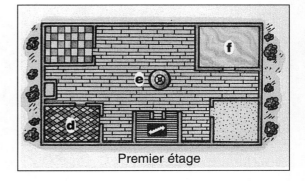

Premier étage

1. _____   2. _____   3. _____   4. _____   5. _____   6. _____

Mise en pratique 3

Ecoute les conversations de ces jeunes qui se trouvent dans un parc d'attractions. Est-ce que la
personne qui répond est impatiente ou est-ce qu'elle essaie de rassurer l'autre?

	Impatiente	Essaie de rassurer
1.		
2.		
3.		
4.		
5.		

■ PREMIERE ETAPE

2-1 Julien has no sense of direction. Four times this week, he's lost his way while going to visit some friends and has had to phone each of them to ask directions. Listen to each of his conversations twice. The first time, match his conversations with the place he's calling from. The second time, write the directions his friends give him in English.

a. Where is Julien calling from?

1. _____   **a.** from a gas station

2. _____   **b.** from his house

3. _____   **c.** from a phone booth

4. _____   **d.** from a café

                   e. from school

b. What does Julien have to do to get to his friend's house?

1. _____

   _____

2. _____

   _____

3. _____

   _____

4. _____

   _____

2-2 You're going to hear three motorists explain their problem to an auto mechanic. For each one, you'll hear the mechanic give three solutions. Choose the solution that fits the problem. Then, you be the mechanic. Listen to a motorist and decide what the problem is.

a. Circle the letter of the best solution to the problem.

1. a   b   c

2. a   b   c

3. a   b   c

b. Now, listen to this motorist's complaint. Explain in English what the problem is.

_____

Additional Listening Activities

2-3 Listen to these four very impatient people. For each one, circle the most appropriate response, according to the situation.

1.
   a. Il est toujours bon d'arriver en avance.
   b. Du calme! Quinze minutes de retard, ce n'est pas grave!
   c. Calme-toi! On va l'appeler pour s'excuser.

2.
   a. Super! On a largement le temps! Tiens, on va prendre un café?
   b. Alors, j'ai le temps de finir mon magazine.
   c. Mais enfin! Ne t'inquiète pas pour rien. Ta montre avance d'un quart d'heure. On a largement le temps!

3.
   a. Peut-être que le concert commencera en retard.
   b. Qu'est-ce que tu es impatient! Relaxe! On y arrivera à l'heure, à ton concert!
   c. C'est bon, parce que j'ai lu dans le journal que le concert allait commencer en avance.

4.
   a. Ecoute! Je n'ai pas le choix. On a crevé.
   b. Ne t'inquiète pas! Je ne m'arrête jamais aux feux rouges.
   c. Pourquoi tu veux qu'on s'arrête à la station-service?

■ DEUXIEME ETAPE

2-4 Aymeric, Vincent, and Laure are having a heated discussion about comic books. Listen to their conversation. Then in the chart below, write + if a person likes the comic or − if not.

a.

	Tintin®	*Astérix*®	*Gaston Lagaffe*®	*Lucky Luke*®
Laure	_____	_____	_____	_____
Vincent	_____	_____	_____	_____
Aymeric	_____	_____	_____	_____

b. Now, write your opinion of a comic book series you really like and one you don't like at all. Use expressions you've just heard.

(+) _____

_____

(−) _____

_____

2-5 Listen to these two conversations. Then, decide whether the sentences that follow are true (**vrai**) or false (**faux**).

	vrai	faux	
1. a.	_____	_____	La scène se passe dans une bibliothèque.
b.	_____	_____	Le garçon et la dame sont au rez-de-chaussée.
c.	_____	_____	Les dictionnaires se trouvent en bas.
d.	_____	_____	La photocopieuse *(photocopier)* est au même étage que les encyclopédies.
e.	_____	_____	L'ascenseur est à droite, au fond du couloir.

	vrai	faux	
2. a.	_____	_____	Les filles sont à l'entrée de l'école.
b.	_____	_____	Les garçons sont devant la salle 303.
c.	_____	_____	Les filles ont cours dans la salle 203.
d.	_____	_____	La salle 203 est en haut.
e.	_____	_____	Les deux filles prennent les escaliers pour monter.

2-6 You're going to hear six short dialogues between Claudine and her friend Thierry. Listen carefully and for each one, decide whether Claudine is making a suggestion to Thierry, accepting Thierry's suggestion, or refusing his suggestion.

	Elle suggère	Elle accepte	Elle refuse
1.	_____	_____	_____
2.	_____	_____	_____
3.	_____	_____	_____
4.	_____	_____	_____
5.	_____	_____	_____
6.	_____	_____	_____

Additional Listening Activities

COPYING MASTERS

Song: *Trois jeunes tambours*

Trois jeunes tambours s'en revenaient de guerre
Trois jeunes tambours s'en revenaient de guerre
Et ri et ran, ranpataplan
S'en revenaient de guerre.

Le plus jeune a dans sa bouche une rose
Le plus jeune a dans sa bouche une rose
Et ri et ran, ranpataplan
Dans sa bouche une rose.

La fill' du roi était à sa fenêtre
La fill' du roi était à sa fenêtre
Et ri et ran, ranpataplan
Etait à sa fenêtre.

Joli tambour, donnez-moi votre rose
Joli tambour, donnez-moi votre rose
Et ri et ran, ranpataplan
Donnez-moi votre rose.

Fille du roi, donnez-moi votre cœur
Fille du roi, donnez-moi votre cœur
Et ri et ran, ranpataplan
Donnez-moi votre cœur.

This song is recorded on *Audio Compact Discs,* CD 2, Track 24.
Although it is presented with this chapter, it may be used at any time.

Holt French 3 Allez, viens! Chapter 2

3 Ecoutons!

C'est le parent de quel(le) jeune qui parle?

	Mélanie	Charles	Karine	Gilles
1.				
2.				
3.				
4.				

6 Ecoutons!

Regarde les listes de tâches ménagères *(household chores)* que Christiane et Amina doivent faire. Ecoute les conversations et dis si c'est Christiane ou Amina qui parle.

	Christiane	Amina
1.		
2.		
3.		
4.		
5.		
6.		

Christiane
débarrasser la table
faire la vaisselle
sortir le chien
faire la poussière
laver les vitres
arroser le jardin
faire le repassage

Amina
faire la lessive
faire la cuisine
mettre la table
passer l'aspirateur
nettoyer le parquet
donner à manger au chat
nettoyer les salles de bains

Student Response Forms

9 Ecoutons!

Ecoute ces conversations et dis si les permissions sont accordées *(granted)* ou refusées.

	1.	2.	3.	4.	5.	6.	7.
Accordée							
Refusée							

19 Ecoutons!

Isabelle fait savoir à Gilles les six règles de la randonnée. De laquelle est-ce qu'elle parle? *(Number the rules in the order in which Isabelle refers to them.)*

Les six règles des randonnées en montagne

 Planifiez soigneusement chaque randonnée en montagne. _____

 Informez un parent, ou une connaissance, de votre randonnée. _____

 Ayez un équipement approprié et complet. _____

 Surveillez constamment l'évolution du temps. _____

 Ne vous lancez jamais seul(e) dans une randonnée en montagne. _____

 Respectez le principe: «Dans le doute, faire demi-tour». _____

25 Ecoutons!

Pour préserver la nature, il faut respecter certaines règles. Le parc national de l'Engadine informe ses visiteurs. Ecoute le message et fais une liste de quatre interdictions.

1. _____

2. _____

3. _____

4. _____

Student Response Forms

27 Ecoutons!

Isabelle parle des habitudes de sa famille. Est-ce qu'elles sont bonnes ou mauvaises?

	Bonne	**Mauvaise**
1.		
2.		
3.		
4.		
5.		

29 Ecoutons!

Est-ce que ces personnes font des reproches ou trouvent des excuses?

	Reproche	**Excuse**
1.		
2.		
3.		
4.		
5.		
6.		
7.		

Mise en pratique 1

Ecoute cette conversation entre Sabine et sa mère et réponds aux questions.

1. Où est-ce que Sabine veut aller? _____

2. Pourquoi est-ce que sa mère ne veut pas qu'elle y aille? A quelle condition est-ce qu'elle pourrait y aller? _____

   _____

   _____

3. Quelles sont trois choses que Sabine doit faire avant de partir? _____

   _____

   _____

   _____

■ PREMIERE ETAPE

3-1 You're going to hear four teenagers asking for permission. Why do their parents refuse? Listen to the dialogues and then choose the appropriate expressions to complete the sentences below.

a. fasse le repassage	**e.** passe l'aspirateur
b. arrose le jardin	**f.** sorte le chien
c. mette la table	**g.** garde son petit frère
d. donne à manger au chat	**h.** fasse la vaisselle

1. Il faut que Cyrille _____.

2. Il faut que Mélanie _____.

3. Il faut que Christophe _____.

4. Il faut que Laurence _____.

3-2 Read the six statements below. Then listen to these six teenagers ask for permission to do something and choose an appropriate response to each one.

1. _____   4. _____

2. _____   5. _____

3. _____   6. _____

a. «Oui! Il faut que tu fasses la vaisselle avant de regarder la télé.»

b. «Oui, bien sûr, chérie. Repose-toi un peu.»

c. «Tu sais bien que tu n'as pas le droit d'emprunter la voiture!»

d. «Normalement, tu dois tondre la pelouse le week-end, mais ça va pour cette fois.»

e. «Non, je regrette. Ce n'est pas possible ce soir. Tu peux aller chez elle demain.»

f. «Oui, si tu rentres du cinéma avant dix heures.»

Additional Listening Activities

3-3 Listen as these people confide a problem to you. What do you think each person should do? Write the letter of the appropriate advice next to each number.

Il faut que tu...

1. _____
2. _____
3. _____
4. _____
5. _____
6. _____
7. _____
8. _____

a. deviennes plus tolérante.

b. prennes tes propres décisions.

c. partages.

d. dises la vérité.

e. sois plus responsable.

f. respectes tes parents.

g. conduises plus prudemment.

h. choisisses mieux tes ami(e)s.

■ DEUXIEME ETAPE

3-4 Mlle Ladjudante is the very strict director of a campground in Switzerland. Listen as she tells campers the rules of the park. Match each rule with the sign you would see in the campground.

1. _____
2. _____
3. _____
4. _____
5. _____

a.

b.

c.

d.

e.

f.

Additional Listening Activities

3-5 Etienne is more concerned about the environment than his friend Jean-Pierre. As you listen to the six short dialogues, decide whether Etienne is reproaching Jean-Pierre or rejecting his excuses.

	Il fait des reproches.	**Il rejette des excuses.**
1.		
2.		
3.		
4.		
5.		
6.		

Now write three things that Jean-Pierre might say to justify his actions.

1. _____.

2. _____.

3. _____.

3-6 Listen to the following people as they reproach someone or justify their own actions. Circle the best response for each statement that you hear.

1. **a.** Il n'y a pas que moi, hein! Toi aussi, tu gaspilles l'eau parfois.
   b. Mais enfin, je ne suis pas le seul à le faire. Et puis, ce n'est pas quelques ordures qui pollueront l'océan!

2. **a.** Ce n'est pas une raison. Le tabac, c'est très mauvais pour la santé. Tu ferais mieux de ne pas les imiter.
   b. Et alors? Ce n'est pas parce que ton père fume la pipe que tu dois le copier.

3. **a.** La protection de nos forêts est un problème qui me concerne, mais je suis paresseuse. C'est pour ça que je ne recycle pas. Ce n'est pas bien, je sais...
   b. Je ne suis pas la seule! Dans mon lycée, tout le monde utilise du papier recyclé.

4. **a.** Ne sois pas si égoïste! Pense un peu à tes pauvres voisins. Ils doivent en avoir marre d'entendre du rock jusqu'à minuit!
   b. Ecoute, ce n'est pas parce qu'ils font du bruit avec leurs guitares électriques que tu es obligé de faire la même chose.

5. **a.** La nature appartient à tout le monde. Alors, je devrais être libre de faire du camping où je veux, non?
   b. Mais tout le monde fait pareil! Regarde la dame en rouge. Elle aussi, elle cueille des fleurs.

Additional Listening Activities

Poem: *Bonne justice*

C'est la chaude loi des hommes

Du raisin ils font du vin

Du charbon ils font du feu

Des baisers ils font des hommes

C'est la dure loi des hommes

Se garder intact malgré

Les guerres et la misère

Malgré les dangers de mort

C'est la douce loi des hommes

De changer l'eau en lumière

Le rêve en réalité

Et les ennemis en frères

Une loi vieille et nouvelle

Qui va se perfectionnant

Du fond du cœur de l'enfant

Jusqu'à la raison suprême

—Paul Eluard

This poem is recorded on *Audio Compact Discs,* CD 3, Track 26.
Although it is presented with this chapter, it may be used at any time.

Student Response Forms

7 Ecoutons!

Gabrielle et son amie Suzette parlent de ce que tout le monde portait à la fête hier soir. De qui est-ce qu'elles parlent?

1. _____   4. _____

2. _____   5. _____

3. _____

10 Ecoutons!

Ecoute ces jeunes qui parlent de vêtements. Ils les aiment ou pas?

	Aime	N'aime pas
1.		
2.		
3.		
4.		
5.		
6.		

Student Response Forms

16 Ecoutons!

Pendant que Julien et Marc attendent devant le cinéma, ils parlent des vêtements que portent les jeunes qui passent. De qui est-ce qu'ils parlent?

Sylvain

Michèle

Valentin

Annette

1. _____   2. _____   3. _____   4. _____

17 Ecoutons!

Ecoute ces conversations qui ont lieu dans des boutiques de mode. De quoi est-ce qu'on parle?

	Des bottes	Un caleçon	Des hauts talons	Une jupe écossaise
1.				
2.				
3.				
4.				

26 Ecoutons!

Qui dit chacune des phrases suivantes, le coiffeur ou le client (la cliente)?

1. _____
2. _____
3. _____
4. _____
5. _____
6. _____

31 Ecoutons!

Ecoute ces conversations. Est-ce que ces gens répondent à un compliment ou est-ce qu'ils rassurent quelqu'un?

	1.	2.	3.	4.	5.	6.	7.	8.
Répond								
Rassure								

Mise en pratique 1

(Open your textbook to page 118.) Lis ce que ces jeunes Françaises disent à propos de leur look. Ensuite, écoute bien. Est-ce que c'est Stéphanie ou Elodie qui parle?

	Stéphanie	Elodie
1.		
2.		
3.		
4.		
5.		
6.		

■ PREMIERE ETAPE

4-1 Some friends are window-shopping. Listen to their conversations about the window below. Write the letter of each item they mention.

1. Nathalie et Sophie

_____ _____ _____ _____

2. Jean-Luc et Anne-Marie

_____ _____ _____ _____

4-2 Babette has asked her sister to help her choose what to take with her on vacation. Listen to their conversation twice. The first time, write in French the articles of clothing they're discussing. The second time, check whether Babette's sister likes each article or not.

le vêtement	elle aime	elle n'aime pas

Additional Listening Activities

4-3 Fabrice and Josette are at a party, but Josette doesn't know any of the people there! Listen and fill in the blanks below with the names of the people she asks about.

Nathalie

Lian

Antoine   Brigitte   Tatiana   Ahmed   Etienne

1. C'est _____.   4. C'est _____.

2. C'est _____.   5. C'est _____.

3. C'est _____.   6. C'est _____.

■ DEUXIEME ETAPE

4-4 Listen to the following conversations at the hair salon. Make a list in English of what each person has decided to have done.

1. _____

   _____

   _____

2. _____

   _____

   _____

3. _____

   _____

   _____

Additional Listening Activities

4-5 Monsieur Mouchet promised to do a chore for his wife today. Listen as he explains why he didn't do it. As you listen to his explanation, number the illustrations below to match the order of his excuses. Afterwards, complete the sentence with the chore he had promised to do.

a. _____

b. _____

c. _____

d. _____

Il avait promis à sa femme de _____.

4-6 Listen to the following conversations and complete the sentences below in French.

1. Les cheveux de Félicie sont coupés _____ et ils sont

   _____.

   Elle porte _____, _____ et

   _____.

2. Claude porte _____, _____ et

   _____.

   Ses cheveux sont coupés _____.

Additional Listening Activities

Song: *La Marseillaise*

Allons, enfants de la Patrie,
Le jour de gloire est arrivé,
Contre nous, de la tyrannie,
L'étendard sanglant est levé,
L'étendard sanglant est levé.
Entendez-vous, dans les campagnes,
Mugir ces féroces soldats?
Ils viennent jusque dans nos bras,
Egorger nos fils, nos compagnes!
Aux armes, citoyens,
Formez vos bataillons!
Marchons, marchons.
Qu'un sang impur
Abreuve nos sillons!

This song is recorded on *Audio Compact Discs,* CD 4, Track 25.
Although it is presented with this chapter, it may be used at any time.

Holt French 3 Allez, viens! Chapter 4

6 Ecoutons!

(Open your textbook to page 132.) Ecoute le père d'Adja et ses amis parler de leurs souvenirs de jeunesse et décide si la personne qui parle est le père d'Adja ou non.

	C'est le père d'Adja.	Ce n'est pas le père d'Adja.
1.		
2.		
3.		
4.		
5.		
6.		
7.		
8.		
9.		

7 Ecoutons!

Ecoute ces jeunes qui parlent de leurs projets pour après le lycée. Qui a l'intention de faire ces choses?

1. Prosper _____

2. Prisca _____

3. Séka _____

4. Angèle _____

a. se marier

b. trouver un travail

c. entrer à l'université

d. prendre un appartement

e. rendre visite à son frère

f. avoir un enfant

g. se reposer

h. faire un apprentissage

i. quitter sa famille

j. partir en vacances

k. travailler comme chauffeur

Student Response Forms

18 Ecoutons!

Ecoute ces conversations et identifie les métiers des personnes qui parlent.

1. _____
2. _____
3. _____
4. _____
5. _____
6. _____
7. _____

a. plombier
b. secrétaire
c. architecte
d. médecin
e. instituteur(-trice)/professeur
f. écrivain
g. mécanicien(ne)

22 Ecoutons!

Est-ce que ces gens savent ce qu'ils vont faire ou est-ce qu'ils hésitent?

	Sait	Hésite
1.		
2.		
3.		
4.		
5.		
6.		
7.		

26 Ecoutons!

Ecoute Armenan qui téléphone à une école technique. Mets les phrases suivantes dans l'ordre d'après la conversation. *(Number the sentences in order to match the conversation.)*

_____ **a.** Elle demande quels sont les frais d'inscription.

_____ **b.** Armenan veut savoir quels cours elle pourrait suivre.

_____ **c.** L'employé demande l'adresse d'Armenan.

_____ **d.** Elle demande à quelle heure les cours sont offerts.

_____ **e.** Elle demande à l'employé de lui envoyer une brochure.

_____ **f.** Elle demande quand les cours commencent.

_____ **g.** L'employé répond à l'appel d'Armenan.

Mise en pratique 1

Ecoute la conversation de Karim et Sandrine et dis si les phrases suivantes sont vraies ou fausses.

Vrai	Faux	
_____	_____	**1.** Karim a réussi son bac.
_____	_____	**2.** Sandrine compte entrer à l'université.
_____	_____	**3.** Sandrine ne va pas quitter sa famille.
_____	_____	**4.** Karim sait ce qu'il veut faire plus tard.
_____	_____	**5.** Karim a l'intention de continuer ses études.
_____	_____	**6.** Sandrine conseille à Karim de s'inscrire dans une école technique.
_____	_____	**7.** Karim voudrait un travail où il puisse rencontrer des gens.
_____	_____	**8.** Sandrine conseille à Karim de lire un article de journal.

Mise en pratique 3

(Open your textbook to page 152.) C'est le premier jour d'apprentissage de Karim à l'hôtel. Son supérieur lui a dit de prendre les messages et de répondre aux questions par écrit. Ecoute le message de M. Loukour et fais une liste de ses demandes. Puis, choisis la lettre que Karim lui enverra.

M. Loukour's requests: _____

_____

_____

Which letter will Karim send? The first letter _____ The second letter _____

26 [illegible]

[illegible] Aptenar [illegible] [illegible] téléphone [illegible] les phrases suivantes dans l'ordre d'après la conversation. [illegible] the sentences in order [illegible]

___ a. Elle demande [illegible] les frais d'inscription.

___ b. [illegible] quels [illegible] elle pourrait suivre.

___ c. [illegible] demande [illegible] d'admission.

___ d. Elle demande [illegible] les documents [illegible].

___ e. Elle [illegible] emploi [illegible].

___ f. [illegible] demande [illegible] cours commencent.

___ g. [illegible]

[illegible]

[illegible] de Karim et [illegible] et dites si les phrases [illegible] ou fausses.

[illegible]

___ 1. Karim [illegible]

___ 2. Sandrine [illegible]

___ 3. Sandrine [illegible] quitter [illegible]

___ 4. Karim [illegible] plus [illegible]

___ 5. Karim a [illegible], [illegible] changer.

___ 6. Sandrine conseille [illegible] dans une école technique.

___ 7. Karim voudrait un travail où il puisse rencontrer des gens.

___ 8. [illegible] conseille [illegible] de faire un stage de [illegible]

[illegible] pratique

[illegible] 18.2. [illegible] premier jour [illegible] Karim [illegible]. Son [illegible] a dû [illegible] les messages [illegible] répondre aux questions [illegible] messages [illegible] et [illegible] liste de [illegible]. Puis choisissez la lettre que Karim [illegible]

Candidats [illegible]

Which letter [illegible] Karim [illegible]? [illegible]

■ PREMIÈRE ÉTAPE

5-1 Listen as Adja's father talks about his life between the ages of 18 and 29. Choose the illustration that matches each of his statements.

a.

b.

c.

d.

e.

f.

g.

h.

1. _____   5. _____

2. _____   6. _____

3. _____   7. _____

4. _____   8. _____

5-2 Listen as these young people tell you about their plans for the future. Choose the response you would make to each person.

1. **a.** Alors dans ce cas, inscris-toi à l'université au mois de septembre.
   b. Alors, si je comprends bien, tu aimes les enfants.
   c. Qu'est-ce que tu comptes faire après le bac?

2. **a.** Tu ferais mieux de prendre un appartement en ville.
   b. Alors, les cours à l'université commencent quand?
   c. Je te comprends, mais je te conseille de trouver du travail d'abord!

3. **a.** Tu as décidé dans quelle université tu vas aller faire tes études?
   b. Si je comprends bien, tu as décidé de te reposer d'abord.
   c. Tu as bien choisi. La médecine est une très bonne carrière!

4. **a.** Alors, qu'est-ce que tu as l'intention de faire cet été?
   b. Je suis sûr(e) qu'un voyage en Suisse te fera du bien.
   c. Alors, quand les cours commenceront en septembre, tu seras bien reposé!

Additional Listening Activities

5-3 Safiétou has just arrived in Paris to visit her brother. As you hear their conversation, write in English what they say they will do in each place pictured below.

1. _____
   _____
   _____

2. _____
   _____
   _____

3. _____
   _____
   _____

4. _____
   _____
   _____

■ DEUXIEME ETAPE

5-4 Listen to these teenagers discussing their plans for the future. What career has each one chosen?

lawyer   secretary   plumber   mechanic   engineer

factory worker   doctor   accountant   teacher

1. Fatou : _____   4. Prisca : _____

2. Garang : _____   5. Youssou : _____

3. Marième : _____   6. Madior : _____

Additional Listening Activities

5-5 Listen to some students tell you about their interests. Choose the response you would make to each one.

1. **a.** Tu es formidable! Pourquoi tu ne deviens pas mécanicien?
   b. Ecoute, à mon avis, tu devrais devenir infirmier.
   c. Tu n'as qu'à devenir dessinateur ou architecte. Ça serait bien.

2. **a.** Ecoute, le métier d'institutrice serait parfait pour toi.
   b. Alors, je sais quel métier te plairait. Deviens ingénieur.
   c. Tu sais, tu ferais bien de devenir avocate.

3. **a.** Eh bien, c'est très simple. Tu n'as qu'à devenir journaliste.
   b. Je crois qu'il faudrait que tu deviennes comptable.
   c. Dans ce cas, tu ferais bien de devenir plombier.

4. **a.** Eh bien, pourquoi tu ne deviens pas écrivain? Ça serait parfait pour toi.
   b. As-tu pensé à devenir journaliste?
   c. Moi, je trouve que le métier de vendeuse te conviendrait.

5. **a.** Tu ferais bien de devenir dentiste. Ça serait bien pour toi.
   b. Tu n'as qu'à devenir pilote, dans ce cas.
   c. Il faudrait que tu deviennes homme d'affaires.

5-6 Léopold is calling to get information on training and education in his chosen field. Listen to the conversation and fill in the blanks below with the appropriate information.

1. Léopold veut devenir _____ d'électronique.

2. Les cours du soir sont de _____ heures à

   _____ heures.

3. Les frais d'inscription sont de _____ euros par an.

4. Léopold devra envoyer son dossier avant _____ .

5. Il faudra qu'il passe un examen de(d') _____ et un

   de(d') _____ .

6. Il aura une interview avec le _____ .

7. Léopold habite au _____ , rue des Fleurs à

   _____ .

Additional Listening Activities

Poem: *Jardin de France*

Calme jardin,
Grave jardin,
Jardin aux yeux baissés au soir
Pour la nuit,
Peines et rumeurs,
Toutes les angoisses bruissantes de la Ville
Arrivent jusqu'à moi, glissant sur les toits lisses,
Arrivent à la fenêtre
Penchées, tamisées par feuilles menues et tendres et pensives.

Mains blanches,
Gestes délicats,
Gestes apaisants.

Mais l'appel du tam-tam
        bondissant
              par monts
                   et
                    continents,

Qui l'apaisera, mon cœur,
A l'appel du tam-tam
        bondissant,
            véhément,
               lancinant?

— Léopold Senghor

This poem is recorded on *Audio Compact Discs,* CD 5, Track 25.
Although it is presented with this chapter, it may be used at any time.

7 Ecoutons!

Ecoute ces conversations. Est-ce que ces personnes refusent ou acceptent les suggestions qu'on leur fait?

	Accepte	Refuse
1.		
2.		
3.		
4.		
5.		
6.		

10 Ecoutons!

Malika et Rachida se donnent rendez-vous. Quand est-ce qu'elles vont se retrouver? Où? Qu'est-ce qu'elles vont faire?

1. Quand? _____

2. Où? _____

3. Qu'est-ce qu'elles vont faire? _____

_____

15 Ecoutons!

Ecoute ces dialogues. Est-ce qu'on s'excuse ou est-ce qu'on répond à une excuse?

	S'excuse	Répond
1.		
2.		
3.		
4.		
5.		
6.		
7.		
8.		

Student Response Forms

24 Ecoutons!

Ecoute M. Ben Assouan qui accueille ses invités. Choisis l'image qui correspond à ce qu'il dit.

a.

b.

c.

d.

1. _____   2. _____   3. _____   4. _____

28 Ecoutons!

Ahmed a invité Eric chez lui. Ecoute leur conversation et décide quelle photo représente la famille d'Ahmed.

a.

b.

La photo qui représente la famille d'Ahmed est _____ .

Holt French 3 Allez, viens! Chapter 6

32 Ecoutons!

Ecoute ces disputes. Comment est-ce qu'elles ont commencé? A ton avis, est-ce que c'est la faute de Moktar ou d'Amina?

	C'est la faute de :	
	Moktar	**Amina**
1.		
2.		
3.		
4.		
5.		

Mise en pratique 1

Martin vient de trouver un nouvel ami, Ali, à Marrakech. Ecoute leur conversation et réponds aux questions suivantes.

1. Lesquelles des activités suivantes est-ce qu'Ali propose à Martin?
   (Circle the letter of the activities.)
   a. d'aller au souk el-Kebir
   b. de déjeuner chez lui
   c. de prendre un jus d'orange
   d. d'aller voir le palais de la Bahia
   e. d'aller à la place Jemaa el Fna

2. Lesquelles des suggestions d'Ali est-ce que Martin accepte? _____
   _____

3. A quelle heure est-ce qu'ils se donnent rendez-vous?
   _____

4. Où est-ce qu'ils se retrouvent? *(Circle the letter of the correct response.)*
   a. sur la place Jemaa el Fna
   b. au palais de la Bahia
   c. sur la place de Bâb Fteuh

■ PREMIERE ETAPE

6-1 Listen to these teenagers invite their friends to do various activities. Fill in the chart below in English with the suggested activity and time. Then, check whether the invitation was accepted or refused.

	Activity	When	Accepted	Refused
1.				
2.				
3.				
4.				
5.				
6.				

6-2 Listen to two friends of Laure and Vincent discuss the couple's relationship.

   a. Number the illustrations below in the order in which they occur.

   _____   _____   _____

   b. Listen to the conversation again and answer these questions in English.

   1. Under what circumstances did Laure and Vincent make up? _____

   _____

   2. What did they do after they made up? _____

   _____

   3. What did they argue about on their date? _____

   _____

   4. Why didn't Laure accept Vincent's apology? _____

   _____

Additional Listening Activities

COPYING MASTERS

6-3 You will hear several people apologizing to their friends. In English, tell why they're apologizing. Then, write (+) if the apology is accepted, and (−) if it is not.

1. _____
   _____

2. _____
   _____

3. _____
   _____

4. _____
   _____

5. _____
   _____

■ DEUXIEME ETAPE

6-4 Listen to these remarks you overhear at a party. Choose the statement that best describes what is being said.

1. **a.** The host is handing his guest something to drink.
   b. The host wants to know what his guest would like to drink.
   c. The host wants to know if the guest wants to see something.

2. **a.** The hostess wants to take her guest's coat.
   b. The hostess is offering her guest something to drink.
   c. The hostess is telling her guest to make herself at home.

3. **a.** The guest is thanking the host for the water.
   b. The guest is saying that he'd like to have some water.
   c. The guest is turning down some water.

4. **a.** The hostess is asking for something.
   b. The hostess is welcoming someone who just arrived.
   c. The hostess is responding to someone's thanks.

5. **a.** The host is offering to take his guest's coat.
   b. The host is telling his guest he's glad to see her.
   c. The host is offering his guest a chair.

6. **a.** The hostess is asking her guests what they'd like to eat.
   b. The hostess is asking her guests to sit down.
   c. The hostess is asking her guests to come in.

6-5 You're a guest in a French-speaking home. Choose your response to what your host or hostess says.

1. **a.** Merci bien. C'est très gentil.
   b. C'est super, ce mauvais temps!

2. **a.** Il n'y a pas de quoi, c'est tout à fait normal.
   b. Je t'en prie.

3. **a.** Entrez, je vous en prie.
   b. Merci. Vous êtes bien aimable.

4. **a.** Oui, je prendrais bien un coca ou de la limonade.
   b. Est-ce que vous auriez un gâteau?

5. **a.** De rien, je vous en prie.
   b. Moi aussi, je suis très heureux(-euse) d'être ici.

6. **a.** Moi aussi.
   b. Je prendrais bien un petit sandwich.

7. **a.** Merci, c'est gentil.
   b. C'est tout à fait normal.

6-6 Moktar and Amina are arguing again. What is each one complaining about?

1. She says he _____
   a. started it.
   b. did it on purpose.
   c. called her a name.

2. He says she _____
   a. started it.
   b. did it on purpose.
   c. called him a name.

3. He calls her _____
   a. a crybaby and a cheater.
   b. a tattletale and a cheater.
   c. a tattletale and a crybaby.

4. She says he's _____
   a. driving her crazy.
   b. really a pain.
   c. really dumb.

5. He says she's _____
   a. driving him crazy.
   b. really a pain.
   c. really dumb.

6. She tells him _____
   a. to mind his own business.
   b. "tough!"
   c. to leave her alone.

Additional Listening Activities

Song: *Il pleut bergère*

Il pleut, il pleut, bergère,
Presse tes blancs moutons,
Allons sous ma chaumière,
Bergère, vite, allons.
J'entends sous le feuillage
L'eau qui tombe à grand bruit,
Voici, voici l'orage,
Voici l'éclair qui luit.

Entends-tu le tonnerre?
Il roule en approchant,
Prends un abri, bergère,
A ma droite en marchant.
Je vois notre cabane,
Et tiens, voici venir
Ma mère et ma sœur Anne
Qui vont l'étable ouvrir.

Bonsoir, bonsoir, ma mère,
Ma sœur Anne, bonsoir,
J'amène ma bergère
Près de nous pour ce soir.
Va te sécher, ma mie,
Auprès de nos tisons,
Sœur, fais-lui compagnie,
Entrez, petits moutons.

This song is recorded on *Audio Compact Discs,* CD 6, Track 30.
Although it is presented with this chapter, it may be used at any time.

Holt French 3 Allez, viens! Chapter 6

7 Ecoutons!

Ecoute ces touristes qui visitent la République centrafricaine. Est-ce qu'ils se trouvent dans la forêt tropicale ou dans la savane?

	Dans la forêt tropicale	Dans la savane
1.		
2.		
3.		
4.		

9 Ecoutons!

Ecoute les remarques de ces gens. Est-ce qu'ils expriment une certitude ou un doute?

	Une certitude	Un doute
1.		
2.		
3.		
4.		
5.		
6.		
7.		

11 Ecoutons!

Mathieu laisse un message sur le répondeur de Frédéric pour lui rappeler ce qu'il doit emporter pour le safari. Fais une liste de six choses qu'il ne doit pas oublier.

1. _____   4. _____

2. _____   5. _____

3. _____   6. _____

Student Response Forms

13 Ecoutons!

Dans une agence de voyages, tu entends cette conversation entre un client et l'employée. D'après l'employée, lesquels de ces préparatifs sont nécessaires pour aller en République centrafricaine?

_____ se faire vacciner

_____ obtenir un visa

_____ emporter une trousse de premiers soins

_____ emporter de la lotion anti-moustique

_____ acheter des jumelles

_____ acheter des bottes

_____ prendre son passeport

_____ prendre un manteau

_____ consulter un médecin

_____ acheter une valise

25 Ecoutons!

Ecoute les remarques de ces gens qui visitent la savane. Est-ce qu'ils expriment leur étonnement ou non?

	Oui	Non
1.		
2.		
3.		
4.		
5.		
6.		
7.		
8.		

Student Response Forms

28 Ecoutons!

a. Ecoute les remarques de ces gens qui explorent la savane. Est-ce qu'ils avertissent *(caution)* ou rassurent *(reassure)* quelqu'un?

	1.	2.	3.	4.	5.	6.
Avertit						
Rassure						

b. Maintenant, écoute ces gens et dis s'ils expriment leur peur ou leur soulagement *(relief)*.

	1.	2.	3.	4.	5.	6.
Peur						
Soulagement						

Mise en pratique 3

Ecoute Roger qui montre à sa classe les diapositives *(slides)* de son voyage en Afrique. Quels endroits l'ont vraiment impressionné? *(Circle the letters of the appropriate photos.)*

a.

b.

c.

d.

e.

f.

■ PREMIERE ETAPE

7-1 Listen to these teenagers talk about going on a photo safari. Write in English what each person thinks he or she will see and do there.

1. Angèle : _____

2. Antoine : _____

3. Huguette : _____

4. Charles : _____

5. Maryse : _____

Now, listen to the teenagers again and choose the response you might make in each case.

1. **a.** Tu délires! Il n'y a pas de rivières en Afrique!
   b. Oui, ce serait beau et peut-être qu'on pourrait aussi s'y baigner.
   c. Oui, je suis sûr(e) que c'est très dangereux, tu ne crois pas?

2. **a.** Je pense qu'on devrait se faire vacciner.
   b. Je suis certain(e) qu'il y aura de la végétation tropicale.
   c. Tu sais, c'est peut-être trop dangereux, ton idée!

3. **a.** Je ne suis pas certain(e) qu'il y fasse très chaud la nuit.
   b. Oui, je suis sûr(e) qu'on va se faire piquer par les moustiques et les fourmis.
   c. Oui, mais ça m'étonnerait qu'on puisse sortir, tu sais.

4. **a.** Ils doivent être magnifiques! On pourra sûrement en voir des quantités.
   b. Je ne suis pas sûr(e) que ce soit une très bonne idée.
   c. Je pense qu'on devrait se faire vacciner. C'est peut-être dangereux.

5. **a.** Je suis certain(e) qu'il y pleut beaucoup en cette saison!
   b. Je parie qu'il y a des spécialités délicieuses!
   c. Il doit y avoir des serpents, tu sais.

7-2 Listen to Joseph and Lucie as they pack for their photo safari. Circle the items they plan to take with them.

traveler's checks   first-aid kit   film   passport   camcorder

sunscreen   bandages   camera   canteen

credit cards   mosquito repellent   disinfectant   flashlight   binoculars

Additional Listening Activities

7-3 Listen as Aurélie asks her friend Arthur what she should take on vacation. Does Arthur advise her to take each of these items or not?

	prendre	ne pas prendre
de la crème solaire	_____	_____
des jumelles	_____	_____
une trousse de premiers soins	_____	_____
un caméscope	_____	_____
une torche	_____	_____
des pansements	_____	_____
une gourde	_____	_____

■ DEUXIEME ETAPE

7-4 Listen as Lucie and Joseph tell their friend Karine about their trip to the Central African Republic.

Number the animals in the order in which Lucie and Joseph mention them.

_____   _____   _____   _____

_____   _____   _____   _____

Now, listen to the conversation again and answer these questions in English.

1. What were the lions doing when Lucie and Joseph saw them?

   _____.

2. What impressed Lucie about the elephants?

   _____.

3. Why does Joseph say that he and Lucie were lucky to have seen a cheetah?

   _____.

4. What did Lucie dislike about the monkeys?

   _____.

Additional Listening Activities

7-5 While visiting the zoo, you overhear a group of people speaking French. As you listen to their comments, write in English the name of each animal they mention and what astonished them about the animal.

1. _____ _____

2. _____ _____

3. _____ _____

4. _____ _____

5. _____ _____

6. _____ _____

7. _____ _____

8. _____ _____

7-6 Listen to this safari guide's warnings and number the illustrations in order according to his warnings.

_____   _____   _____   _____

Now, listen to the guide again. For each of his warnings, choose what he might logically say next.

1. **a.** Alors, ne vous en faites pas.
   b. Alors, il serait plus prudent de rester dans la voiture.

2. **a.** Il faut faire attention où vous mettez les pieds.
   b. Je déteste les serpents.

3. **a.** Ne vous en faites pas, les serpents sont très petits!
   b. Pas de panique! Restez calme!

4. **a.** Méfiez-vous!
   b. On l'a échappé belle! J'ai très peur des lions!

COPYING MASTERS

Additional Listening Activities

Poem: *Le Zèbre*

Apercevant un zèbre
Qui sortait des buissons :

— Dieu, qu'il a l'air funèbre!
   Constata le lion.

— Mais non, il est très gai,
   Jugea le chimpanzé.

— Il vend des rubans blancs,
   Précisa l'éléphant.

— Hé non! des rubans noirs,
   Reprit le tamanoir.

— Ah! pardon! blancs et noirs,
   Trancha le léopard.

— Ni porteur de rubans,
   Ni même marchand,
   Affirma le babouin,
   Ce n'est qu'un cheval peint.

Rentre dans les ténèbres
Si tu ne veux, ô zèbre,
Qu'on te change en vautour
Avant la fin du jour.

— Maurice Carême

This poem is recorded on *Audio Compact Discs,* CD 7, Track 25.
Although it is presented with this chapter, it may be used at any time.

7 Ecoutons!

Indique les dialogues où quelqu'un transmet ses amitiés.

Dialogue 1 _____

Dialogue 2 _____

Dialogue 3 _____

Dialogue 4 _____

Dialogue 5 _____

12 Ecoutons!

Karim rend visite à ses cousins en Tunisie. Amira lui montre où ils habitent. Quelles images est-ce que tu associes à leurs conversations?

a.

b.

c.

d.

e.

f.

g.

1. _____ 2. _____ 3. _____ 4. _____ 5. _____ 6. _____ 7. _____

Student Response Forms

14 Ecoutons!

Ecoutes ces dialogues. Est-ce que les gens parlent de ce qu'ils aimeraient faire ou est-ce qu'ils donnent des conseils?

	Aimerait faire	**Donne des conseils**
1.		
2.		
3.		
4.		
5.		
6.		
7.		

25 Ecoutons!

Ecoute ces remarques. Est-ce que les gens sont à la campagne ou à la ville?

	A la campagne	**A la ville**
1.		
2.		
3.		
4.		
5.		
6.		
7.		
8.		

Student Response Forms

27 Ecoutons!

Ecoute ces remarques. Est-ce que ces gens sont contents d'habiter en ville?

	Oui	Non
1.		
2.		
3.		
4.		
5.		
6.		
7.		
8.		

Mise en pratique 3

Hoda parle de ce qu'elle désire faire cet été, mais elle a des problèmes. Leïla lui propose des solutions. Fais une liste de trois des souhaits de Hoda et des conseils que Leïla lui donne.

Souhaits : _____

_____

_____

_____

Conseils : _____

_____

_____

_____

■ PREMIERE ETAPE

8-1 You've just received a letter of thanks from Lalla, a Tunisian exchange student your family hosted. Your family doesn't understand French, so you have to tell them what Lalla said. First, read the statements below. Then listen and number the statements in order according to the letter.

_____ She has many good memories of the time we spent together.

_____ She wants to thank us for the wonderful time she spent at our home.

_____ She sends her regards to my French teacher, Mr. Johnson.

_____ She sends us her love and her thanks and hopes to see us soon.

_____ She tells us what she's doing now in Tunisia.

_____ She often thinks of us and wonders when we'll see one another again.

_____ She sends her best to our neighbors.

8-2 Listen to these teenagers talk about their future. Write in English what they want to do. Then tell whether their parents agree or disagree.

1. Karine wants to _____

   Her father **agrees/disagrees.**

2. Olivier wants to _____

   His mother **agrees/disagrees.**

3. Karima wants to _____

   Her parents **agree/disagree.**

4. Farid wants to _____

   His parents **agree/disagree.**

5. Céline wants to _____

   Her mother **agrees/disagrees.**

6. Arnaud wants to _____

   His father **agrees/disagrees.**

Additional Listening Activities

8-3 Eric and Nathalie are spending the summer in a work-study program in Tunisia. Listen as they are given their assignments for the day. Write **E** below the illustrations of Eric's tasks and **N** below the pictures of Nathalie's tasks.

a. _____

b. _____

c. _____

d. _____

e. _____

f. _____

g. _____

h. _____

■ DEUXIEME ETAPE

8-4 Listen to these people who are visiting the city. Circle the things you hear them complain about.

buildings   rude people   noise   dirty sidewalks

crowds   pollution

people in a hurry   traffic jams   skyscrapers

Additional Listening Activities

8-5 Listen to these people and choose what they might say next.

1. **a.** Non mais, surtout ne vous gênez pas!
   b. Je commence à en avoir marre!

2. **a.** Dites donc, ça vous gênerait de vous taire?
   b. Non, mais! Vous vous prenez pour qui?

3. **a.** J'en ai ras le bol!
   b. C'est l'horreur! Je déteste être pressé!

4. **a.** C'est insupportable, ce bruit!
   b. Ça vous gênerait d'éteindre votre cigarette?

5. **a.** Ça va pas, non?!
   b. Faites comme vous voulez.

8-6 Listen as M. Fouad and Mme Fouad talk about how their city has changed in the last few years. Match each of their remarks with the appropriate illustration. Then, indicate whether conditions have improved (+), worsened (−), or stayed the same (=).

a.

b.

c.

d.

1. _____   +   −   =

2. _____   +   −   =

3. _____   +   −   =

4. _____   +   −   =

Additional Listening Activities

Poem: *Le Petit Chameau*

Il était un petit chameau

Qui dormait dans un grand berceau.

Son père était roi d'un désert

Où s'élevait un grand château.

Mais on n'y voyait que des pierres

Luisantes comme des couteaux.

Le roi avait fait teindre en vert

Les rideaux jaunes du berceau.

Ainsi, le tout petit chameau

Qui dormait dans le grand soleil

Où il avait toujours trop chaud,

Pouvait-il croire, à son réveil,

Qu'il était un petit agneau

Couché, à l'ombre d'un grand chêne,

Dans un pays de fleurs et d'eau.

— Maurice Carême

This poem is recorded on *Audio Compact Discs,* CD 8, Track 25.
Although it is presented with this chapter, it may be used at any time.

6 Ecoutons!

Ecoute le programme de la soirée. De quel genre d'émissions est-ce que l'annonceur parle?

1. *Le Canada en guerre* _____

2. *Vive la rentrée* _____

3. *Pour tout dire* _____

4. *Ce soir* _____

5. *Des chiffres et des lettres* _____

6. *Tintin et le lac aux requins* _____

7. *Ad lib* _____

10 Ecoutons!

Ecoute ces gens qui parlent de la publicité. Est-ce que la personne qui répond est d'accord, pas d'accord ou indifférente?

	D'accord	Pas d'accord	Indifférente
1.			
2.			
3.			
4.			
5.			
6.			
7.			
8.			

16 Ecoutons!

Ecoute ces conversations. Dans lesquelles est-ce qu'on demande à quelqu'un de se taire?

1. _____   6. _____
2. _____   7. _____
3. _____   8. _____
4. _____   9. _____
5. _____   10. _____

27 Ecoutons!

Ecoute ces conversations. Est-ce que ces gens recommandent les films qu'ils ont vus ou pas?

	Oui	Non
1.		
2.		
3.		
4.		
5.		
6.		

Student Response Forms

30 Ecoutons!

Ecoute Fabrice, un jeune Canadien, qui parle d'un film qu'il a vu. Ensuite, dis si les phrases suivantes sont vraies ou fausses.

vrai   **faux**

_____ _____ 1. Ça se passe près de Montréal.

_____ _____ 2. C'est l'histoire d'un jeune homme qui s'appelle Chomi.

_____ _____ 3. Ça parle d'un jeune homme qui est malade.

_____ _____ 4. Au début de l'histoire, Chomi passe tout son temps avec Coyote.

_____ _____ 5. A la fin de l'histoire, Olive est très fâchée.

Mise en pratique 1

Ecoute la conversation entre Didier et Simone. Ensuite, mets le résumé de leur conversation dans le bon ordre.

a. Didier demande à Simone de se taire.

b. Didier n'aime pas les histoires d'amour.

c. Simone recommande un film à Didier.

d. Simone n'aime pas les films d'horreur.

e. Simone et Didier sont d'accord.

f. Didier veut la télécommande.

1._____   2._____   3._____   4._____   5._____   6._____

■ PREMIERE ETAPE

9-1 Listen to these young people discussing television programs. Write in English the type of program the first person suggests. Then check whether the second person agrees with, disagrees with, or is indifferent to the suggestion.

	Type of Program	Agrees	Disagrees	Indifferent
1.	_____	_____	_____	_____
2.	_____	_____	_____	_____
3.	_____	_____	_____	_____
4.	_____	_____	_____	_____
5.	_____	_____	_____	_____
6.	_____	_____	_____	_____

9-2 Several friends are trying to watch television, but you're making too much noise. Listen to their remarks, then choose the response you would make to each one.

1. **a.** Tu veux que je baisse le son?
   b. Mais je n'ai rien dit, moi!

2. **a.** Oh, eh! Je ne parle pas fort!
   b. On n'entend rien avec tout ce bruit!

3. **a.** Pourquoi? C'est assez fort comme ça!
   b. Tu veux que je baisse le son?

4. **a.** Vous pourriez vous taire, un peu?
   b. Où est la télécommande, je ne la trouve pas!

5. **a.** Ne parle pas si fort!
   b. Tu veux que je baisse le son ou quoi?

Additional Listening Activities

9-3 Listen to these young people and number the items pictured below in the order in which they're mentioned.

_____

_____

_____

_____

_____

_____

■ DEUXIEME ETAPE

9-4 Listen to these friends talk about some movies. For each conversation, write in English the type of movie they're talking about. Then check whether the movie is recommended or not.

	Type of Movie	Recommended	Not Recommended
1.	_____	_____	_____
2.	_____	_____	_____
3.	_____	_____	_____
4.	_____	_____	_____
5.	_____	_____	_____

Additional Listening Activities

9-5 Listen to these people give their opinions about the movies they've seen. Circle the letter of the statement each person might say next.

1. **a.** Ça m'a beaucoup plu.
    b. C'était un navet.

2. **a.** Ça n'a aucun intérêt.
    b. C'est à ne pas manquer!

3. **a.** Ça m'a bien fait rire!
    b. Ça ne vaut pas le coup!

4. **a.** Je ne me suis pas ennuyé une seconde!
    b. Je me suis ennuyé à mourir.

5. **a.** Tu devrais aller le voir!
    b. Ne va surtout pas le voir!

9-6 Listen to these movie reviews by a famous critic and answer in English the questions about each movie.

1. *Vienne 75-90*

    a. What type of movie is this? _____

    b. What is the movie about?_____

    _____

    c. Is the movie recommended?_____

2. *Mon petit Roméo, ma petite Juliette*

    a. What type of movie is this? _____

    b. Where does it take place?_____

    c. Does it have a happy ending?_____

    d. Is the movie recommended?_____

3. *Miaou, le chat-robot*

    a. What type of movie is this? _____

    b. What happens at the beginning? _____

    _____

    c. Is the movie recommended?_____

Additional Listening Activities

Song: *O Canada, terre de nos aïeux*

O Canada, terre de nos aïeux!

Ton front est ceint de fleurons glorieux!

Car ton bras sait porter l'épée,

Il sait porter la croix!

Ton histoire est une épopée

Des plus brillants exploits.

Et ta valeur, de foi trempée,

Protégera nos foyers et nos droits,

Protégera nos foyers et nos droits.

This song is recorded on *Audio Compact Discs,* CD 9, Track 24.
Although it is presented with this chapter, it may be used at any time.

8 Ecoutons!

Dianne montre des diapos *(slides)* de ses vacances à la Guadeloupe à ses camarades de classe. De quelle diapo est-ce qu'elle parle?

a.

b.

c.

d.

e.

f.

g.

h.

1. _____   3. _____   5. _____   7. _____

2. _____   4. _____   6. _____   8. _____

11 Ecoutons!

Ecoute ces conversations. Est-ce que c'est le garçon ou la fille qui se vante?

	Garçon	Fille
1.		
2.		
3.		
4.		
5.		
6.		

Student Response Forms

17 Ecoutons!

Ecoute ces dialogues entre Brigitte et Angèle. Dans quelles conversations est-ce qu'elles se taquinent *(tease)*?

1. _____   5. _____

2. _____   6. _____

3. _____   7. _____

4. _____   8. _____

26 Ecoutons!

Sabine téléphone à son amie qui a déménagé pour lui donner des nouvelles. Regarde les jeunes dans le **Vocabulaire**. De qui est-ce qu'elle parle?

Luc

Etienne

Mireille

Lucien

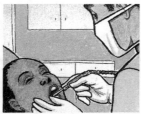
Thérèse

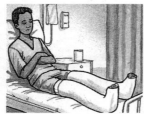
Michel

Julien et Bruno

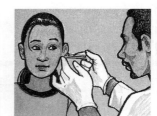
Ophélia

1. _____   4. _____

2. _____   5. _____

3. _____

28 Ecoutons!

Tu entends les conversations suivantes à la cantine. Dans quelles conversations est-ce qu'on donne des nouvelles?

1. _____   2. _____   3. _____   4. _____   5. _____   6. _____   7. _____

34 Ecoutons!

Ecoute ces conversations et dis si c'est le début, le milieu *(middle)* ou la fin d'une blague *(joke)*.

	Début	Milieu	Fin
1.			
2.			
3.			
4.			
5.			
6.			
7.			

Mise en pratique 1

Ecoute ces conversations entre Nathalie et son frère, Nicolas. Qui est-ce qui se moque de l'autre, Nathalie ou Nicolas?

	Nathalie	Nicolas
1.		
2.		
3.		
4.		
5.		

Additional Listening Activities

■ PREMIERE ETAPE

10-1 Listen to these young people discussing their activities. Check off the number of each conversation in which one of the speakers brags about something.

1. _____   4. _____

2. _____   5. _____

3. _____   6. _____

10-2 Listen to Julie tell Marion what she saw while scuba diving. Circle each thing she saw.

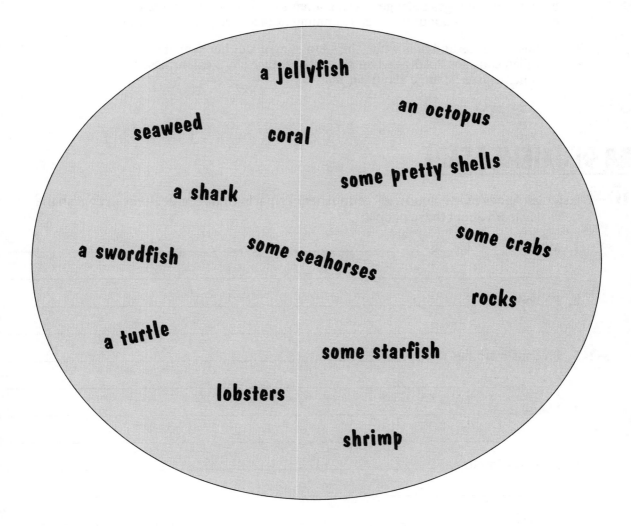

a jellyfish

an octopus

seaweed

coral

some pretty shells

a shark

some crabs

a swordfish

some seahorses

rocks

a turtle

some starfish

lobsters

shrimp

Additional Listening Activities

10-3 Solange and Julien are walking on the beach. Listen to their conversation and then choose the phrase which best describes what's happening.

1. **a.** Solange is impressed because a girl seems to like Julien.
   b. Solange teases Julien because he's looking at a girl.
   c. Julien brags because all the girls look at him.

2. **a.** Solange thinks she should have done a little better in the competition.
   b. Solange is really amazed she was able to beat such formidable competitors.
   c. Solange brags about her performance in the competition.

3. **a.** Julien teases Solange about being in the competition.
   b. Julien brags about his last performance in a competition.
   c. Julien is really impressed with Solange's performance.

4. **a.** Julien teases Solange because she wants to impress a boy.
   b. Julien encourages Solange to bring attention to herself by swimming.
   c. Solange brags about how her swimming attracts everyone's attention.

5. **a.** Solange trips and falls while she's bragging about her swimming.
   b. Julien consoles Solange when she falls because she's embarrassed.
   c. Julien teases Solange about her fall.

■ DEUXIEME ETAPE

10-4 Listen as Agnès reads aloud a letter from her pen pal in Guadeloupe. Write in English the news you learn about these people.

1. Marine . . . _____

_____

2. Philippe . . . _____

_____

3. Philippe's brother . . . _____

_____

4. Mathilde . . . _____

_____

5. Jean and Caroline . . . _____

_____

6. Yannick . . . _____

_____

Holt French 3 Allez, viens! Chapter 10

10-5 Listen to these young people sharing all the latest news with each other. Write the names of the people they mention under the appropriate picture.

1.

2.

3.

4.

_____   _____   _____   _____

10-6 Simone and Olivier are telling each other jokes. First, write in the missing words as you listen to these fragments of their jokes. Then number the fragments in the order the jokes should be told.

1. _____ — _____ et il lui demande où elle veut
   le retrouver.

   _____ — Non, quoi?

   _____ — _____
   d'un sucre qui veut sortir avec une cuillère.

   _____ — _____!

   _____ — Et tu sais ce que la cuillère _____?

   _____ — Dans le café.

2. _____ — Ben, l'étudiant _____ c'est pas la question qu'il
   ne connaît pas, c'est la réponse.

   _____ — Euh... non. _____!

   _____ — Alors, tu vois, _____ d'un étudiant qui est en train de passer
   un examen de français.

   _____ — _____ du garçon qui étudie le français?

   _____ — Il a l'air embêté, _____ le professeur _____
   si c'est parce qu'il ne connaît pas la question.

   _____ — Ha! Ha! _____, ta blague!

   _____ — _____?

Additional Listening Activities

Song: *Il était un petit navire*

Il était un petit navire
Il était un petit navire
Qui n'avait ja, ja, jamais navigué
Qui n'avait ja, ja, jamais navigué
O-hé, o-hé!

Il entreprit un long voyage
Il entreprit un long voyage
Sur la Mer Mé, Mé, Méditerranée
Sur la Mer Mé, Mé, Méditerranée
O-hé, o-hé!

Au bout de cinq à six semaines
Au bout de cinq à six semaines
Les vivres vin, vin, vinrent à manquer
Les vivres vin, vin, vinrent à manquer
O-hé, o-hé!

On tira z'à la courte paille
On tira z'à la courte paille
Pour savoir qui, qui, qui serait mangé
Pour savoir qui, qui, qui serait mangé
O-hé, o-hé!

Le sort tomba sur le plus jeune
Le sort tomba sur le plus jeune
Bien qu'il ne fût, fût, fût pas très épais
Bien qu'il ne fût, fût, fût pas très épais
O-hé, o-hé!

Au même instant un grand miracle
Au même instant un grand miracle
Pour l'enfant fut, fut, fut réalisé
Pour l'enfant fut, fut, fut réalisé
O-hé, o-hé!

Des p'tits poissons dans le navire
Des p'tits poissons dans le navire
Sautèrent bien, bien, bientôt par milliers
Sautèrent bien, bien, bientôt par milliers
O-hé, o-hé!

On les prit, on les mit à frire
On les prit, on les mit à frire
Et le p'tit mou, mou, mousse fut sauvé
Et le p'tit mou, mou, mousse fut sauvé
O-hé, o-hé!

This song is recorded on *Audio Compact Discs,* CD 10, Track 25.
Although it is presented with this chapter, it may be used at any time.

COPYING MASTERS

6 Ecoutons!

Tu es à la réunion des anciens élèves de ton lycée. Tu entends les conversations suivantes. Dans quelles conversations est-ce que ces gens vérifient des informations?

	1.	2.	3.	4.	5.	6.	7.
Oui							
Non							

9 Ecoutons!

le rock

la musique cajun

la musique classique

le blues

le jazz

le country

le rap

la dance

a. Identifie le genre des extraits de musique suivants.

1. _____   3. _____   5. _____   7. _____

2. _____   4. _____   6. _____   8. _____

b. Identifie l'instrument que tu entends.

1. _____   6. _____

2. _____   7. _____

3. _____   8. _____

4. _____   9. _____

5. _____   10. _____

Student Response Forms

13 Ecoutons!

Ecoute Anne et Simon parler de musique. Quels genres de musique est-ce que Simon aime? Est-ce qu'Anne est d'accord ou pas?

Simon aime _____ .

Anne est d'accord? _____

Simon aime _____ .

Anne est d'accord? _____

Simon aime _____ .

Anne est d'accord? _____

Simon aime _____ .

Anne est d'accord? _____

22 Ecoutons!

Ecoute ces personnes parler de leurs séjours en Louisiane. Dans quelles conversations est-ce qu'on demande à quelqu'un d'expliquer quelque chose?

1. _____
2. _____
3. _____
4. _____
5. _____
6. _____
7. _____
8. _____
9. _____

25 Ecoutons!

(Open your textbook to page 325.) Ecoute Simon et Anne parler de la cuisine cajun. De quel plat est-ce qu'ils parlent?

1. _____   5. _____

2. _____   6. _____

3. _____

4. _____

29 Ecoutons!

Ecoute Elise parler de son séjour en Louisiane. Dans quelles conversations est-ce qu'elle donne une impression ou fait une observation?

1. _____   3. _____   5. _____   7. _____

2. _____   4. _____   6. _____

Mise en pratique 2

Mathieu et Nadine décident ce qu'ils vont faire pendant leur visite en Louisiane. Ecoute leur conversation et mets les événements dans le bon ordre. *(Number the statements in the correct order.)*

_____ Mathieu demande à Nadine son opinion sur ce qu'elle mange.

_____ Mathieu en donne une opinion négative.

_____ Mathieu demande une explication au sujet du Village Acadien.

_____ Nadine propose d'aller au Village Acadien.

_____ Nadine fait une observation.

_____ Mathieu donne son impression sur la cuisine cajun.

_____ Mathieu demande une explication au sujet du gombo.

■ PREMIERE ETAPE

11-1 Listen to these conversations that take place at the Hubert family reunion. Then choose the statement that best describes each conversation.

1. **a.** He thinks he's mistaken about her age.
   b. He's verifying her age.
   c. He can't really remember her name.

2. **a.** He wants to know what it's like in Bordeaux.
   b. He wants to find out if she has already moved.
   c. He wants to find out if she still lives in Bordeaux.

3. **a.** She thinks he plays the violin and the drums.
   b. She thinks he's never tried the violin.
   c. She wants to learn the violin.

4. **a.** She thinks that she might also be one of Hubert's grandchildren.
   b. She thinks that he's a grandson of Hubert.
   c. She's checking to see if he still lives in Louisiana.

5. **a.** He's checking to see if she's married.
   b. He's letting her know what year he came to France.
   c. He's checking to see what year she came to France.

11-2 Robert, Nathalie, and Jean-Claude have met to play some of their favorite CDs for one another. Listen to their conversations and then decide whether the following statements are true or false.

true   false

_____   _____ 1. Robert is really crazy about MC Solaar's music.

_____   _____ 2. Robert listens to many different kinds of music.

_____   _____ 3. Robert has really taken a liking to country music.

_____   _____ 4. Jean-Claude agrees with Robert about country music.

_____   _____ 5. Robert teases Nathalie by disagreeing with her.

_____   _____ 6. They all agree about the jazz music they hear.

Additional Listening Activities

11-3 Listen to these teenagers talk as they walk around in a music store, looking at all kinds of CDs. Match the letter of the picture illustrating the kind of music they're talking about to their conversations.

a.

b.

c.

d.

e.

f.

1. _____   4. _____

2. _____   5. _____

3. _____   6. _____

■ DEUXIEME ETAPE

11-4 Yvonne and Sébastien are having lunch. Listen to their conversation and check off the items Sébastien asks Yvonne to explain to him.

_____ bread pudding   _____ gumbo

_____ po-boy   _____ alligators

_____ crawfish   _____ zydeco

_____ the Acadian Village   _____ bayous

_____ jambalaya   _____ oysters Bienville

Additional Listening Activities

11-5 Denis is taking Christine sightseeing in Louisiana. Listen to their conversations and decide whether Christine is making an observation or asking for an explanation.

	Observation	Explanation
1.	_____	_____
2.	_____	_____
3.	_____	_____
4.	_____	_____
5.	_____	_____
6.	_____	_____
7.	_____	_____
8.	_____	_____

11-6 Listen as Claire reads a page from a guidebook on Louisiana to her friend as they prepare for their trip. Then answer the following questions in English.

1. What impressions does the writer give of the people from Louisiana?

   _____

   _____

   _____

   _____

2. What are five things the writer suggests that visitors see?

   _____

   _____

   _____

   _____

   _____

3. What does the writer find impressive about the bayous? The French market? Cajun food?

   _____

   _____

   _____

   _____

Additional Listening Activities

Song: *Travailler, c'est trop dur*

REFRAIN: Travailler, c'est trop dur.
          Et voler, c'est pas beau.
          D'mander la charité,
          C'est queque chose j'peux pas faire
          Chaque jour que moi j'vis,
          On m'demande de quoi j'vis,
          J'dis que j'vis sur l'amour
          Et j'espère de vivre vieux.

Et je prends mon vieux cheval,
Et j'attrape ma vieille selle
Et je selle mon vieux cheval,
Pour aller chercher ma belle.
Tu connais, c'est loin d'un grand bout d'là,
D'St-Antoine à Beaumont,
Mais le long du grand Texas,
J't'ai cherchée bien longtemps.

REFRAIN

Et je prends mon violon,
Et j'attrape mon archet,
Et je joue ma vieille valse,
Pour faire le monde danser.
Vous connaissez, mes chers amis,
La vie est bien, bien, bien trop courte,
Pour se faire des soucis,
Alors ce soir allons danser.

REFRAIN

This song is recorded on *Audio Compact Discs,* CD 11, Track 25.
Although it is presented with this chapter, it may be used at any time.

Holt French 3 Allez, viens! Chapter 11

6 Ecoutons!

(Open your textbook to page 345.) Ecoute les conversations de ces spectateurs aux Jeux olympiques. A quelles épreuves est-ce qu'ils assistent?

a. le basket-ball

b. l'escrime

c. le base-ball

d. la gymnastique

e. l'athlétisme

f. le plongeon acrobatique

g. l'aviron

h. le tir à l'arc

i. l'haltérophilie

j. la boxe

k. le cyclisme

l. l'équitation

m. le judo

n. la lutte

o. la natation

1. _____

2. _____

3. _____

4. _____

5. _____

6. _____

7. _____

8. _____

9. _____

10. _____

12 Ecoutons!

Séverine part aux Etats-Unis. Elle discute avec son frère en faisant ses valises. Indique les conversations où elle fait une supposition et celles où elle exprime son impatience.

	1.	2.	3.	4.	5.
Fait une supposition					
Exprime son impatience					
Neither					

Student Response Forms

24 Ecoutons!

Ecoute ces conversations qui ont lieu au village olympique. Est-ce que ces gens posent des questions sur le pays de quelqu'un ou sur autre chose?

	Pays	Autre chose
1.		
2.		
3.		
4.		
5.		
6.		

28 Ecoutons!

Ecoute ces jeunes qui téléphonent chez eux pour raconter à leurs parents ce qui leur est arrivé aux Jeux olympiques. Est-ce qu'ils ont gagné ou perdu?

	Gagné	Perdu
1.		
2.		
3.		
4.		
5.		
6.		
7.		
8.		

Mise en pratique 2

Ecoute Marion qui montre à ses amis les photos qu'elle a prises aux Jeux olympiques. De quelle photo est-ce qu'elle parle?

 a.

 b.

 c.

 d.

 e.

 f.

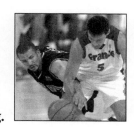 g.

 h.

1. _____   5. _____

2. _____   6. _____

3. _____   7. _____

4. _____   8. _____

■ PREMIERE ETAPE

12-1 Listen to this radio broadcast about events that are taking place today at the Olympics. Then circle the sports that the announcer mentions.

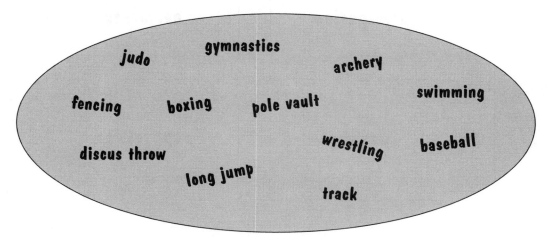

judo gymnastics archery swimming fencing boxing pole vault discus throw wrestling baseball long jump track

12-2 Listen as these coaches give instructions to their athletes. Write the number of each coach's remarks under the picture of the sport he or she is coaching.

a. _____

b. _____

c. _____

d. _____

e. _____

f. _____

Additional Listening Activities

12-3 Listen to these spectators at the Olympics. Write the number of each remark in the box that describes what the speaker is expressing. Then tell briefly in English what each speaker is talking about.

anticipation	certainty
_____	_____

doubt	supposition
_____	_____

1. _____

2. _____

3. _____

4. _____

5. _____

6. _____

7. _____

8. _____

■ DEUXIEME ETAPE

12-4 Listen to the messages these athletes left for their families when they called home with their news from the Olympics. Then decide whether each person is excited or disappointed.

	Excited	Disappointed
1.		
2.		
3.		
4.		
5.		

Holt French 3 Allez, viens! Chapter 12

12-5 Listen as Madeleine and Arlette talk about the different people they met today at the Olympics and check where the people are from. Then write in English one piece of information you remember about each person.

_____	England	_____	Algeria
_____	Japan	_____	China
_____	Niger	_____	Senegal
_____	Tunisia	_____	Belgium
_____	Germany	_____	Russia
_____	South Africa	_____	Spain
_____	Mexico	_____	Italy

_____

_____

_____

_____

_____

_____

_____

12-6 Listen to this conversation between Martine and someone she's just met at the Olympics. Then answer these questions in English.

1. Who does Martine meet? Where is he from?

_____

2. What are five features of his country that he mentions?

_____

_____

_____

_____

3. What else does Martine ask about?

_____

4. What does Roberto say is typical of his country?

_____

_____

Holt French 3 Allez, viens! Chapter 12

Additional Listening Activities

Poem: *L'homme qui te ressemble*

J'ai frappé à ta porte
j'ai frappé à ton cœur
pour avoir bon lit
pour avoir bon feu
pourquoi me repousser
Ouvre-moi, mon frère!...

Pourquoi me demander
si je suis d'Afrique
si je suis d'Amérique
si je suis d'Asie
si je suis d'Europe?
Ouvre-moi, mon frère!...

Pourquoi me demander
la longueur de mon nez
l'épaisseur de ma bouche
la couleur de ma peau
et le nom de mes dieux?
Ouvre-moi, mon frère!...

Je ne suis pas un noir
je ne suis pas un rouge
je ne suis pas un jaune
je ne suis pas un blanc
mais je ne suis qu'un homme
Ouvre-moi, mon frère!...

Ouvre-moi ta porte
Ouvre-moi ton cœur
car je suis un homme
l'homme de tous les temps
l'homme de tous les cieux
l'homme qui te ressemble!...

— René Philombe

This poem is recorded on *Audio Compact Discs,* CD 12, Track 28.
Although it is presented with this chapter, it may be used at any time.

Scripts and Answers for Textbook Listening Activities and Additional Listening Activities

Scripts and Answers for
Textbook Listening Activities • Chapitre 1

Première étape
8 Ecoutons!

1. — Salut! Comment vas-tu? Ça fait
   longtemps qu'on s'est pas vus!
   — Oui, ça fait bien deux ans! Qu'est-ce
   que tu deviens?
   — Oh, toujours la même chose.
2. — Tiens, Jean-Paul! Je suis contente de te
   revoir!
   — Oui, moi aussi. Ça fait combien de
   temps qu'on s'est pas vus?
   — Ça fait trois mois au moins. Ça va?
   — Oui, super.
3. — Quoi de neuf?
   — Oh, tu sais, toujours la même chose.
   Et toi?
   — Rien de spécial. Dis donc, ça fait com-
   bien de temps qu'on s'est pas vus?
   — Depuis le mois de juin, je crois.

Answers to Activity 8
1. b   2. a   3. d

10 Ecoutons!

1. — Alors, c'était comment, tes vacances à
   la mer?
   — Génial. Je me suis bien amusée.
2. — C'était comment, ce voyage?
   — Pas trop bien. Ça s'est mal passé.
3. — Tu t'es bien amusée chez tes cousins?
   — Pas du tout. C'était vraiment pas terrible
   comme vacances.
4. — Tiens, Véronique. Ça s'est bien passé,
   ce week-end?
   — Non, je me suis ennuyée.
5. — Raconte-moi un peu ce séjour. C'était
   comment, la Martinique?
   — Super. On a passé des vacances
   formidables.
6. — Comment ça s'est passé, cette journée à
   la campagne?
   — Ça s'est très bien passé. On a fait un
   pique-nique.

Answers to Activity 10
1. contente   2. non   3. non   4. non
5. contente   6. contente

13 Ecoutons!

1. — Alors, ces vacances?
   — Super! On s'est beaucoup amusées.
   — Quel temps est-ce qu'il a fait?
   — Magnifique! Il a fait beau tous les jours.
2. — Et en juillet alors?
   — Oh, je ne sais pas. J'ai envie de rester ici
   pour travailler un peu.
   — Ah oui? Tu vas faire quoi?
   — Je vais être réceptionniste à l'hôtel de
   mon oncle.

3. — Paul y va début juillet, mais moi, je ne
   peux pas y aller avant le quinze.
   — Pourquoi?
   — J'ai promis à mon frère de l'aider au
   magasin.
   — C'est pas de chance, ça!
4. — La Côte d'Azur, ça doit être chouette,
   non?
   — Oui, c'est super. J'y suis allée avec mes
   parents il y a quelques années.
   — Vous avez de la famille là-bas?
   — Non, non, on a dormi à l'hôtel.
5. — Dis donc, Laurence, tu n'es pas très
   bronzée!
   — Oh, ne m'en parle pas. J'ai passé des
   vacances horribles.
   — Qu'est-ce qui s'est passé?
   — Il a plu tout le temps. Pas un jour de
   soleil, tu te rends compte!
6. — Salut, Coralie. Comment ça va?
   — Oh, pas mal. J'essaie de choisir où je
   vais aller en vacances cet été.
   — Ah oui? Avec qui est-ce que tu pars?
   Tes parents?
   — Non, cette année, je pars avec mes
   cousins.
   — Vous devriez aller faire du camping.
   — Bonne idée! Je vais leur en parler.
7. — Tiens, tu es déjà de retour?
   — Oui. Je devais revenir fin août, mais j'ai
   voulu rentrer plus tôt.
   — Pourquoi? Ça s'est mal passé chez tes
   amis?
   — On n'a pas arrêté de se disputer! La
   prochaine fois, je dors à l'hôtel.
8. — Et Martine, qu'est-ce qu'elle fait?
   — Elle va aller en Egypte.
   — Ouah! Super! Elle part comment? En
   avion?
   — En bateau, je crois.
   — Et combien de temps est-ce qu'elle
   reste?
   — Dix jours, je crois.

Answers to Activity 13
1. passé   4. passé   7. passé
2. futur   5. passé   8. futur
3. futur   6. futur

15 Ecoutons!

1. Salut! C'est Annick. Je viens juste de
   rentrer de vacances. C'était super, là-bas.
   Je me suis vraiment bien amusée. C'était
   mieux que l'Auvergne l'année dernière. Il
   y avait des tas de choses à faire. Il faisait
   super beau et je me suis baignée tous les
   jours. Notre camping était situé à dix minutes de la plage seulement, alors j'en ai
   vraiment profité. Il faut que je te raconte.
   Alors, téléphone-moi quand tu rentres.

2. Bonjour, c'est Joséphine. Ça va? Qu'est-ce que tu deviens? Tu peux venir chez moi ce soir? Je veux te raconter mes vacances à tout prix. J'étais à Sion, une petite ville qui se trouve dans les Alpes. Il y avait des pistes de ski incroyables, là-bas. J'ai pris des cours. Il y avait plusieurs écoles et j'en ai trouvé une pas trop chère. Si tu me voyais sur les pistes maintenant! Bon, je te laisse. A plus!

3. Salut, c'est Pierre. Je t'appelais pour te dire que je t'ai ramené les posters que tu voulais. Paris, c'était pas terrible. Il faisait mauvais et il a même plu plusieurs fois. Bien sûr, il y avait des musées super à visiter, mais je n'étais pas trop en forme, alors je n'ai pas pu faire grand-chose. Appelle-moi quand tu peux. Salut.

Answers to Activity 15

1. b   2. a   3. c

Remise en train
24 Ecoutons!

HECTOR   Toi, Julien, tu as pris la quiche à cinq euros... et tu as bu de l'eau. Avec ton plat et ton dessert, ça fait neuf euros. Pauline... le plat du jour à huit euros, les crudités à six euros et un coca... Ça fait seize euros. Et toi, Patricia... tu as pris le potage, la truite, l'assiette de crudités et la crème brûlée. Ça te fait vingt-sept euros. Yasmine, ton presskopf et ta choucroute, ça te fait vingt euros. Moi, j'ai pris le plat du jour, les crudités et un dessert. Alors, pour moi, ça fait dix-huit euros.

Answers to Activity 24

1. Julien: neuf euros (9 €)
2. Pauline: seize euros (16 €)
3. Patricia: vingt-sept euros (27 €)
4. Yasmine: vingt euros (20 €)
5. Hector: dix-huit euros (18 €)

Deuxième étape
26 Ecoutons!

1. Hum. Fromage ou dessert? Je n'arrive pas à me décider.
2. Je ne sais pas quoi prendre. Tout a l'air si bon!
3. Pourquoi tu ne prends pas la tarte aux pommes? Elle est très bonne ici.
4. J'ai tellement faim. Tout me tente. Qu'est-ce que je pourrais bien prendre?
5. A mon avis, tu devrais boire plus de jus de fruits. C'est excellent pour la santé.
6. Voyons... J'hésite entre le poisson et le poulet.

Answers to Activity 26

1. hésite   2. hésite   3. recommande quelque chose   4. hésite   5. recommande quelque chose   6. hésite

28 Ecoutons!

— Excusez-moi, monsieur, qu'est-ce que vous avez pris comme entrée?
— Comme entrée, attendez... Ah oui, j'ai pris une salade de tomates.
— Et comme plat?
— Du poulet.
— Avec des frites?
— Non, avec des haricots verts. Voyons... mon fromage... et comme dessert, j'ai pris une tarte aux pommes.
— C'est noté. Merci, monsieur.

Answer to Activity 28

b

30 Ecoutons!

1. Vous avez choisi?
2. Que voulez-vous comme entrée?
3. Et comme boisson?
4. Comment désirez-vous votre viande?
5. Que voulez-vous comme dessert?

Answers to Activity 30

1. (e) Oui, je vais prendre le steak-frites.
2. (d) Les crudités.
3. (b) De l'eau minérale.
4. (a) A point.
5. (c) La crème caramel, s'il vous plaît.

Mise en pratique 5

1. — Qu'est-ce qu'on mange aujourd'hui?
   — Des raviolis au gratin et une glace.
2. — Tu as choisi?
   — Non, j'hésite entre les spaghettis et le veau aux petits pois.
3. — Quel dilemme! Je n'arrive pas à me décider. La raie ou le coq au riesling?
   — Tu devrais prendre le poisson. C'est bon pour la mémoire.
4. — Je voudrais manger du caviar et du filet mignon.
   — Pas de chance. Aujourd'hui, c'est spaghettis ou raviolis.
5. — Qu'est-ce que c'est, le filet de lingue avec des blettes?
   — Je ne sais pas, mais c'est le plat du jour.

Answers to Mise en pratique Activity 5

1. Collège Molière
2. Institution Saint-Jean
3. Cité Technique
4. Lycée Camille Sée
5. Collège Berlioz

Scripts for Additional Listening Activities • Chapitre 1

Additional Listening Activity 1-1, p. 7

1. **FEMME** Tiens, bonjour, Monsieur Papet. Dites donc, ça fait une éternité qu'on ne s'est pas vus!
2. **GARÇON** Eh, salut, Virginie! Tu es déjà de retour de vacances? Je suis content de te voir!
3. **FILLE** Ça alors! Nathalie? Quelle bonne surprise! Ça fait longtemps que je ne t'ai pas vue. Qu'est-ce que tu deviens?
4. **HOMME** Bonsoir, Madame Leblanc. Ça me fait bien plaisir de vous voir! Alors, quoi de neuf?

Additional Listening Activity 1-2, p. 7

MARC Alors, Benoît! C'était comment, tes vacances?

BENOIT Bof, c'était pas terrible... Je suis allé en Bretagne chez ma grand-mère. D'habitude, la Bretagne, j'adore, mais cette année, il a fait un temps vraiment affreux! Alors, je me suis un peu ennuyé... Et toi, Marc, tu as passé un bon été?

MARC Ouais, super! Je suis parti trois semaines à Tahiti avec mes parents. Le soleil, la mer, les palmiers... C'était magnifique! Et puis, j'ai fait beaucoup de planche à voile et de natation. Dis donc, Virginie, tu as reçu ma carte de Bora-Bora?

VIRGINIE Oui, merci. Ah, Tahiti... Tu es un vrai globe-trotter, toi! Moi, mes vacances ne se sont pas très bien passées. Je me suis cassé la jambe au début du mois de juillet. Alors, j'ai passé tout l'été chez moi devant la télé... Tu parles de vacances!

NABILA Ah bon? Tu t'es cassé la jambe? Pas de chance, ma pauvre! Toi, par contre, Aymeric, tu as dû bien t'amuser. Tu as l'air en pleine forme.

AYMERIC Ah oui, moi, les vacances, ça me réussit toujours! Cette année, mon frère, ma cousine et moi, on a fait du camping dans les Alpes. C'était génial! On a même dormi plusieurs fois à la belle étoile. Au fait, Nabila, c'était bien, ton séjour linguistique aux Etats-Unis?

NABILA Oui, c'était vraiment chouette! Je me suis bien amusée et j'ai fait beaucoup de progrès en anglais. I love America!

BENOIT Quoi? Vous avez compris ce qu'elle a dit? Quelle frimeuse!

Additional Listening Activity 1-3, p. 8

1. **GARÇON** Où est-ce que tu es allée en vacances, Sophie?
   FILLE Je suis allée à Biarritz, comme d'habitude.
   GARÇON Il a fait quel temps? Beau, sûrement! Tu es toute bronzée...
   FILLE Ah oui! Il a fait un temps superbe, sauf les deux derniers jours.
   GARÇON Tu as dormi à l'hôtel ou tu as fait du camping?
   FILLE Je suis restée chez mon oncle et ma tante. Ils ont une maison à dix minutes de la plage. Comme ça, j'ai pu faire du ski nautique tous les jours!

2. **FILLE 1** Qu'est-ce que tu as fait, cet été?
   FILLE 2 Qui, moi? J'ai fait un stage de karaté en Alsace, à Colmar. C'était génial! J'ai même gagné un trophée!
   FILLE 1 Bravo! Et tu y es allée seule ou avec ton frère?
   FILLE 2 J'y suis allée seule. Avec mon frère? Tu rigoles! Lui, le sport, ça ne l'intéresse pas. Il préfère passer ses journées devant la télé!

3. **GARÇON** Alors, mademoiselle la grande voyageuse, quand est-ce que tu es allée à Paris?
   FILLE J'y suis allée début juillet.
   GARÇON Et avec qui est-ce que tu y es allée?
   FILLE Avec mes parents. Mais ma copine Linda est aussi venue avec nous.
   GARÇON Ah oui! Linda, je la connais. On a maths ensemble. Mais... vous y êtes allés comment, à Paris?
   FILLE Ben, en avion, bien sûr! Quelle question! Des Etats-Unis, on ne va pas en France en voiture!

4. **GARÇON 1** Alors, Marc, quoi de neuf? Tu es resté ici au mois de juillet?
   GARÇON 2 Ouais, je suis resté chez moi. Et il a plu tout le temps. J'en avais marre! Qu'est-ce que je me suis ennuyé... Et toi?
   GARÇON 1 Je suis juste parti une semaine à Poitiers.

SERVEUR	Vous avez choisi? Qu'est-ce que vous allez prendre?
CLIENTE	Oh... Je ne sais pas. Tout me tente... Je n'arrive pas à me décider...
SERVEUR	Vous devriez prendre les côtelettes de porc. Elles sont délicieuses!
CLIENTE	Non, le porc, je n'aime pas vraiment...
SERVEUR	Alors, pourquoi vous ne prenez pas du poulet?
CLIENTE	Ah oui, tiens! Bonne idée! Mais... J'hésite entre le poulet aux fines herbes et le poulet à la provençale.
SERVEUR	Essayez le poulet aux fines herbes. Vous ne le regretterez pas!

Additional Listening Activity 1-5, p. 9

ANNE	Qu'est-ce que tu vas prendre, Papa?
M. DUFOUR	Euh... D'abord, une salade de tomates. Ensuite, comme plat principal... Voyons... J'hésite entre le steak-frites et le poulet haricots verts. Bon, allez! Le poulet haricots verts. Et puis, bien sûr, mon camembert!
ANNE	Et comme dessert?
M. DUFOUR	Alors là, tout me tente! Tiens, pourquoi pas une bonne petite crème caramel?
MME DUFOUR	Et toi, Anne? Tu as choisi?
ANNE	Oui, Maman. Je n'ai pas très faim. Je vais juste prendre une assiette de crudités.
MME DUFOUR	C'est tout? Même pas de dessert? Toi qui es si gourmande... Tu devrais essayer leur tarte aux pommes. Il paraît qu'elle est délicieuse.
ANNE	Bon, je craque! J'ai toujours de la place pour de la tarte aux pommes! Et toi, qu'est-ce que tu prends?
MME DUFOUR	Je ne sais pas. Je n'arrive pas à me décider... Oh, tiens, je vais essayer leur escalope de dinde et la purée.
PIERRE	Et du fromage de chèvre, peut-être?
MME DUFOUR	Non, tu sais, ça a un goût trop fort pour moi. Par contre, je prendrais bien une glace à la vanille.
PIERRE	Bon, eh bien moi, on ne m'a rien demandé, comme d'habitude, mais je vais prendre une assiette de charcuterie, un steak-frites... non, plutôt une côtelette de porc avec des pâtes, du roquefort et une tarte aux abricots...
ANNE	Dis donc, ça va, l'appétit!

Additional Listening Activity 1-6, p. 9

1.	SERVEUR	Vous avez choisi, monsieur?
	CLIENT	Non, pas encore. J'hésite entre...
	SERVEUR	Quoi? Vous hésitez? Mais enfin, ça fait une heure que vous êtes arrivé! Vous ne pouvez pas vous dépêcher? J'ai d'autres clients, moi!
2.	SERVEUSE	Et votre steak, monsieur? Comment le désirez-vous?
	CLIENT	Mon steak? Bien saignant, surtout. La viande trop cuite, c'est pour les marchands de chaussures!
3.	SERVEUSE	Madame? Vous avez choisi?
	CLIENTE	Euh... Quel est le plat du jour?
	SERVEUSE	Alors, nous avons la truite au camembert et aux olives... Une merveille!
	CLIENTE	Berk! Drôle de mélange... Non, je crois que je vais prendre le menu à vingt euros.
	SERVEUSE	C'est comme vous voulez. Et comme boisson?
	CLIENTE	De l'eau, s'il vous plaît.
4.	SERVEUR	Que voulez-vous comme entrée?
	CLIENT	Aucune idée. Qu'est-ce que vous me conseillez?
	SERVEUR	Oh, il y a le choix... Nos bouchées à la reine sont excellentes. Notre pâté de campagne est délicieux. Mais notre vraie spécialité, c'est la quiche lorraine. Le cuisinier en est fier!
	CLIENT	Bof, je n'aime pas trop la quiche. Et puis, il faut que je fasse attention à mon cholestérol. Je crois que je vais prendre l'assiette de crudités. C'est meilleur pour la santé.

Additional Listening Activity 1-1, p. 7

a. **1.** b   **2.** a   **3.** b   **4.** c

b. Answers will vary. Possible answers:
  — <u>Mais je rêve?! C'est bien toi, Jennifer? Oh là là, ça fait tellement longtemps qu'on ne s'est pas vues!</u>
  — Tu l'as dit! Ça doit faire vingt ans... depuis l'école primaire!
  — <u>Incroyable! Alors, raconte. Qu'est-ce que tu deviens?</u>
  — Eh bien, je suis mariée, j'ai quatre enfants et j'habite en Bretagne.

Additional Listening Activity 1-2, p. 7

Benoît	Il est allé en Bretagne chez sa grand-mère.	−
Marc	Il est parti trois semaines à Tahiti avec ses parents.	+
Virginie	Elle a passé tout l'été chez elle parce qu'elle s'est cassé la jambe.	−
Aymeric	Il a fait du camping dans les Alpes avec son frère et sa cousine.	+
Nabila	Elle a fait un séjour linguistique aux Etats-Unis.	+

Additional Listening Activity 1-3, p. 8

1. d   **2.** c   **3.** a   **4.** b

Additional Listening Activity 1-4, p. 8

SERVEUR   Vous avez choisi? <u>Qu'est-ce que vous allez prendre?</u>
CLIENTE   Oh... Je ne sais pas. <u>Tout me tente</u>... Je n'arrive pas à me décider...
SERVEUR   <u>Vous devriez prendre</u> les côtelettes de porc. Elles sont délicieuses!
CLIENTE   Non, le porc, je n'aime pas vraiment...
SERVEUR   Alors, <u>pourquoi vous ne prenez pas</u> du poulet?
CLIENTE   Ah oui, tiens! Bonne idée! Mais... <u>J'hésite entre</u> le poulet aux fines herbes et le poulet à la provençale.
SERVEUR   <u>Essayez</u> le poulet aux fines herbes. Vous ne le regretterez pas!

Additional Listening Activity 1-5, p. 9

ENTREES
  __1__ Salade de tomates
  __2__ Assiette de crudités
  _____ Jambon du pays
  __4__ Assiette de charcuterie

FROMAGES
  _____ Brie
  __4__ Roquefort
  __1__ Camembert
  _____ Fromage de chèvre

PLATS DU JOUR
  _____ Steak-frites
  __4__ Côtelette de porc/pâtes
  __1__ Poulet/haricots verts
  __3__ Escalope de dinde/purée

DESSERTS
  __1__ Crème caramel
  __3__ Glace à la vanille
  __2__ Tarte aux pommes
  __4__ Tarte aux abricots

Additional Listening Activity 1-6, p. 9

1. c   **2.** c   **3.** b   **4.** a

Première étape
7 Ecoutons!

— Bon, bien. Vous continuez tout droit. Vous allez voir le panneau qui indique l'entrée de l'autoroute. C'est la N. soixante-trois. Suivez l'autoroute pendant à peu près cinq kilomètres et sortez à Court St. Etienne. C'est un petit village. Après le village, vous traversez un grand pont. Prenez la première route à gauche. Vous allez arriver à un carrefour. Là, vous tournez à droite, et cette route vous conduira au centre du village. Vous ne pouvez pas le manquer.
— D'accord. Je crois que je comprends. Merci, monsieur.
— Je vous en prie.

Answer to Activity 7

Malmédy

11 Ecoutons!

1. Le plein de super, s'il vous plaît.
2. Vous avez besoin d'huile, madame.
3. Vous pourriez vérifier les pneus?
4. Oh, là là! Je suis tombé en panne d'essence! Il y a une station-service près d'ici?
5. Vous pourriez me nettoyer le pare-brise, s'il vous plaît?
6. Voilà. J'ai mis de l'air dans les pneus et j'ai vérifié l'huile. Ça va.
7. Eh bien, le plein de super, ça vous fait trente-cinq euros.
8. Et les freins ne marchent pas très bien. Vous pouvez les vérifier?

Answers to Activity 11

1. chauffeur	5. chauffeur
2. pompiste	6. pompiste
3. chauffeur	7. pompiste
4. chauffeur	8. chauffeur

16 Ecoutons!

1. Mais qu'est-ce que tu fais? Le film va commencer dans dix minutes!
2. Et moi aussi, j'ai faim, mais on n'a pas le temps d'aller manger. On va rater le train!
3. Attends! Je dois trouver mes lunettes de soleil. Ça ne va pas prendre longtemps.
4. Mais on va arriver, il n'y a pas le feu!
5. Eh bien, tu m'embêtes, là. Grouille-toi! On a encore un tas de choses à faire.
6. Le musée n'ouvre pas avant dix heures de toute façon. On a largement le temps!
7. Eh, du calme, du calme. On peut changer le pneu.
8. Tu peux te dépêcher un peu? Moi aussi, j'ai besoin du téléphone.

Answers to Activity 16

1. impatiente	5. impatiente
2. impatiente	6. calme
3. calme	7. calme
4. calme	8. impatiente

Deuxième étape
25 Ecoutons!

1. Tu as lu ça? Lucky Luke®, c'est ma B.D. préférée. C'est marrant comme tout.
2. Eh regarde! Tintin®! Ce que c'est bien, Tintin. Tu sais, lire Tintin, ça me branche!
3. Tu vois? C'est Spirou®. Tu aimes, toi? Moi, non. C'est mortel!
4. Et voilà un album de Boule & Bill®. Tu vas le lire? Moi, je trouve que c'est ennuyeux à mourir. Je vais chercher autre chose.
5. Tu n'as jamais lu Tif et Tondu®? Tu devrais en lire. C'est rigolo comme tout!

6. Tu l'as trouvé, ton Gaston®? Oh, c'est rasant, Gaston. Je ne sais pas pourquoi tu aimes tant ça.
7. Tiens! Les Mousquetaires®! Tu vois? Qu'est-ce qu'ils sont dingues!
8. Dis donc, tu n'as pas dit que tu préférais Jojo®? Moi, ça m'embête. Et c'est tellement bébé!

Answers to Activity 25

1. s'amuse
2. s'amuse
3. s'ennuie
4. s'ennuie
5. s'amuse
6. s'ennuie
7. s'amuse
8. s'ennuie

28 Ecoutons!

1. — Vous pourriez me dire où est le café?
   — Oui. Prenez l'escalier, montez au premier étage et c'est tout de suite à gauche.
2. — Excusez-moi, où sont les toilettes?
   — Elles sont tout au fond, à droite, à côté de l'entrée.
3. — Excusez-moi, vous savez où est la fusée de Tintin?
   — Bien sûr. Prenez l'escalier, et elle sera juste en face de vous, au premier étage.
4. — Excusez-moi, je cherche l'ascenseur.
   — Il est sur votre gauche, après l'escalier, à côté des téléphones.
5. — Pardon, madame, où se trouve la bédéthèque, s'il vous plaît? En haut ou en bas?
   — Au rez-de-chaussée. Elle est au fond, à gauche, après l'ascenseur.
6. — Pour aller à la boutique de souvenirs, s'il vous plaît?
   — C'est en haut, sur votre droite, juste après la fusée de Tintin.

Answers to Activity 28

1. d   2. b   3. e   4. c   5. a   6. f

Mise en pratique 3

1. — Ecoute! Tu viens ou pas? On n'a pas le temps de s'arrêter!
   — Oh! Tu as raison! Le spectacle va bientôt commencer!
2. — Tu peux te dépêcher? J'ai faim!
   — Du calme, du calme. On y arrive.
3. — Mais qu'est-ce que tu fais?! Allons-y!
   — Je dois vérifier le plan du parc. Ça ne va pas prendre longtemps.
4. — Je suis vraiment impatient de voir les feux d'artifice!
   — Moi aussi! Ça va être super!
5. — Plus vite! Je dois téléphoner à ma mère à une heure!
   — Du calme, du calme. On a largement le temps!

Answers to Mise en pratique Activity 3

1. impatiente
2. essaie de rassurer
3. essaie de rassurer
4. impatiente
5. essaie de rassurer

Scripts for Additional Listening Activities • Chapitre 2

Additional Listening Activity 2-1, p. 15

1. JULIEN   Allô? Aurélie? C'est Julien.
   AURELIE   Dis donc, tu exagères, hein! Ça fait deux heures que je t'attends! Tu t'es encore perdu?
   JULIEN   Ben... Euh... Oui...
   AURELIE   Quelle surprise... Bon, d'où est-ce que tu m'appelles, cette fois-ci?
   JULIEN   D'une cabine téléphonique... attends que je regarde... juste en face de la Mairie.
   AURELIE   Alors, écoute-moi bien, c'est très facile. Pour venir chez moi, tu continues tout droit jusqu'au carrefour. Tu ne peux pas manquer ma maison. C'est la première sur la gauche.
2. FRANÇOIS   Julien? On t'attend, mon vieux! Une fois de plus, on va être en retard à cause de toi!
   JULIEN   Je sais... Je m'excuse, mais... Qu'est-ce que je fais pour aller chez toi, déjà? Je crois que je suis allé trop loin. Je t'appelle du Café du Commerce.
   FRANÇOIS   Oh là là, mon pauvre... T'es vraiment pas doué. Tu vois le pont à gauche de l'église?
   JULIEN   Ouais...
   FRANÇOIS   Bon, tu le traverses. Juste après, tu vas tomber sur la boulangerie de mes parents. Tu as compris?
3. JULIEN   Clotilde? C'est Julien.
   CLOTILDE   Julien? Mais qu'est-ce qui t'arrive? Je commençais à m'inquiéter!
   JULIEN   Je t'appelle d'une station-service sur la Nationale quinze. Je suis encore loin de chez toi?
   CLOTILDE   Ah, ben oui! Pour arriver chez moi, tu suis la Nationale quinze pendant à peu près quarante kilomètres. Ça te conduira au centre-ville. Après ça, tu sais comment faire?
   JULIEN   Oui, bien sûr! Quelle question...
4. FREDERIC   Quoi? Tu es encore chez toi? Mais qu'est-ce que tu attends? Il est déjà dix heures!
   JULIEN   Ne t'énerve pas! Qu'est-ce que je fais pour prendre l'autoroute?
   FREDERIC   Non, mais je rêve?! Juste en face de ton immeuble il y a l'entrée de l'autoroute!
   JULIEN   Ah bon? Tu es sûr? Je ne l'ai jamais remarquée...

Additional Listening Activity 2-2, p. 15

a. 1. CLIENTE   Je n'y comprends rien. Je conduisais tranquillement sur la Nationale trois. Tout allait bien. Et puis, tout à coup... plus rien. Le moteur s'est arrêté.
   GARAGISTE   a. Ça ne m'étonne pas. Votre pare-brise est recouvert de neige.
   GARAGISTE   b. Ah! Mais vous êtes tombée en panne d'essence! Je vais vous faire le plein.
   GARAGISTE   c. Ne vous inquiétez pas! Je vais vous mettre de l'air dans vos pneus.
   2. CLIENT   Oh là là! J'ai eu peur, vous savez! J'ai eu du mal à m'arrêter au feu rouge. Heureusement qu'il n'y avait personne devant moi!
   GARAGISTE   a. Vous avez vraiment eu de la chance. Je vais vérifier vos freins tout de suite.
   GARAGISTE   b. Ça y est! J'ai trouvé le problème! Vous avez un trou dans votre réservoir.
   GARAGISTE   c. C'est de votre faute! Ça fait au moins un an que vous n'avez pas changé votre huile.
   3. CLIENT   Je n'y vois plus rien quand je conduis. Je crois que j'ai besoin de lunettes.
   GARAGISTE   a. A mon avis, c'est plutôt vos freins.
   GARAGISTE   b. Il fallait mettre du super, pas de l'essence ordinaire!
   GARAGISTE   c. Mais non, monsieur! Regardez un peu votre pare-brise... Il est sale! Je vais vous le nettoyer!

b. CLIENTE   Zut! J'ai mis de l'air dans mon pneu, mais il est toujours crevé!

Additional Listening Activity 2-3, p. 16

1. GARÇON   Dis donc, tu ne peux pas te dépêcher? On a déjà deux heures de retard! Nathalie va être furieuse!
2. FILLE   Allez! Grouille-toi! Le train part dans cinq minutes!
3. GARÇON   Qu'est-ce que tu es lent! Va plus vite, bon sang... Je ne veux pas le rater, ce concert!
4. FILLE   Non mais, tu es complètement folle! Ne t'arrête pas! On n'a vraiment pas le temps!

AYMERIC	C'est quoi, Laure, ta B.D. préférée?
LAURE	*Gaston Lagaffe*®! C'est marrant comme tout! Mais j'adore aussi *Lucky Luke*®... Qu'est-ce qu'il est rigolo! Tu ne trouves pas, Vincent? Tu n'as pas l'air convaincu...
VINCENT	*Lucky Luke?* Ah non! Ça me casse les pieds, les histoires de cow-boys!
LAURE	Mais alors, qu'est-ce qui te plaît? *Astérix*®, peut-être?
VINCENT	Ah non, alors! Je trouve ça de mauvais goût! Moi, les B.D., de toute façon, ça me rase...
LAURE	C'est vrai, j'avais oublié, Monsieur préfère la grande littérature! Et toi aussi, Aymeric, tu trouves ça mortel, les bandes dessinées?
AYMERIC	Non, ça dépend. Il y en a que je n'aime pas trop, comme *Astérix*. Mais il y en a d'autres qui me plaisent énormément. J'adore *Tintin*®, par exemple. J'ai lu toute la série. Ce que c'est chouette!
VINCENT	*Tintin?* Tu rigoles? C'est bébé!

Additional Listening Activity 2-5, p. 17

1.
GARÇON	Pardon, madame, vous pouvez me dire où se trouvent les dictionnaires? J'ai un devoir d'anglais à faire.
MME VIAL	Chut! Pas si fort... Il y a des gens qui étudient ici. Alors, les dictionnaires, c'est en bas, au rez-de-chaussée.
GARÇON	Où ça, au rez-de-chaussée?
MME VIAL	En face de l'entrée, juste à côté des encyclopédies.
GARÇON	Et pour faire des photocopies? Où est-ce que je vais?
MME VIAL	Il faut monter au cinquième étage, mais l'ascenseur est en panne. Vous serez obligé de prendre l'escalier, à droite au fond du couloir.

2.
FILLE 1	Excuse-moi. Je suis nouvelle. Tu sais où est la salle deux cent trois? Je ne la trouve pas.
FILLE 2	La salle deux cent trois? Ah, ben alors, on est dans la même classe! Viens, je te montre. C'est facile. Tu vois la grande porte rouge, juste derrière les garçons qui sont en train de discuter? Eh bien, c'est là!
FILLE 1	Tu es sûre? Pourtant, j'ai regardé... Non, c'est marqué trois cent trois sur la porte.
FILLE 2	Ah, mais évidemment! On n'est pas au bon étage!
FILLE 1	Oh, zut alors! Allez, dépêchons-nous, on va être en retard!
FILLE 2	Oui, ça fait pas bonne impression le premier jour! Prenons les escaliers, là, tout de suite à droite. On y est presque!

Additional Listening Activity 2-6, p. 17

1.
THIERRY	Et si on passait la journée à Bruxelles?
CLAUDINE	Tiens, c'est une bonne idée. Je ne connais pas du tout!

2.
CLAUDINE	On pourrait peut-être visiter le musée du Costume et de la Dentelle. Il est unique au monde.
THIERRY	Bof... Moi, la dentelle, ça ne me dit rien. Je préférerais voir le Centre Belge de la Bande Dessinée.

3.
THIERRY	Dis, on va voir la cathédrale St-Michel?
CLAUDINE	Oui, je veux bien. Il paraît qu'elle est superbe!

4.
THIERRY	Et maintenant, si on visitait le Palais Royal?
CLAUDINE	Tiens, pourquoi pas? On est juste devant. Alors, autant en profiter!

5.
THIERRY	Tu n'as pas envie d'aller au palais des Beaux-Arts? Il est ouvert jusqu'à cinq heures. On a largement le temps.
CLAUDINE	Non, il fait tellement beau! Je préfère me balader dans le centre-ville.

6.
CLAUDINE	On en a fait, des kilomètres aujourd'hui! Je commence à avoir mal aux pieds. Ça te dit d'aller au café?
THIERRY	Oui. Il y en a un très sympa sur la Grand-Place à deux minutes d'ici. Allons-y!

Answers to Additional Listening Activities • Chapitre 2

Additional Listening Activity 2-1, p. 15

a. 1. c   2. d   3. a   4. b

b. 1. Continue straight ahead to the intersection. It's the first house on the left.
2. Cross the bridge to the left of the church. Right after that, you'll come across the bakery.
3. Follow national route fifteen for about forty kilometers. This will bring you to the center of town.
4. Directly across from your apartment building is the entrance to the highway.

Additional Listening Activity 2-2, p. 15

a. 1. b   2. a   3. c

b. She has a flat tire.

Additional Listening Activity 2-3, p. 16

1. c   2. c   3. b   4. a

Additional Listening Activity 2-4, p. 16

a.

	Tintin	Astérix	Gaston Lagaffe	Lucky Luke
Laure			+	+
Vincent	−	−		−
Aymeric	+	−		

b. Answers will vary. Possible answers:
(+) *Calvin et Hobbes*®, ce que c'est chouette!
(−) *Cathy*®, ça me casse les pieds!

Additional Listening Activity 2-5, p. 17

1. **a.** vrai   **b.** faux   **c.** vrai   **d.** faux   **e.** faux

2. **a.** faux   **b.** vrai   **c.** vrai   **d.** faux   **e.** faux

Additional Listening Activity 2-6, p. 17

	Elle suggère	Elle accepte	Elle refuse
1.		X	
2.	X		
3.		X	
4.		X	
5.			X
6.	X		

Mise en train
3 Ecoutons!

1. Si je me souviens bien, tu n'as pas eu de très bonnes notes en français.
2. Ecoute, tu es déjà fatiguée. Tu travailles beaucoup en semaine.
3. Pas question. Tu ne vas pas faire tes devoirs à onze heures du soir.
4. Oui, si tu ne rentres pas trop tard. Tes grands-parents viennent dîner et tu dois mettre la table.

Answers to Activity 3

1. Gilles   2. Karine   3. Mélanie   4. Charles

Première étape
6 Ecoutons!

1. — Tu veux aller voir un film?
   — Euh, oui, bien sûr. Mais j'étais en train de faire la vaisselle. Tu peux attendre une demi-heure?
   — Oui. Ça va. Ça ne commence pas avant vingt heures.
2. — C'est chouette, le camping, non?
   — Oui, s'il ne pleut pas. Moi, j'ai peur qu'il... Ah, zut alors! J'ai oublié d'arroser le jardin.
   — Ben, ça ne fait rien. Regarde, il commence à pleuvoir!
3. — Tu n'es pas encore prête?
   — Euh, non. Il faut que je donne à manger au chat d'abord.
   — Allez, dépêche-toi! On part!
4. — Ginette m'a dit de la retrouver au café à cinq heures. Tu viens?
   — Je ne sais pas. Je voudrais bien, mais je dois d'abord rentrer pour sortir le chien.
   — Bon, je viens avec toi. On peut la retrouver après, d'accord?
   — D'accord.
5. — Tu viens avec nous à la plage samedi?
   — Ce serait chouette! Mais j'ai un tas de choses à faire à la maison samedi. Je dois faire la lessive, passer l'aspirateur, nettoyer le parquet...
   — Allez, bon week-end!!!
6. — C'est toujours comme ça avec les parents. Il faut, il faut, il faut!
   — Oui, moi, c'est pareil. Et ce que je déteste plus que tout, c'est laver les vitres. Tu fais ça, toi?

Answers to Activity 6

1. Christiane   3. Amina   5. Amina
2. Christiane   4. Christiane 6. Christiane

9 Ecoutons!

1. — Dis donc, tu veux bien que je sorte avec Roger après le dîner?
   — Il faut d'abord que tu débarrasses la table et que tu fasses la vaisselle.
   — Mais, ça va être trop tard après.
   — Bon. Ça va pour cette fois.
2. — Papa, je peux dîner chez mes copains ce soir?
   — Pas question. Tes grands-parents viennent dîner à la maison.
   — Mais Papa...
   — J'ai dit non.
3. — Dites, Michel m'a invité à sa boum ce soir. Je peux y aller?
   — Oui, si tu as fini tes devoirs.
   — Euh, je n'ai pas encore fini. Je pourrais les finir demain.
   — Je regrette, mais si je dis oui, ça va être la même chose la prochaine fois.
   — Mais c'est son anniversaire!
   — Pas question!
4. — J'aimerais partir en vacances aux Etats-Unis.
   — Tu as de l'argent pour y aller?
   — Euh, non.
   — Alors, je suis désolé, mais ce n'est pas possible.
5. — Papa, j'aimerais aller au concert de Vanessa Paradis avec mes copains.
   — Et tu vas rentrer à quelle heure?
   — Euh, ça dure jusqu'à minuit, et puis je dois revenir.
   — Ah, non. Ça veut dire deux heures du matin, ça! Tu sais bien que tu n'as pas le droit de rentrer après minuit.
6. — Tu veux bien que je sorte ce soir?
   — Où veux-tu aller?
   — Au restaurant avec un copain.
   — Oui, si tu rentres à onze heures au plus tard.
   — D'accord.
7. — Maman, tu veux bien que j'invite Ali à dîner?
   — Quand ça?
   — Demain soir.
   — Oui, bien sûr.

Answers to Activity 9

1. accordée   4. refusée   7. accordée
2. refusée   5. refusée
3. refusée   6. accordée

Remise en train
19 Ecoutons!

1. Tu dois constamment te tenir au courant du temps qu'il fait.
2. Tu ne dois jamais aller faire une randonnée tout seul.

3. Il faut que tu emportes un équipement approprié.
4. Si tu n'es pas sûr du chemin, il vaut mieux revenir sur tes pas.
5. Il faut que tu fasses un plan de ta randonnée avant de partir.
6. N'oublie pas de dire l'heure de ton départ et de ton arrivée à un adulte.

Answers to Activity 19

1. the fifth rule	4. the sixth rule
2. the third rule	5. the first rule
3. the second rule	6. the fourth rule

Deuxième étape
25 Ecoutons!

Mesdames, messieurs, afin de préserver le parc, nous attirons votre attention sur certaines règles. Il est interdit de cueillir des fleurs, de chasser ou de pêcher dans le parc. Défense également de fumer dans les cafétérias et les toilettes du parc. De même, il est interdit de jeter des papiers ou des ordures par terre. Pour cela, nous avons des poubelles. Enfin, veuillez ne pas amener d'animaux domestiques dans le parc. Nous vous remercions et vous rappelons que respecter la nature, c'est respecter les autres.

Possible Answers to Activity 25

1. Don't pick the flowers.
2. No hunting or fishing.
3. No smoking in the cafeterias or restrooms.
4. No littering

27 Ecoutons!

1. Eh bien, ma mère, elle utilise des aérosols presque tous les jours, ou pour nettoyer la maison ou pour faire sa toilette.
2. Mes cousins habitent loin de leur travail, mais ils prennent des transports en commun tout de même. Mes cousins François et Gilbert prennent le bus tous les jours, et ma cousine Alice partage sa voiture avec ses copains pour aller au travail.
3. Mon frère, Jean-Marc, il est pénible! Il n'arrête pas de déranger les autres en faisant du bruit. C'est la même chose tous les jours. Après l'école, il met sa musique tellement fort! Et puis, on lui a dit mille fois d'éteindre la télé et les lumières, mais il ne le fait jamais!
4. Mon père continue à prendre des douches très longues, vingt minutes ou plus quelquefois! Je lui ai dit à quel point il gaspille l'eau, mais ça lui est égal, évidemment.
5. Ma sœur, Jeannine, c'est elle qui m'a appris à recycler l'aluminium et le papier. Et la semaine prochaine, nous allons planter des arbres avec notre groupe de scouts.

Answers to Activity 27

1. mauvaise	3. mauvaise	5. bonne
2. bonne	4. mauvaise	

29 Ecoutons!

1. Tu sais bien que tu as tort de fumer, Etienne!
2. Eh oui, je sais que c'est pas bien de gaspiller l'énergie, mais je suis pas le seul à le faire après tout, hein?
3. Tu ferais mieux de marcher de temps en temps. Ce n'est pas bien de prendre ta voiture pour aller partout.
4. Oui, bien sûr que tu n'es pas le seul, mais ce n'est pas une raison!
5. Je n'ai pas le temps de recycler. Et puis, je ne suis pas obligé. Je suis quand même libre...
6. Ce n'est pas parce que tout le monde gaspille l'eau que tu dois la gaspiller aussi.
7. Et encore une fois, j'ai trouvé toutes les lumières allumées, et personne dans la pièce! Tu sais bien que tu ne dois pas oublier d'éteindre les lumières, Florence.

Answers to Activity 29

1. reproche	4. reproche	7. reproche
2. excuse	5. excuse	
3. reproche	6. reproche	

Mise en pratique 1

— Maman, j'aimerais aller au Festival international du jazz. Mélanie m'a invitée à y aller avec elle. Tu veux bien que j'y aille?
— Tu penses passer la nuit à Montreux?
— Euh, oui.
— Tu as de l'argent pour ça?
— Mais, euh, non.
— Alors, je regrette, mais ce n'est pas possible.
— Bon. Et si je rentrais après le concert?
— Mais tu sais bien que tu n'as pas le droit de sortir après minuit, Sabine.
— Mais, Maman!
— N'insiste pas, Sabine, c'est non!
— Et si Mélanie peut me prêter de l'argent? Je peux y passer la nuit?
— Oui, si tu as fait tes devoirs. Et n'oublie pas que tu dois faire la vaisselle et la lessive avant de partir.
— D'accord, d'accord.
— Et je veux absolument que tu ranges ta chambre avant.
— Bon, bon.

Answers to **Mise en pratique** Activity 1

1. to the International Jazz Festival
2. Sabine doesn't have the money to spend the night in Montreux; she can go if Mélanie lends her the money.
3. She must do her homework, do the dishes, do the laundry, and pick up her room.

Additional Listening Activity 3-1, p. 23

1. **CYRILLE** Maman, Jean-François m'a invité ce soir. Il veut me montrer sa nouvelle stéréo. Ça ne te dérange pas si je sors Fifi quand je reviendrai? Je rentrerai vers onze heures, c'est promis!

   SA MERE Non, pas question, Cyrille. Fifi ne peut pas attendre jusqu'à onze heures, voyons!

2. **MELANIE** Je m'ennuie... J'aimerais bien aller faire un petit tour dehors. Il fait encore jour.

   SA MERE Ça alors, c'est marrant! Tu t'ennuies toujours après les repas, comme par hasard... Je regrette, ma fille, il faut faire la vaisselle avant de sortir! Allez, au boulot, Mélanie!

3. **CHRISTOPHE** Dis Papa, Richard vient de me téléphoner. Il a crevé et il a absolument besoin de moi pour changer son pneu. Est-ce que je peux aller l'aider?

   SON PERE Non, Christophe. Ce soir, ce n'est pas possible. Si je me souviens bien, il te reste quelque chose à faire dans le jardin, non? Je suis sûr que Richard peut très bien se débrouiller sans toi.

4. **LAURENCE** Papa, Isabelle et Sabine vont manger une pizza au centre commercial. Tu veux bien que j'y aille avec elles? S'il te plaît...

   SON PERE Sûrement pas, Laurence! Tu sais bien que tu dois garder ton frère ce soir! Tu peux sortir demain.

Additional Listening Activity 3-2, p. 23

1. **FILLE** Tu veux bien que je sorte avec les copines? Il y a un film super...
2. **GARÇON** Ça te dérange si je fais la vaisselle un autre jour? Il y a un match de foot à la télé!
3. **GARÇON** J'aimerais bien aller faire du camping avec Luc ce week-end...
4. **FILLE** J'ai vraiment mal à la tête... Je ne me sens pas bien... Est-ce que tu peux sortir le chien à ma place?
5. **GARÇON** Ça te dérange si je t'emprunte ta voiture?
6. **FILLE** Tu veux bien que je passe la soirée chez Lisa? Sa mère m'a invitée à dîner.

Additional Listening Activity 3-3, p. 24

1. **GARÇON** Mon problème, c'est que je mens assez souvent. Par exemple, si j'ai une mauvaise note, je le cache à mes parents.
2. **HOMME** Les responsabilités et les obligations, j'ai horreur de ça! Je préfère vivre sans contraintes. Les problèmes, c'est pour les autres!
3. **HOMME** Moi, je roule beaucoup trop vite. Un jour, je vais avoir un accident...
4. **FEMME** Je crois que je suis assez égoïste. J'aime emprunter mais je déteste prêter. J'adore recevoir mais je n'aime pas donner.
5. **FILLE** Je n'accepte pas les opinions des autres. De toute façon, ils ont toujours tort!
6. **FILLE** Mon père et ma mère? Je ne les écoute jamais! Je leur désobéis souvent et je suis rarement leurs conseils.
7. **GARÇON** Je ne suis pas sûr de moi... Je laisse les autres décider à ma place... Je manque de confiance...
8. **FILLE** J'ai des copains et des copines qui prennent de la drogue.

Additional Listening Activity 3-4, p. 24

1. Il est formellement interdit de stationner devant le bureau d'accueil. Ces places de parking sont réservées aux personnes handicapées.
2. Il est interdit de chasser dans le parc. Les chasseurs seront sévèrement punis.
3. Interdiction de pêcher dans la rivière! Monsieur Laloi, notre garde champêtre, n'hésitera pas à vous donner une amende s'il vous surprend en train d'attraper un poisson.
4. Défense de fumer dans les salles de bains et les W.-C. publics! Il faut respecter la santé des autres.
5. Prière de ne pas marcher sur les pelouses! Chaque année, notre jardinier doit remplacer les fleurs et les plantes que vous avez abîmées.

Additional Listening Activity 3-5, p. 25

1. ETIENNE   Tiens, salut, Jean-Pierre. Qu'est-ce que tu fais?
   JEAN-PIERRE   J'écris une lettre à ma copine.
   ETIENNE   Ne me dis pas que tu utilises du papier normal?
   JEAN-PIERRE   Ben si, pourquoi pas?
   ETIENNE   Tu ferais mieux d'utiliser du papier recyclé. C'est à cause de gens comme toi qu'il n'y a plus d'arbres en Amazonie!
2. JEAN-PIERRE   Bon, on devrait partir avant qu'il fasse noir.
   ETIENNE   D'accord. Allez, on ramasse toutes nos ordures et on y va.
   JEAN-PIERRE   On n'a pas le temps. Laisse tout là, tout le monde le fait.
   ETIENNE   Pas question! Pense aux autres un peu. La plage n'est pas qu'à toi!
3. ETIENNE   Bon, tu es prêt?
   JEAN-PIERRE   Oui, dans une minute. Il faut que je commence la lessive avant de partir.
   ETIENNE   Mais, il n'y a que deux jeans dans la machine.
   JEAN-PIERRE   Ouais. Et alors?
   ETIENNE   Tu as tort de la faire tourner pour ça seulement. Tu gaspilles l'eau.
4. ETIENNE   Jean-Pierre! Mais qu'est-ce que tu fais?
   JEAN-PIERRE   C'est jeudi. J'arrose le jardin.
   ETIENNE   Mais enfin, tu vois bien qu'il va pleuvoir! Ce n'est pas bien de gaspiller toute cette eau pour rien.
5. JEAN-PIERRE   Bon, je saute sur mon vélomoteur et je vais chercher le pain.
   ETIENNE   Quoi? Tu vas prendre ton vélomoteur pour aller au coin de la rue!
   JEAN-PIERRE   Je sais, je sais! Ça pollue l'air, les vélomoteurs. Mais je ne suis pas le seul à faire ça.
   ETIENNE   Peut-être, mais ce n'est pas une raison.
6. JEAN-PIERRE   Je suis en haut, dans le bureau.
   ETIENNE   Alors, pourquoi la télé marche dans le salon?
   JEAN-PIERRE   Oh, j'ai dû oublier de l'éteindre.
   ETIENNE   Mais, c'est pas possible, ça! Ça fait au moins cinquante fois que je te dis que tu ne devrais pas laisser la télé allumée quand tu ne la regardes pas.

Additional Listening Activity 3-6, p. 25

1. GARÇON   Tu devrais avoir honte! Ce n'est pas bien de jeter des ordures dans la mer!
2. FILLE   Ne te fâche pas, Maman! Je ne suis pas la seule à fumer! Toutes mes copines font la même chose...
3. FILLE   Tu as tort de ne pas recycler tes vieux journaux. Ça évite de couper des arbres pour faire du papier.
4. GARÇON   Moi, je fais marcher ma stéréo trop fort? Et alors! Tous mes copains font pareil!
5. FILLE   Je te préviens, tu ne dois surtout pas cueillir de fleurs dans ce parc. C'est interdit et si tu ignores le règlement, tu risques d'avoir à payer une amende.

Additional Listening Activity 3-1, p. 23

1. f
2. h
3. b
4. g

Additional Listening Activity 3-2, p. 23

1. f   4. b
2. a   5. c
3. d   6. e

Additional Listening Activity 3-3, p. 24

1. d   5. a
2. e   6. f
3. g   7. b
4. c   8. h

Additional Listening Activity 3-4, p. 24

1. d
2. b
3. e
4. c
5. a

Additional Listening Activity 3-5, p. 25

	Il fait des reproches.	Il rejette des excuses.
1.	X	
2.		X
3.	X	
4.	X	
5.		X
6.	X	

Answers will vary. Possible answers:

1. Mais je suis quand même libre, non? Je peux faire ce que je veux.
2. Tout le monde fait pareil!
3. Je ne suis pas le seul à le faire!

Additional Listening Activity 3-6, p. 25

1. b
2. a
3. a
4. a
5. b

Première étape
7 Ecoutons!

1. — Oui, elle était là.
   — Et qu'est-ce qu'elle portait?
   — Un pattes d'eph et un col roulé gris foncé. Elle aime bien la mode des années soixante-dix, tu sais.
2. — Oui, je lui ai parlé un peu.
   — Il va bien?
   — Oui, mais il a raté son examen d'anglais.
   — Oh, zut! Alors, il avait l'air de quoi?
   — Tu sais, il est toujours rigolo. Il portait un pantalon à pinces, une chemise à rayures, un gilet en laine et une cravate à pois. C'était trop drôle!
3. — Oui, elle est venue avec Ahmed.
   — Elle était en jean?
   — Non, elle avait sa jupe écossaise, un pull noir et ses bottes en cuir. Elle avait aussi un foulard imprimé. Ça faisait cloche, à mon avis.
4. — Si, je t'assure, elle est venue.
   — Alors là, vraiment, ça m'étonne. Je lui ai téléphoné mercredi, et elle m'a dit qu'elle s'était disputée avec Antoine, et qu'elle n'irait pas à la boum.
   — Ecoute, elle a dû changer d'avis parce que moi, je suis sûre que c'était elle. Elle portait son caleçon imprimé et le tee-shirt forme tunique que Corinne lui a offert pour son anniversaire.
5. — Tu sais, ça faisait longtemps que je ne l'avais pas vue, elle.
   — Tu trouves pas qu'elle a changé?
   — Si, beaucoup. Et puis, elle ne s'habille plus du tout comme avant.
   — Tu trouves? Qu'est-ce qu'elle portait? J'ai pas fait attention.
   — Elle avait une robe à col en V et des hauts talons.

Answers to Activity 7

1. Tatiana	3. Brigitte	5. Lian
2. Antoine	4. Nathalie	

10 Ecoutons!

1. — Comment tu trouves cette jupe?
   — Je la trouve pas mal. Surtout en bleu.
2. — Il te plaît, ce pantalon à pinces?
   — Non, pas du tout. Je préfère celui-là.
3. — Tu n'aimes pas cette cravate en soie?
   — Si, je l'aime bien. Elle est cool.
4. — Qu'est-ce que tu penses de ces hauts talons?
   — Je trouve qu'ils font vieux.
5. — Il est pas mal, ce gilet, non?
   — Ah, non. Il ne me plaît pas du tout.
6. — Regarde ces bottes. Qu'en penses-tu?
   — Je trouve qu'elles sont chic. J'aime bien ce genre de bottes.

Answers to Activity 10

1. aime	3. aime	5. n'aime pas
2. n'aime pas	4. n'aime pas	6. aime

16 Ecoutons!

1. — Eh, comment tu trouves cette robe?
   — Laquelle?
   — Celle de la fille là-bas.
   — Mais quelle fille?
   — Là, la fille avec les lunettes.
   — Je la trouve jolie.
2. — Tiens, tu n'aimes pas le pantalon du garçon, là-bas?
   — Quel garçon?
   — Le garçon qui porte un chapeau.
   — Ah! Oui, il est pas mal, son pantalon.
3. — Il ne te plaît pas, le gilet?
   — Lequel?
   — Celui du garçon là-bas?
   — Quel garçon?
   — Eh bien, celui qui a un imperméable!
   — Oui, je l'aime bien.
4. — Tu n'aimes pas les bottes de cette fille?
   — Quelle fille?
   — Là, celle qui a une jupe à carreaux.
   — Bof, elles sont pas mal.

Answers to Activity 16

1. Michèle	3. Valentin
2. Sylvain	4. Annette

17 Ecoutons!

1. — Comment tu le trouves?
   — Lequel?
   — Celui-là, à trente euros.
   — Il est pas mal. Mais je préfère celui-là.
   — Lequel?
   — Celui à trente-trois euros.

2. — Elle est chouette, non?
— Laquelle?
— Celle-ci, là, dans la vitrine.
— Oui, tu as raison, elle est jolie.
— Celle-là aussi est pas mal.
— Bof, je ne l'aime pas tellement.

3. — Ceux-ci, ils ne te plaisent pas?
— Non, pas vraiment. Ils font trop vieux, je trouve.
— Et ceux-là?
— Ah oui, je préfère ceux-là. Ils sont cool.

4. — Elles sont géniales, celles-ci, tu ne trouves pas?
— Lesquelles?
— Là, les noires.
— Oh non, je ne les aime pas du tout. Tu ne préfères pas celles-là?
— Celles-là? Elles sont horribles!

Answers to Activity 17

1. un caleçon	**3.** des hauts talons
2. une jupe écossaise	**4.** des bottes

Deuxième étape
26 Ecoutons!

1. Vous pourriez me couper les cheveux en brosse?
2. Pouvez-vous me couper les cheveux très court?
3. J'aimerais avoir les cheveux teints en bleu, s'il vous plaît.
4. Qu'est-ce que je vous fais?
5. Vous voulez une permanente?
6. Je voudrais un nouveau look, des cheveux raides peut-être.

Answers to Activity 26

1. le client	**3.** le client	**5.** le coiffeur
2. le client	**4.** le coiffeur	**6.** la cliente

31 Ecoutons!

1. — Elle est délirante, ta coupe à la Mohawk! Je te trouve très bien comme ça!
— Tu crois?
2. — Il ne fait pas trop vieux, ce gilet?
— Fais-moi confiance, il est très classe.
3. — Oh, je ne sais pas. Tu ne trouves pas que c'est un peu tape-à-l'œil?
— Crois-moi, c'est tout à fait toi!

4. — Elle est jolie, ta jupe. Elle va très bien avec tes yeux.
— Oh, c'est un vieux truc.
5. — Tu es sûr? C'est pas trop bizarre, cette couleur?
— Mais non! Et je ne dis pas ça pour te faire plaisir.
6. — Que tu es belle avec cette robe! Ça te va comme un gant!
— Oh, tu sais, je ne l'ai pas payée cher.
7. — Je ne sais pas si ça me va, cette coupe. Qu'en penses-tu?
— Je t'assure, elle est très réussie.
8. — Dis, qu'est-ce que tu penses de ce pull?
— Il est super.
— Vraiment?
— Oui, fais-moi confiance.

Answers to Activity 31

1. répond	**3.** rassure	**5.** rassure	**7.** rassure
2. rassure	**4.** répond	**6.** répond	**8.** rassure

Mise en pratique 1

1. Ce que je préfère, moi, c'est être la plus naturelle possible.
2. Mon look, c'est dans le style des années soixante-dix!
3. Je passe la plupart de mon temps à la campagne, donc je préfère porter des vêtements confortables.
4. J'aime mettre mes yeux en valeur. J'utilise une ombre à paupières violette.
5. Quand je ne travaille pas, je ne me maquille pas. Si je sors avec mes copains, je n'utilise pas beaucoup de maquillage.
6. Mes vêtements préférés, c'est les chaussures à plate-forme, les pattes d'eph et les mini-jupes. C'est hyper cool!

Answers to **Mise en pratique** Activity 1

1. Elodie	**3.** Elodie	**5.** Elodie
2. Stéphanie	**4.** Stéphanie	**6.** Stéphanie

Additional Listening Activity 4-1, p. 31

1.
NATHALIE	Regarde ce caleçon, il est super! Tu ne trouves pas?
SOPHIE	Non, moi, je n'aime pas trop. Par contre, j'aime bien ce col roulé. Pas toi?
NATHALIE	Il est pas mal. Il t'irait bien, c'est ton style! Tu veux l'essayer?
SOPHIE	Non, ce n'est pas vraiment la saison pour un col roulé. Pourtant, j'ai bien envie d'entrer pour essayer les hauts talons. J'espère qu'ils auront ma pointure!
NATHALIE	Allez, entrons! Et moi, je vais essayer la mini-jupe!

2.
JEAN-LUC	Qu'est-ce que tu penses de ce costume?
ANNE-MARIE	Moi, je préfère le pantalon à pinces, pas toi?
JEAN-LUC	Oui, moi aussi, mais c'est un costume qu'il me faut pour aller au mariage de Philippe.
ANNE-MARIE	Alors, il te faudra aussi une chemise. Tu aimes celle-là?
JEAN-LUC	Pas trop, mais ils doivent en avoir d'autres. De toute façon, des chemises, j'en ai.
ANNE-MARIE	Alors, on entre? Tu veux essayer le costume?
JEAN-LUC	D'accord. Et toi, tu vas essayer la robe!

Additional Listening Activity 4-2, p. 31

BABETTE	Comment tu trouves ces hauts talons?
SA SŒUR	Très classe.
BABETTE	Et ce col roulé rose bonbon?
SA SŒUR	Ça fait un peu tape-à-l'œil, je trouve.
BABETTE	Que penses-tu de ce caleçon?
SA SŒUR	Je le trouve génial!
BABETTE	Et cette jupe écossaise?
SA SŒUR	Hyper cool! Tu seras sensass avec ça!
BABETTE	J'emporte cette robe verte?
SA SŒUR	Ça fait un peu trop sobre, tu ne crois pas?
BABETTE	Et mes bottes en cuir?
SA SŒUR	Non, elles sont affreuses!

Additional Listening Activity 4-3, p. 32

1.
JOSETTE	Dis-moi, Fabrice, qui c'est, la fille là-bas?
FABRICE	Laquelle?
JOSETTE	Celle qui porte un pantalon pattes d'eph et un col roulé gris.

2.
JOSETTE	Et l'autre, c'est qui?
FABRICE	Laquelle?
JOSETTE	La fille avec la mini-jupe écossaise et le foulard rouge.

3.
JOSETTE	Et le garçon qui porte un gilet en laine, comment il s'appelle?
FABRICE	Quel garçon? Je le vois pas.
JOSETTE	Celui avec la chemise à rayures qui est en train de parler avec Brigitte et Tatiana.

4.
JOSETTE	Je crois que je connais ce garçon là-bas.
FABRICE	Lequel?
JOSETTE	Celui qui discute avec la fille qui porte un tailleur.

5.
JOSETTE	Et cette fille, c'est qui?
FABRICE	Quelle fille?
JOSETTE	Celle qui est en train de danser. Tu vois, là-bas, elle porte un caleçon imprimé et un long tee-shirt jaune.

6.
JOSETTE	J'ai l'impression que j'ai déjà vu ce garçon, au fond, là-bas.
FABRICE	Lequel?
JOSETTE	Celui avec le short gris et le polo jaune à manches courtes.

Additional Listening Activity 4-4, p. 32

1. **STYLISTE** Alors, on vous fait un shampooing, une coupe et une teinture, c'est ça?
   CLIENTE Non, non, je veux un shampooing, une coupe et une permanente. Je ne veux pas changer la couleur de mes cheveux!

2. **STYLISTE** Alors, vous êtes sûre? On coupe la queue de cheval et on vous teint les cheveux?
   CLIENTE Oui, je suis absolument certaine. Je veux avoir les cheveux noirs et très courts! Et j'aimerais aussi avoir une frange comme cette fille sur la photo.

3. **STYLISTE** Alors, on va vous faire un shampooing, une coupe en brosse et on vous rafraîchit aussi un peu la moustache?
   CLIENT Oui, c'est ça. Vous pouvez me couper un peu la moustache, mais ne touchez pas aux pattes! Je veux les garder exactement comme elles sont!

Additional Listening Activity 4-5, p. 33

M. MOUCHET Oh là là! Quelle journée! En quittant la maison pour aller au pressing, je me suis aperçu que la voiture manquait d'huile. Je suis donc tout de suite allé chez le garagiste. Je lui ai fait faire la vidange. Donc, j'ai dû attendre qu'il finisse.

MME MOUCHET Oui, mais...

M. MOUCHET Voyons, je n'avais vraiment pas le choix! Ce n'est donc qu'une heure plus tard que j'ai pu aller au pressing pour faire nettoyer mes vêtements. Et, encore, j'ai eu de la chance d'arriver à temps, ils allaient presque fermer!

MME MOUCHET Oui, mais tu m'avais promis...

M. MOUCHET Ecoute, laisse-moi t'expliquer, tu vas comprendre. En passant devant le coiffeur, je me suis souvenu que demain matin j'avais rendez-vous à la banque.

MME MOUCHET Oui, je me souviens, mais...

M. MOUCHET Eh bien, j'ai décidé de me faire couper les cheveux. C'est mieux comme ça, hein?

MME MOUCHET Oui, c'est pas mal. Mais... et la pelouse?

M. MOUCHET Eh bien, la pelouse... J'ai eu des imprévus, que veux-tu! Je suis rentré avec trois heures de retard, mais je ne pouvais pas faire autrement! Et quand je suis arrivé à la maison, j'ai vu que Magali était déjà en train de la tondre, la pelouse.

Additional Listening Activity 4-6, p. 33

1. **AGATHE** Tiens, salut, Félicie! Je ne t'avais pas reconnue. Dis-moi, tu t'es fait couper les cheveux?
   FELICIE Oui, j'en avais marre d'avoir les cheveux longs et raides. Alors, j'ai décidé de me les faire couper court et de me les faire friser.
   AGATHE Que tu es jolie comme ça!
   FELICIE Vraiment?
   AGATHE Oui, je t'assure. Ça te va très bien. Dis, c'est une nouvelle robe?
   FELICIE Oui, elle te plaît?
   AGATHE Oui! Elle te va comme un gant. Et puis, ce vert est vraiment assorti à tes yeux!
   FELICIE Elle ne fait pas un peu trop sérieux?
   AGATHE Pas du tout. Fais-moi confiance. Et j'adore tes hauts talons, ils sont très chic.
   FELICIE C'est gentil. Et qu'est-ce que tu penses de ce pendentif?
   AGATHE Il est hyper cool.

2. **EMILIE** Ouah! Elle est délirante, ta chemise, Claude! J'adore ces rayures de toutes les couleurs.
   CLAUDE Oh, tu sais, c'est un vieux truc.
   EMILIE Et ce pantalon à pinces te va vraiment bien.
   CLAUDE Tu trouves?
   EMILIE Ah, oui! C'est tout à fait toi. Et cette cravate, elle est en soie?
   CLAUDE Oui, mais tu sais, je ne l'ai pas payée cher.
   EMILIE Peut-être, mais elle est super quand même! Décidément, j'aime beaucoup tes cheveux comme ça, en brosse.
   CLAUDE Tu es bien gentille.

Additional Listening Activity 4-1, p. 31

1. j, k, e, l
2. a, h, g, d

Additional Listening Activity 4-2, p. 31

le vêtement	elle aime	elle n'aime pas
hauts talons	✓	
col roulé		✓
caleçon	✓	
jupe écossaise	✓	
robe verte		✓
bottes en cuir		✓

Additional Listening Activity 4-3, p. 32

1. C'est __Tatiana__.
2. C'est __Brigitte__.
3. C'est __Antoine__.
4. C'est __Ahmed__.
5. C'est __Nathalie__.
6. C'est __Etienne__.

Additional Listening Activity 4-4, p. 32

1. shampoo
   cut
   permanent
2. cut
   dye
   bangs
3. shampoo
   haircut
   mustache trim

Additional Listening Activity 4-5, p. 33

a. 2   b. 3   c. 4   d. 1

Il avait promis à sa femme de <u>tondre la pelouse.</u>

Additional Listening Activity 4-6, p. 33

1. Les cheveux de Félicie sont coupés <u>courts</u> et ils sont <u>frisés</u>.
   Elle porte <u>une robe, des hauts talons</u> et <u>un pendentif.</u>
2. Claude porte <u>une chemise à rayures, un pantalon à pinces</u> et <u>une cravate en soie.</u>
   Ses cheveux sont coupés <u>en brosse.</u>

Première étape
6 Ecoutons!
1. — Tu te souviens de nos années au lycée? C'était pas facile quand même à notre époque, hein?
— Ah, c'est sûr! Moi, j'ai passé mon bac deux fois avant de l'avoir. J'avais vingt ans quand je l'ai eu.
2. — Ah bon? Je ne m'en souviens pas. Remarque, j'étais sûrement déjà au service militaire, je l'ai fait juste après le bac.
3. — C'était quand même moins difficile de trouver du travail dans notre jeunesse. J'ai arrêté mes études après le lycée et j'ai trouvé un emploi tout de suite.
4. — Moi, j'ai fait le bon choix quand j'ai décidé de faire une école technique. Je n'ai jamais eu de problèmes pour trouver un emploi.
5. — Moi, si. Après l'université, je suis resté au chômage pendant deux mois.
6. — Ne te plains pas. Moi, ça a duré un an et demi. Tiens, c'est aussi à cette époque-là que je me suis marié.
7. — Et toi, à quel âge est-ce que tu t'es marié déjà? Vingt-trois ans?
— Mais, non. Moi, je me suis marié à vingt-sept ans. Dis-moi, c'était quoi déjà, ton premier travail?
8. — Souviens-toi, chauffeur. J'ai passé mon permis à vingt-deux ans et juste après, j'ai commencé à travailler pour l'entreprise de Khalid. Ça, c'est vraiment un bon souvenir pour moi.
9. — En tout cas, moi, mon meilleur souvenir, c'est la naissance de ma fille, j'avais vingt-neuf ans.

Answers to Activity 6
1. non   3. non   5. oui   7. oui   9. oui
2. oui   4. non   6. non   8. non

7 Ecoutons!
1. — Dis donc, Prosper, qu'est-ce que tu comptes faire après le lycée?
— Eh bien, travailler. Si je ne trouve pas de travail, je commencerai un apprentissage en août, à l'hôtel de mon oncle. Mais ce que je veux vraiment faire, c'est travailler comme chauffeur. J'adore conduire. J'ai passé mon permis en mai, tu sais.
2. — Félicitations pour ton bac, Prisca!
— Merci.
— Et qu'est-ce que tu penses faire maintenant?
— Je compte entrer à l'université en septembre.
— C'est bien, ça.
— Ouais, mais je dois quitter ma famille si je vais à Dakar. Je pense habiter avec mon oncle et ma tante, mais ils ont beaucoup d'enfants. S'ils sont bruyants, je ne pourrai pas étudier.
— Ben, qu'est-ce que tu peux faire, alors?
— Il est possible que je prenne un appartement avec une copine.
— Bonne idée!
3. — Tiens, Séka. On m'a dit que tu as réussi ton bac.
— Oui.

— Félicitations! Alors, qu'est-ce que tu comptes faire?
— J'ai l'intention de ne faire absolument rien cet été. C'était tellement dur, le bac, tu sais. Je vais me reposer cet été. Je pense partir en vacances en juillet et, en août, je compte rendre visite à mon frère à Thiès. Il se peut que je travaille un peu avec lui. Il a une épicerie.
4. — Alors, Angèle, ça s'est bien passé, ton bac?
— Oui, j'ai réussi.
— Formidable! Qu'est-ce que tu comptes faire maintenant?
— Ben, je vais me marier cet été.
— Vraiment?
— Oui, et peut-être que je travaillerai après.
— Qu'est-ce que tu veux faire?
— Oh, je ne sais pas. Il se peut que j'aie un enfant avant de travailler.
— Alors, bonne chance!

Answers to Activity 7
PROSPER	(b) trouver un travail, (h) faire un apprentissage, (k) travailler comme chauffeur
PRISCA	(c) entrer à l'université, (i) quitter sa famille, (d) prendre un appartement
SEKA	(g) se reposer, (j) partir en vacances, (e) rendre visite à son frère
ANGELE	(a) se marier, (b) trouver un travail, (f) avoir un enfant

Deuxième étape
18 Ecoutons!
1. — La voiture de Mme Bonfils? Je l'ai réparée. Quelle voiture est-ce que je répare maintenant?
— La voiture de M. Koré. C'est la bleue, là-bas, à côté de la Mercedes.
— Bon, d'accord.
2. — J'ai mal à la gorge, à la tête et au ventre. J'ai aussi de la fièvre.
— C'est la grippe, sans doute. Je vais prendre votre température. Ouvrez la bouche, s'il vous plaît.
3. — Que je suis heureuse que vous soyez arrivé! Vous voyez, il y a de l'eau partout!
— Ça vient d'où, madame?
— Du lavabo. C'est par ici, la salle de bains.
4. — Salut, Fabrice. Ça avance, le roman?
— Oh, pas trop bien. J'ai commencé à écrire, mais je me suis aperçu que j'avais encore des recherches à faire.
— Donc, tu ne finiras pas à la date prévue?
— Euh, probablement pas.
5. — Vous pourriez taper cette lettre, Bernard?
— Bien sûr, madame.
— Et après ça, n'oubliez pas de téléphoner à M. Raynaud pour arranger un rendez-vous.
— Oui, madame.
6. — Bonjour.
— Bonjour, Mlle Kanon.
— Vous avez des questions avant de commencer l'interro?
7. — On fait construire un nouveau bâtiment ici, alors?

— Oui, c'est moi qui fais les plans.
— Ah bon?
— Oui, il y aura quarante étages. Ce sera très moderne.

Answers to Activity 18

1. (g) mécanicien
2. (d) médecin
3. (a) plombier
4. (f) écrivain
5. (b) secrétaire
6. (e) institutrice ou professeur
7. (c) architecte

22 Ecoutons!

1. — Alors, Yasmine, tu sais ce que tu vas faire?
   — Bien sûr! J'ai l'intention d'entrer à l'université et d'étudier l'histoire.
2. — Eh, Mamadou, tu as des projets pour l'année prochaine?
   — Pas vraiment. Je ne sais pas encore ce que je vais faire.
3. — Dis, Fatou, qu'est-ce que tu veux faire plus tard?
   — Je n'en ai aucune idée. Je me demande si je vais continuer mes études.
4. — Omar, tu as des projets pour plus tard?
   — Oui, oui. J'ai plein de projets. Mais mon rêve, c'est de faire du théâtre.
5. — Dis donc, Fatima, tu sais ce que tu vas faire plus tard?
   — Euh, j'ai du mal à me décider. Il y a la boutique de ma famille, mais il y a aussi l'université. Je n'arrive pas à prendre une décision.
6. — Eh Habib, tu sais ce que tu vas faire après le lycée?
   — Ce qui me plairait, c'est de voyager un peu avant de commencer l'université. J'aimerais bien passer du temps en France chez mon oncle.
7. — Alors, Thérèse, qu'est-ce que tu vas faire plus tard?
   — Oh, je ne sais pas trop. Je voudrais trouver un travail, mais je ne sais pas quelle sorte de travail. Je n'en ai vraiment aucune idée.

Answers to Activity 22

1. sait
2. hésite
3. hésite
4. sait
5. hésite
6. sait
7. hésite

26 Ecoutons!

— Institut de promotion industrielle.
— Oui, bonjour, monsieur.
— Bonjour, mademoiselle.
— J'aimerais avoir des renseignements sur votre école.
— Oui, mademoiselle.
— Je voudrais savoir ce qu'il y a comme cours.
— Nous offrons des cours de gestion, informatique et techniques de commercialisation.
— Est-ce que les cours sont le jour ou le soir?
— Les deux.
— Et, euh, quand est-ce que les cours commencent?
— Vous pouvez commencer tous les trois mois.
— Il y a des conditions d'inscription?
— Oui, mademoiselle. Il faut que vous ayez au moins vingt et un ans, et que vous ayez votre bac.
— Bien. Pourriez-vous me dire quels sont les frais d'inscription?
— Ça dépend des cours que vous prenez. Ça pourrait faire de cinq cents euros à huit cents euros.
— Mmm... Est-ce que vous pourriez m'envoyer une brochure?
— Bien sûr. Quelle est votre adresse?

Answers to Activity 26

g, b, d, f, a, e, c

Mise en pratique 1

— Tiens, Karim! Ça va?
— Oui, ça va bien maintenant que c'est fini, le bac.
— Moi aussi. Quel cauchemar, hein?
— Ouais. Mais, je ne sais pas ce que je veux faire maintenant. J'ai du mal à me décider. Et toi, qu'est-ce que tu penses faire?
— Moi, je compte entrer à l'université en automne. J'habiterai avec la famille de mon oncle. Il se peut que je passe l'été chez eux aussi, pour travailler dans leur boutique. Mais ce que je veux faire, c'est voyager et me reposer un peu avant de commencer l'université.
— C'est bien, ça. Alors, tout est décidé pour toi.
— Et toi, tu n'as pas de projets, alors?
— Mon rêve, c'est de voyager, tu sais. Mais sans argent, ce n'est pas possible.
— Alors, il faudrait que tu travailles.
— Eh oui, mais qu'est-ce que je peux faire? Je n'en ai aucune idée. Je ne sais plus ce que je veux.
— Tu ne veux pas continuer tes études, alors?
— Jamais de la vie! C'est fini, les études!
— Mais si tu ne te prépares pas, tu ne trouveras jamais de travail.
— Ouais.
— Tu ferais bien de t'inscrire dans une école technique.
— Mais je me demande laquelle. Ce qui me plairait, c'est de rencontrer beaucoup de gens.
— Bon, tu veux rencontrer des gens et tu aimes voyager, n'est-ce pas?
— Oui.
— J'ai une idée, moi. Pourquoi pas travailler dans un hôtel? Tu n'as pas vu l'article dans le journal d'hier à propos de l'Ecole de Formation Hôtelière et Touristique?
— Ben, non.
— Tu devrais le lire. Ça semble très intéressant. Si j'étais toi, je demanderais des renseignements sur cette école.
— Tu me passes l'article?
— Bien sûr.

Answers to Mise en pratique Activity 1

1. vrai
2. vrai
3. faux
4. faux
5. faux
6. vrai
7. vrai
8. vrai

Mise en pratique 3

Bonjour, j'aimerais avoir des renseignements sur votre village-hôtel. Pourriez-vous me dire ce qu'on peut faire comme sports? Je voudrais également savoir si on peut pêcher. Pourriez-vous me dire si les bungalows sont climatisés? Est-ce que vous pourriez m'envoyer une brochure? Mon nom est Ousmane Loukour. Mon adresse est 6, avenue Georges Pompidou, à Dakar. Je vous remercie.

Answers to Mise en pratique Activity 3

M. Loukour wants to know what sports activities are available at the hotel, if there is fishing, if the bungalows are air-conditioned, and if the hotel could send him a brochure; Karim will send the second, more formal letter.

Additional Listening Activity 5-1, p. 39

1. Cette année-là, je n'étais pas fier! J'ai passé plus de six mois au chômage. La vie était dure.
2. Les cours à l'université étaient très intéressants. Il fallait prendre beaucoup de notes et étudier énormément.
3. J'ai fait mon service militaire en sortant du lycée. Un an plus tard, j'étais caporal!
4. Mon rêve s'était enfin réalisé! J'avais mon diplôme en main après quatre années!
5. Enfin, je l'avais! Avec mon permis de conduire en main, je me sentais vraiment très indépendant.
6. C'est alors que j'ai trouvé un poste comme prof de lycée. J'enseignais les mathématiques et j'aimais beaucoup ça. J'étais sévère comme prof; pourtant, les étudiants m'aimaient bien.
7. Je me suis marié à vingt-sept ans, et deux ans plus tard, notre premier enfant est né. C'était une petite fille!
8. J'ai réussi mon bac à l'âge de dix-huit ans! J'étais le seul de ma famille à terminer mes études au lycée. J'étais très fier de ce que j'avais accompli.

Additional Listening Activity 5-2, p. 39

1. FILLE Moi, les études universitaires, ce n'est pas mon truc. Ce que je voudrais surtout, c'est trouver un emploi où je peux travailler avec des enfants.
2. GARÇON Ecoute, j'ai bien réfléchi et c'est décidé. Tu ne peux pas me faire changer d'avis. Après le bac, je quitterai ma famille, je prendrai un appartement en ville et ensuite, je trouverai du travail.
3. FILLE Moi, après mon bac, je tiens absolument à continuer mes études. Le mois prochain, je vais m'inscrire à l'université.
4. GARÇON Moi, j'ai beaucoup travaillé pour passer mon bac. J'ai absolument besoin de repos! Cet été, je pars à la plage. En septembre, je reviendrai prêt à recommencer mes études universitaires.

Additional Listening Activity 5-3, p. 40

LE FRERE Alors, c'est décidé. Demain matin on visitera le Louvre et on y passera la journée. Tu verras des sculptures et des tableaux de tous les maîtres les plus célèbres : Delacroix, Léonard de Vinci...

SAFIETOU Oui, ça sera super! Il me tarde de voir la Joconde. Et après-demain, on ira voir l'Arc de triomphe?

LE FRERE Oui, d'accord. Et on peut visiter le musée à l'intérieur et monter en haut.

SAFIETOU Ouais, ce sera cool! Et après on pourra aller dans une vraie pâtisserie française! On achètera des tartelettes aux fraises, des millefeuilles, des croissants, des éclairs au chocolat...

LE FRERE Arrête! Je commence à avoir faim avec tout ça! Si tu veux, on peut y aller tout de suite.

SAFIETOU Non, je suis bien trop fatiguée par le voyage.

LE FRERE Alors, récapitulons : demain, le Louvre, après-demain, l'Arc de triomphe, après ça, la pâtisserie.

SAFIETOU Oui, mais attention! Tu oublies quelque chose de très important!

LE FRERE Quoi?

SAFIETOU Après la visite des sites importants, on fera des courses dans les petites boutiques du quartier! Je m'achèterai quelque chose de délirant! Une mini-jupe, une petite robe à fleurs, une...

LE FRERE Ah, toi et les vêtements! Je vois que tu n'as pas changé. Ecoute, les boutiques, tu les feras seule. Moi, je rentrerai me reposer!

1.	FATOU	Après le bac, j'ai décidé de devenir secrétaire d'une petite entreprise du quartier. Ce n'est peut-être pas passionnant comme métier, mais pour maintenant, je ne sais pas quoi faire d'autre.
2.	GARANG	Moi, je serai ouvrier comme mon père. Je ne suis pas fait pour les études. Et puis, il y a une grande usine dans la région qui cherche à engager plus de sept cents ouvriers.
3.	MARIEME	J'ai toujours aimé les maths et le métier d'ingénieur me fascine. Je suis sûre que je serai très heureuse si je choisis cette carrière.
4.	PRISCA	Moi, je vais devenir médecin comme mon grand-père. J'ai toujours été passionnée par la médecine. Et puis, je tiens à avoir une carrière où je peux aider les autres.
5.	YOUSSOU	Ma passion à moi, ça a toujours été de démonter et réparer les choses mécaniques. Donc, c'est évident que je serai mécanicien.
6.	MADIOR	Tu sais, j'ai décidé de devenir instituteur. Ça te surprend peut-être, mais en fait, il y a longtemps que j'y pense. J'aime bien être avec des jeunes.

Additional Listening Activity 5-5, p. 41

1.	GARÇON	Moi, je voudrais travailler avec mes mains. J'aime faire des réparations de toutes sortes. Tiens, hier j'ai trouvé pourquoi la voiture de mon père avait du mal à démarrer le matin.
2.	FILLE	Moi, j'adore tout ce qui a à voir avec le droit, le tribunal, les magistrats, la criminalité, les juges d'instruction. Je me suis toujours intéressée à la justice.
3.	GARÇON	Moi, j'ai toujours été très fort en mathématiques. J'adore passer mon temps à calculer et à faire des additions.
4.	FILLE	Moi, je ne sais pas quoi faire. J'ai toujours aimé l'écriture, mais je n'ai aucune envie d'écrire un roman ou de la poésie. Peux-tu penser à un métier où je pourrais écrire tous les jours sans me retrouver seule et isolée?
5.	GARÇON	Tu sais, moi, j'ai toujours adoré les avions. Depuis que je suis tout petit, je passe des heures à jouer avec des modèles réduits.

Additional Listening Activity 5-6, p. 41

LA FEMME	IPE Dakar, bonjour.
LEOPOLD	Bonjour, madame. Je vous téléphone pour vous demander quelques renseignements sur votre école.
LA FEMME	Je vous écoute.
LEOPOLD	Voilà, je voudrais savoir si vous avez des études qui mènent à des carrières dans l'électronique?
LA FEMME	Oui, monsieur.
LEOPOLD	Je m'intéresse surtout à une carrière de technicien d'électronique.
LA FEMME	Oui, nous avons une variété de cours.
LEOPOLD	Je voudrais aussi savoir si vous avez des cours du soir?
LA FEMME	Oui, monsieur, tous les soirs de dix-neuf heures à vingt-deux heures.
LEOPOLD	Il faut compter combien pour les frais d'inscription?
LA FEMME	Environ mille cinq cents euros par an.
LEOPOLD	Pourriez-vous me dire quelles sont les conditions d'inscription?
LA FEMME	Vous devez envoyer votre dossier avant le quinze mai. Ensuite, vous devrez passer un examen de maths et un de sciences. Vous aurez aussi une interview avec le directeur.
LEOPOLD	Vous serait-il possible de m'envoyer une brochure?
LA FEMME	Bien sûr. Donnez-moi vos coordonnées.
LEOPOLD	Alors, je m'appelle Léopold Samb et j'habite dix-huit, rue des Fleurs à Dakar.
LA FEMME	Très bien, c'est noté.
LEOPOLD	Merci beaucoup. Au revoir.
LA FEMME	Au revoir, monsieur.

Additional Listening Activity 5-1, p. 39

1. f	3. b	5. c	7. h
2. d	4. e	6. g	8. a

Additional Listening Activity 5-2, p. 39

1. b	2. c	3. a	4. c

Additional Listening Activity 5-3, p. 40

Answers may vary. Possible answers:
1. They'll see sculptures and paintings.
2. They'll visit the museum inside and climb to the top.
3. They'll buy pastries.
4. She'll buy something great. He'll go back home to rest.

Additional Listening Activity 5-4, p. 40

1. Fatou : secretary
2. Garang : factory worker
3. Marième : engineer
4. Prisca : doctor
5. Youssou : mechanic
6. Madior : teacher

Additional Listening Activity 5-5, p. 41

1. a
2. c
3. b
4. b
5. b

Additional Listening Activity 5-6, p. 41

1. Léopold veut devenir <u>technicien</u> d'électronique.
2. Les cours du soir sont de <u>19</u> heures à <u>22</u> heures.
3. Les frais d'inscription sont de <u>1.500</u> euros par an.
4. Léopold devra envoyer son dossier avant <u>le 15 mai</u>.
5. Il faudra qu'il passe un examen de <u>maths</u> et un de <u>sciences</u>.
6. Il aura une interview avec le <u>directeur</u>.
7. Léopold habite au <u>18</u>, rue des Fleurs à <u>Dakar</u>.

Première étape
7 Ecoutons!

1. — Ça t'intéresse d'aller à la piscine avec nous?
   — Impossible, je suis pris. J'ai un cours de piano.
2. — Dis, ça te plairait de faire du camping avec nous pendant les vacances?
   — J'aimerais bien, mais je vais chez mes grands-parents.
3. — Ça t'intéresse d'aller au cinéma ce soir?
   — Bonne idée, ce serait sympa.
4. — Tu ne voudrais pas aller te promener dans le parc cet après-midi?
   — C'est gentil, mais il faut que je rentre. Mes parents m'attendent.
5. — J'ai une idée. Ça te plairait de faire un pique-nique ce week-end?
   — J'aimerais bien, mais je n'ai pas le temps. Il faut que j'étudie mes maths.
6. — Ça vous intéresse d'aller voir Cheb Khaled en concert demain?
   — Moi, j'aimerais bien.
   — Moi aussi, ça me plairait beaucoup.

Answers to Activity 7
1. refuse	2. refuse	3. accepte
4. refuse	5. refuse	6. accepte

10 Ecoutons!

MALIKA Dis, Rachida, ça t'intéresse d'aller faire du shopping dans la médina cet après-midi?

RACHIDA Impossible, je suis prise. Je dois aller voir ma tante. Tu as des projets pour samedi?

MALIKA Non, je n'ai rien de prévu.

RACHIDA Alors, ça te plairait d'y aller samedi?

MALIKA Oui, ça me plairait bien. Comment on fait?

RACHIDA Si tu veux, on se téléphone demain.

MALIKA Oui... Ou alors, on pourrait se donner rendez-vous à la porte Boujeloud.

RACHIDA D'accord. A quelle heure est-ce qu'on se retrouve?

MALIKA On peut se retrouver après le déjeuner. Vers deux heures.

RACHIDA Ça marche.

MALIKA Alors, à samedi. Deux heures. Porte Boujeloud.

Answers to Activity 10
samedi vers deux heures; à la porte Boujeloud; du shopping

15 Ecoutons!

1. Oh, ça ne fait rien. C'était une vieille cassette. Je ne l'écoutais plus.
2. Ne t'inquiète pas. Il n'y a pas de mal. Tu n'oublieras pas la prochaine fois, j'en suis sûr.
3. Pardonnez-moi. Je ne savais pas qu'il fallait faire ça.
4. Ne t'en fais pas. Il n'y a pas de mal. J'avais l'intention de la faire nettoyer de toute façon.
5. Désolé d'avoir oublié notre rendez-vous. J'étais tellement occupé, ça m'est complètement sorti de la tête.
6. Je m'excuse d'être en retard. C'est la dernière fois. Je te le promets.
7. Oh, c'est pas grave! Mais n'oublie pas de me téléphoner la prochaine fois que tu rentres tard. Je m'inquiète, tu sais.
8. Je m'en veux de ne pas lui avoir écrit. Je vais lui envoyer une lettre tout de suite.

Answers to Activity 15
1. répond à une excuse
2. répond à une excuse
3. s'excuse
4. répond à une excuse
5. s'excuse
6. s'excuse
7. répond à une excuse
8. s'excuse

Deuxième étape

24 Ecoutons!

1. — Ça me fait plaisir de vous voir.
   — Moi aussi.
2. — Asseyez-vous, je vous en prie.
   — Merci bien.
3. — Qu'est-ce que je vous sers?
   — Je prendrais bien un verre de thé, s'il vous plaît.
4. — Donnez-moi votre manteau.
   — Merci. Vous êtes bien aimable.

Answers to Activity 24

1. c   2. b   3. d   4. a

28 Ecoutons!

ERIC	Salut, Ahmed! Ça va?
AHMED	Oui, ça va bien, allez, entre! Eric, je te présente mon père.
M. HABEK	Bonjour, Eric.
ERIC	Bonjour, monsieur.
AHMED	Et ma mère.
MME HABEK	Bonjour.
ERIC	Bonjour, madame. Je suis content de faire votre connaissance.
MME HABEK	Donnez-moi votre veste.
ERIC	Merci.
MME HABEK	Asseyez-vous, mettez-vous à l'aise.
ERIC	Merci, c'est gentil.
AHMED	Eric, viens. Je te présente mon arrière-grand-père. Grand-Papa, c'est Eric.
GRAND-PAPA	Bonjour.
ERIC	Bonjour, monsieur.
AHMED	Allons dans la cuisine. Je vais te présenter ma sœur. C'est l'aînée. Elle s'est mariée l'année dernière. Tu vas rencontrer son mari plus tard.
ERIC	Dis, ton arrière-grand-père, il va bien?
AHMED	Oui. Mais tu sais, il est souvent triste depuis que sa femme est morte. Voilà ma sœur Soumia.
SOUMIA	Bonjour, Eric.
ERIC	Bonjour.
SOUMIA	Qu'est-ce que je peux t'offrir?
ERIC	Je voudrais bien du thé, s'il te plaît.
SOUMIA	Bien sûr.
AHMED	Allal, mon cousin, va arriver dans une minute.
ERIC	Il est jeune?
AHMED	Pas tellement. Il a trente-cinq ans.
ERIC	Il est marié?
AHMED	Non, il est encore célibataire.
M. HABEK	Salut, Allal. Voilà le copain d'Ahmed, Eric. Eric, c'est mon neveu, Allal.
ERIC	Bonjour.
ALLAL	Bonjour.
AHMED	Ah, voilà mon petit frère, Aziz. C'est le benjamin. Viens ici, Aziz. Je te présente Eric.

Answer to Activity 28

a

32 Ecoutons!

1. — Pleurnicheuse!
   — Mais tu n'as pas le droit d'entrer dans ma chambre!
   — Tant pis pour toi!
   — Je vais le dire à Maman!
   — Rapporteuse!
2. — Tu pourrais baisser la musique? C'est tellement fort. J'essaie de faire mes devoirs, tu sais.
   — Tu es casse-pieds!
   — Si tu ne baisses pas, je vais te prendre ton CD.
   — Oh, tu me fais peur.
   — Et voilà.
   — Arrête! Ça suffit! Je baisse. D'accord?
3. — Et voilà, encore une fois j'ai gagné.
   — Tricheur!
   — Mauvaise joueuse! C'est pas de ma faute si tu es nulle.
   — Oh, ça va, hein?
   — Mais c'est toi qui as commencé.
   — Mais t'as triché.
   — Arrête! Y en a marre!
4. — Eh! Arrête de faire ce bruit! Tu le fais exprès?
   — Euh, non.
   — Ben, tu m'énerves, à la fin.

— Bon, désolé. J'arrête.

— Eh, tu peux arrêter d'agiter le pied comme ça?

— Oh, fiche-moi la paix!

5. — Bas les pattes! C'est mon bureau!

— Mais je cherchais juste un stylo.

— Va trouver ton stylo ailleurs. T'as pas le droit de fouiller dans mes affaires.

— Tu me prends la tête! Tu as peur que je lise ton journal? Tiens, justement! Voyons...

— Eh! Donne-moi ça! Mêle-toi de tes oignons!

Answers to Activity 32

1. Moktar   2. Moktar   3. Amina
4. Amina   5. Moktar

Mise en pratique 1

MARTIN   Alors, qu'est-ce qu'il y a à voir à Marrakech?

ALI   Oh, il y a plein de choses à voir et à faire. Il y a des musées, des palais, des souks. Et aussi les gens. Il faut rencontrer des Marocains, si tu veux connaître le Maroc.

MARTIN   Et la place Jemaa el Fna? On m'a dit que c'est intéressant. Qu'est-ce que tu en penses?

ALI   Oh, c'est dingue! Il y a des conteurs, des musiciens, des vendeurs d'eau...

MARTIN   Il y a des charmeurs de serpents?

ALI   Bien sûr. Ça t'intéresse d'en voir?

MARTIN   Oui.

ALI   Alors, on peut y aller demain matin, si tu veux.

MARTIN   D'accord. A quelle heure est-ce qu'on se donne rendez-vous?

ALI   Vers huit heures, ça va?

MARTIN   Oui. Et où est-ce qu'on se retrouve?

ALI   Place de Bâb Fteuh.

MARTIN   D'accord.

ALI   Tu ne voudrais pas déjeuner chez moi après ça?

MARTIN   Si, ce serait sympa.

ALI   Bon. Après, je t'emmène à la maison pour rencontrer ma famille. Comme ça, tu pourras goûter des plats marocains.

MARTIN   Oh, ce serait chouette!

ALI   Dis donc, ça te plairait de voir le palais de la Bahia?

MARTIN   J'aimerais bien, mais je n'aurai pas le temps. J'ai rendez-vous avec mes parents.

ALI   Bon. D'accord.

Answers to **Mise en pratique** Activity 1

1. b, d, e   2. b, e   3. vers huit heures
4. c

Additional Listening Activity 6-1, p. 47

1. — Ça te plairait d'aller à la piscine avec nous mercredi?
   — J'aimerais bien, mais je suis pris mercredi.
   — Alors, ça sera pour une autre fois! Tant pis.
2. — Tu ne voudrais pas aller faire de l'équitation samedi matin?
   — C'est gentil, mais j'ai un rendez-vous.
   — Dommage! Peut-être une autre fois alors.
   — D'accord!
3. — Ça te dit de prendre un thé chez nous cet après-midi?
   — Ah, j'aimerais bien mais... euh...
   — Souviens-toi, au Maroc, il ne faut jamais refuser un thé.
   — Alors, dans ce cas, excuse-moi. J'aimerais bien.
4. — Ça t'intéresse d'aller visiter le musée avec nous?
   — Quand ça?
   — Demain matin.
   — Ce serait sympa. Oui, je veux bien. Où est-ce qu'on se retrouve?
   — Eh bien, devant le musée à dix heures.
   — D'accord! Alors, à demain!
5. — Alors, on se retrouve dans la médina dans une heure.
   — Impossible, j'ai rendez-vous avec un ami.
   — Ecoute, euh... c'est dommage. Alors, on y va sans toi.
6. — Tu viens au ciné avec nous vendredi soir?
   — Ça me plairait beaucoup. Pour voir quoi?
   — Le nouveau film de Steven Spielberg. Tu n'en as pas entendu parler?
   — Si. Ce sera super. Alors, c'est à quelle heure?
   — Ça commence à dix-neuf heures. Alors, rendez-vous chez moi à dix-huit heures, O.K.?
   — O.K.

Additional Listening Activity 6-2, p. 47

FILLE 1	Tu as entendu la dernière au sujet de Laure et Vincent?
FILLE 2	Non, qu'est-ce qui s'est passé encore?
FILLE 1	Eh bien, tu sais qu'ils se sont réconciliés vendredi dernier.
FILLE 2	Vraiment? Non, je ne savais pas.
FILLE 1	Si, si. J'ai vu Laure samedi, et on en a parlé. Ils se sont vus par hasard au parc. Alors, ils ont commencé à parler. Laure n'était plus fâchée et tout allait très bien.
FILLE 2	Ah? Eh bien, tant mieux!
FILLE 1	Attends, je n'ai pas fini! Ils se sont donc téléphoné plusieurs fois dans la semaine et puis ils se sont donné rendez-vous pour sortir samedi soir.
FILLE 2	Ah bon? Alors tout continue d'aller bien?
FILLE 1	Eh bien non, samedi soir, ils se sont disputés!
FILLE 2	Comment ça? Raconte-moi!
FILLE 1	Eh bien, euh... Vincent est arrivé à leur rendez-vous avec quarante-cinq minutes de retard, comme d'habitude. Laure était furieuse! Il s'est excusé, mais cette fois, elle n'a pas voulu lui pardonner! Tu comprends, c'était la troisième fois qu'il arrivait en retard comme ça.
FILLE 2	Ce n'est pas vrai!
FILLE 1	Si, si. Alors, quand ils se sont quittés, ce n'était pas la joie! Maintenant, ils ne se parlent plus.
FILLE 2	C'est pas possible! Ces deux-là, alors!

Additional Listening Activity 6-3, p. 48

1. PHILIPPE   Eh, Jean-Marc!
    JEAN-MARC Ouais?... Ah! Salut, Philippe!
    PHILIPPE   Dis, excuse-moi d'avoir oublié de te téléphoner hier.
    JEAN-MARC Bof, ce n'est rien, il n'y a pas de mal!
2. NATHALIE   Magali!... Eh, Magali!
    MAGALI   Oui?
    NATHALIE   Je suis vraiment désolée d'avoir répété ton secret à ma sœur. Et puis... euh...
    MAGALI   Ecoute, Nathalie. Le problème, c'est que ce n'est pas la première fois que tu fais ça.
                Alors, excuse-moi, mais j'ai d'autres choses à faire!
3. BRIGITTE   Aline!
    ALINE   Oui? Ah, Brigitte. Mais, qu'est-ce qu'il y a? Pourquoi tu fais cette tête?
    BRIGITTE   Eh bien, euh... figure-toi que j'ai perdu ton livre. Je l'ai cherché partout et je n'arrive
                pas à le retrouver. Ecoute, je suis vraiment désolée!
    ALINE   Mais ne t'inquiète pas. Ce n'est pas grave. Tu le retrouveras bien un de ces jours et...
                sinon, eh bien, tant pis! C'est sans importance!
4. ALAIN   Annick!... Eh! Annick!
    ANNICK   Oui?
    ALAIN   Euh... Excuse-moi d'avoir encore oublié notre rendez-vous hier soir.
    ANNICK   Ecoute, Alain, c'est la deuxième fois en moins d'un mois. Je sais bien que tu as beau-
                coup de travail en ce moment. Mais tout de même, il y a des limites!
5. SEBASTIEN Eh, Marc!
    MARC   Ah, salut, Sébastien!
    SEBASTIEN Dis, excuse-moi de ne pas t'avoir rendu ton CD hier, comme je t'avais promis. Il est
                super! Je crois que je vais me l'acheter dès que j'aurai un peu d'argent.
    MARC   Ne t'inquiète pas. Ça ne fait rien. J'en ai d'autres! De toute façon, je n'ai pas besoin de
                celui-là pour le moment.

Additional Listening Activity 6-4, p. 48

1. HOMME   Alors, Robert, qu'est-ce que je peux vous offrir à boire?
2. FEMME   Voyons, Céline, mettez-vous à l'aise! Faites comme chez vous!
3. HOMME   Je prendrais bien un verre d'eau, s'il vous plaît.
4. FEMME   Je vous en prie. C'est tout à fait normal.
5. HOMME   Donne-moi ton manteau, Nathalie.
6. FEMME   Asseyez-vous, je vous en prie.

Additional Listening Activity 6-5, p. 49

1. HOMME   Donnez-moi votre manteau.
2. FEMME   Vous m'avez apporté des fleurs? C'est vraiment gentil de votre part.
3. HOMME   Asseyez-vous, je vous en prie.
4. FEMME   Alors, je vous sers quelque chose à boire?
5. FEMME   Ça me fait plaisir de vous voir!
6. HOMME   Qu'est-ce qu'on peut vous offrir à manger?
7. FEMME   Mettez-vous à l'aise.

Additional Listening Activity 6-6, p. 49

1. AMINA   Papa, Moktar m'a encore traitée d'imbécile!
2. MOKTAR Oui, mais c'est elle qui a commencé.
3. MOKTAR Tu n'es qu'une rapporteuse et, en plus, tu es une petite pleurnicheuse!
4. AMINA   Et toi, tu es vraiment casse-pieds, tu sais!
5. MOKTAR Mais tu me prends la tête, toi alors!
6. AMINA   Ecoute, fiche-moi la paix!

Additional Listening Activity 6-1, p. 47

	Activity	When	Accepted	Refused
1.	go to the swimming pool	Wednesday		✓
2.	go horseback riding	Saturday morning		✓
3.	have tea	this afternoon	✓	
4.	visit the museum	tomorrow morning	✓	
5.	go to the **médina**	in one hour		✓
6.	go to the movies	Friday evening (7:00)	✓	

Additional Listening Activity 6-2, p. 47

a. Pictures should be numbered in this order: 2,3,1

b. 1. They saw each other in the park and started talking. Laure wasn't angry anymore.
2. They called each other on the phone several times during the week and made plans to go out on Saturday night.
3. Laure was upset because Vincent was 45 minutes late.
4. Laure didn't accept his apology because it was the third time he had arrived late for a date.

Additional Listening Activity 6-3, p. 48

Wording may vary.
1. Forgot to phone him. (+)
2. Told something confidential (a secret) to her sister. (−)
3. Lost her book. (+)
4. Forgot to meet her as planned. (−)
5. Forgot to return CD as promised. (+)

Additional Listening Activity 6-4, p. 48

1. b	3. b	5. a
2. c	4. c	6. b

Additional Listening Activity 6-5, p. 49

1. a	4. a	7. a
2. a	5. b	
3. b	6. b	

Additional Listening Activity 6-6, p. 49

1. c	3. c	5. a
2. a	4. b	6. c

Première étape

7 Ecoutons!

1. Chut! Les gazelles viennent boire au point d'eau. Ne fais pas de bruit. Tu vas leur faire peur.
2. Attention! Tu vas tomber dans l'eau. On ne peut pas se baigner dans la rivière.
3. Il faut rester dans la voiture. Même si tu ne vois pas d'animaux, il se peut qu'il en arrive un très vite. Et il y a aussi des serpents qu'on ne voit pas dans la brousse.
4. Regarde les oiseaux! Et ces fleurs tropicales, elles sont vraiment belles, non? Comment elle s'appelle, celle-là?

Answers to Activity 7

1. savane
2. forêt tropicale
3. savane
4. forêt tropicale

9 Ecoutons!

1. Je suis sûr qu'il y a de beaux animaux là-bas.
2. Mais je ne suis pas certain qu'on puisse voir les forêts.
3. Je ne suis pas certain que la cuisine soit bonne.
4. Je ne pense pas qu'on puisse se promener dans la savane.
5. Mais je suis sûr qu'on verra des Pygmées.
6. Ça m'étonnerait qu'il y ait de bonnes routes.
7. Je ne suis pas sûr qu'on puisse boire l'eau.

Answers to Activity 9

1. certitude	5. certitude
2. doute	6. doute
3. doute	7. doute
4. doute	

11 Ecoutons!

Salut, c'est Mathieu. Bientôt le grand départ! J'espère que tu n'as rien oublié. Pense à prendre ton caméscope. Emporte aussi trois cassettes. A mon avis, on n'en trouvera pas facilement là-bas. Moi, je prends mon appareil-photo et des pellicules. Au fait, est-ce que tu as pensé à prendre un chapeau? Emporte aussi de la crème solaire. Il va faire très chaud là-bas. Et n'oublie surtout pas ta gourde et ta trousse de premiers soins avec des pansements et un désinfectant. Au fait, est-ce que tu as acheté des jumelles? Bon! A jeudi à l'aéroport. Salut!

Possible Answers to Activity 11

un caméscope, des cassettes, un chapeau, de la crème solaire, une gourde, une trousse de premiers soins, des pansements, un désinfectant, des jumelles

13 Ecoutons!

— Ça me plairait de faire un safari en République centrafricaine. Mais je voulais savoir... est-ce qu'il y a des préparatifs à faire avant de partir?
— Oui, un peu, mais ce n'est pas bien difficile. D'abord, il est très important que vous vous fassiez vacciner contre la fièvre jaune et le choléra. Ensuite, il faut que vous consultiez un médecin car il est essentiel que vous suiviez un traitement contre le paludisme.
— Est-ce qu'il est nécessaire que j'obtienne un visa?
— Euh, non, mais il faut que vous ayez un passeport, bien sûr.
— Bon, ben, qu'est-ce qu'il faut que j'emporte?
— Eh bien, des vêtements légers, en coton de préférence.
— Est-ce qu'il est nécessaire d'emporter un manteau?
— Euh non. Mais prenez un pull pour la nuit.
— Et quoi d'autre?
— Euh..., voyons, il faut que vous emportiez de la lotion anti-moustique et que vous preniez une trousse de premiers soins avec pansements, désinfectant et comprimés pour purifier l'eau.
— Eh bien! Je vais plutôt aller faire du camping dans le sud de la France!

Answers to Activity 13

se faire vacciner, consulter un médecin, prendre son passeport, emporter de la lotion anti-moustique, emporter une trousse de premiers soins

Deuxième étape

25 Ecoutons!

1. Oh dis donc! Regarde un peu! Qu'est-ce qu'elle est rapide, cette gazelle!
2. Oh là là! Il fait chaud et j'ai soif. Quand est-ce qu'on retourne à l'hôtel?
3. Est-ce qu'il y a des serpents? J'ai peur des serpents, tu sais.
4. Qu'est-ce qu'elle est drôle, cette autruche!
5. Ah non! Je n'en peux plus, moi! Ça fait trois heures qu'on les attend, les éléphants!
6. Ouah! C'est fou comme elle est grande, cette girafe!
7. Oh, tu as vu? Le lion est en train de tuer le gnou. Je ne peux pas regarder ça.
8. Tu as vu comme il court vite, ce guépard?

Answers to Activity 25

1. oui	4. oui	7. non
2. non	5. non	8. oui
3. non	6. oui	

28 Ecoutons!

a.

1. Je vous signale qu'il ne faut pas sortir de la voiture.
2. Faites gaffe! Il y a des scorpions. N'oubliez pas de regarder où vous marchez.
3. Calmez-vous! Les éléphants sont gros, mais ils ont peur de vous.
4. N'ayez pas peur. Les singes vont crier s'il y a un danger.
5. Attention aux rhinocéros! Ils sont méchants!
6. Méfiez-vous! Les hyènes ne sont pas grandes, mais elles sont vraiment méchantes!

b.

1. J'ai très peur des animaux sauvages. Ils sont imprévisibles!
2. Ouf! On a eu chaud! Tu as vu comme il était furieux, le rhinocéros?
3. Oh! Il fait tellement noir! J'ai la frousse! Tu entends ces bruits? C'est un animal, tu crois?
4. On a eu de la chance! Ça arrive souvent que les Jeeps® tombent en panne?
5. J'ai peur que ce soit un scorpion. On peut mourir d'une piqûre de scorpion, non?
6. Ouf! On l'a échappé belle! N'arrête pas la voiture la prochaine fois, d'accord?

Answers to Activity 28

a.		
1. avertit	4. rassure
2. avertit	5. avertit
3. rassure	6. avertit

b.		
1. peur	4. soulagement
2. soulagement	5. peur
3. peur	6. soulagement

Mise en pratique 3

1. Et voilà les chutes de Boali. Qu'est-ce qu'elles sont belles! On y a fait un pique-nique. Je n'avais jamais vu d'aussi grandes chutes d'eau. C'était merveilleux!
2. Et là, c'est notre premier jour dans la brousse. Vous voyez les lions qui dorment? On y est restés deux heures. Ils n'ont pas bougé d'un pouce. C'était mortel.
3. Là, c'est le jour où on est allés dans la forêt tropicale. On se promenait et tout d'un coup, juste devant nous, on a vu des Pygmées! Ouah! Imaginez un peu! On a même parlé avec eux. Qu'est-ce qu'ils étaient gentils!
4. Oh ça, c'était le deuxième jour dans la savane. Vous voyez, il n'y avait pas d'animaux! On a attendu pendant des heures. Il faisait chaud. C'était pas amusant!
5. Ça, c'est ma photo préférée de la forêt. Qu'est-ce qu'elle est belle, cette forêt! Il y avait des papillons partout! Ils étaient super grands! Je n'avais jamais vu de papillons aussi grands!
6. Et là, c'est l'endroit où nous avons dormi. C'était vraiment horrible! Il y avait des fourmis, des araignées et beaucoup de moustiques. J'avais oublié ma lotion anti-moustique! Et en plus, il y avait des babouins qui arrêtaient pas de s'approcher de notre tente!

Answers to **Mise en pratique** Activity 3

a, c, e

Additional Listening Activity 7-1, p. 55

1. ANGELE On pourrait sûrement voir de belles rivières et des chutes d'eau, tu ne crois pas?
2. ANTOINE On pourrait photographier de près des lions, des crocodiles et des serpents venimeux!
3. HUGUETTE Je parie qu'il y aura des quantités d'insectes et d'araignées!
4. CHARLES On verra sûrement des tas d'oiseaux et de papillons tropicaux.
5. MARYSE On pourrait goûter des tas de plats africains. Mmm! Miam, miam!

Additional Listening Activity 7-2, p. 55

JOSEPH Alors, tu crois que je devrais emporter mes jumelles?
LUCIE Ça, c'est sûr. Moi aussi, je vais emporter les miennes!
JOSEPH Et tu as acheté une trousse de premiers soins?
LUCIE Oui, oui. Nous avons des pansements, du désinfectant et la chose la plus importante... de la lotion anti-moustique!
JOSEPH Bien! Tu en as acheté combien?
LUCIE Quinze bouteilles! Tu crois qu'on en aura assez?
JOSEPH Oui, mais... il vaut mieux en emporter encore deux ou trois de plus, on ne sait jamais!
LUCIE Qu'est-ce qu'on devrait emporter d'autre?
JOSEPH Eh bien, il ne faut surtout pas oublier le caméscope, l'appareil-photo et aussi des quantités de pellicules!
LUCIE Ah oui, je crois qu'il vaut mieux qu'on aille en acheter encore quelques-unes, nous n'en avons pas assez.

Additional Listening Activity 7-3, p. 56

AURELIE Qu'est-ce que tu en penses, Arthur, je prends de la crème solaire ou pas?
ARTHUR Ecoute, à mon avis, c'est essentiel, tu ne crois pas?
AURELIE Et tu crois que je devrais emporter des jumelles?
ARTHUR Tu sais, je ne crois pas que ce soit vraiment nécessaire.
AURELIE Tu penses qu'il vaudrait mieux que j'emporte une trousse de premiers soins?
ARTHUR A mon avis, c'est plus sûr, tu ne crois pas?
AURELIE Et le caméscope?
ARTHUR Je crois qu'il vaut mieux. Tu verras sûrement des trucs super!
AURELIE J'emporte une torche?
ARTHUR Tu sais, ça serait peut-être très utile!
AURELIE Je crois que je vais prendre des pansements.
ARTHUR Ce n'est pas la peine. On pourra facilement en trouver là-bas.
AURELIE Et... tu penses qu'il faut emporter une gourde?
ARTHUR Je ne crois pas que ce soit essentiel, tu sais.

Additional Listening Activity 7-4, p. 56

KARINE	Qu'est-ce que vous avez vu pendant votre safari-photo?
JOSEPH	Tu sais, on a vu plein de trucs fantastiques!
LUCIE	Ouais, c'était vraiment incroyable! Le premier jour, on a vu des tas de girafes! Qu'est-ce qu'elles étaient belles!
KARINE	Vous avez vu des lions aussi?
JOSEPH	Oui, et ils étaient en train de manger un animal qu'ils avaient attrapé.
KARINE	Pauvre bête!
JOSEPH	Ecoute, c'est la loi de la nature, qu'est-ce que tu veux!
LUCIE	Tu n'as vraiment pas de cœur, Joseph!
KARINE	Et qu'est-ce que vous avez vu d'autre?
LUCIE	Il y avait un troupeau d'éléphants... qu'est-ce qu'ils étaient gros! Hein, Joseph?
JOSEPH	Oui, c'est vrai... Et on a vu un magnifique guépard aussi. Il paraît qu'ils sont de plus en plus rares! On a eu de la chance d'en voir un!
LUCIE	Oui, mais par contre, on a vu des quantités de singes. Tu sais, ils se cachent dans les arbres. Et ils font un bruit bizarre!
KARINE	Ah oui?

Additional Listening Activity 7-5, p. 57

1. **FEMME** Oh, là là! C'est fou comme il court vite, le guépard!
2. **HOMME** Tu as vu comme il est gros, l'hippopotame?
3. **GARÇON** Comme il a l'air méchant, le rhinocéros!
4. **FILLE** Tu as vu tout ce que le lion mange!
5. **FEMME** Qu'est-ce qu'elle est jolie, la girafe!
6. **GARÇON** Et le petit éléphant! Il est tellement amusant!
7. **FILLE** C'est fou comme il est drôle, le zèbre, avec toutes ces rayures!
8. **HOMME** Et le singe! Je n'ai jamais vu un animal qui fait autant de bruit!

Additional Listening Activity 7-6, p. 57

1. Je vous signale que les animaux peuvent charger.
2. Attention aux fourmis. Il y en a vraiment beaucoup ici.
3. Faites gaffe! Ça, c'est un serpent venimeux!
4. Ne bougez pas! Il y a un lion derrière vous!

Answers to Additional Listening Activities • Chapitre 7

Additional Listening Activity 7-1, p. 55

a.
1. see beautiful rivers and waterfalls
2. photograph lions, crocodiles, and poisonous snakes
3. see insects and spiders
4. see tropical birds and butterflies
5. try African dishes

b.
1. b
2. c
3. b
4. a
5. b

Additional Listening Activity 7-2, p. 55

These items should be circled:
binoculars
first-aid kit
bandages
disinfectant
mosquito repellent
camcorder
camera
film

Additional Listening Activity 7-3, p. 56

	prendre	ne pas prendre
de la crème solaire	X	
des jumelles		X
une trousse de premiers soins	X	
un caméscope	X	
une torche	X	
des pansements		X
une gourde		X

Additional Listening Activity 7-4, p. 56

The pictures should be numbered as follows:
cheetah, 4
giraffe, 1
monkey, 5
lion, 2
elephant, 3

1. The lions were eating an animal that they had caught.
2. Lucie was impressed by the size of the elephants.
3. Cheetahs are becoming more and more rare.
4. Lucie disliked the noise the monkeys made.

Additional Listening Activity 7-5, p. 57

1.	cheetah	fast
2.	hippopotamus	fat
3.	rhinoceros	mean
4.	lion	eating so much
5.	giraffe	pretty
6.	elephant	funny
7.	zebra	funny stripes
8.	monkey	making so much noise

Additional Listening Activity 7-6, p. 57

The pictures should be numbered in this order:
2, 4, 3, 1

1. b
2. a
3. b
4. a

Première étape
7 Ecoutons!

1. — Tu sais ce que je vais faire pendant les vacances? De la plongée avec Ahmed.
— Ah oui? Ça fait longtemps que je ne l'ai pas vu, Ahmed. Salue-le pour moi.
— D'accord!

2. — Je vais au cinéma avec des copains. Tu veux venir avec nous?
— Je voudrais bien, mais je ne peux pas. Je dois faire mes devoirs.
— Dommage. Peut-être la prochaine fois.
— Oui, j'espère.

3. — Tu as entendu? Malika s'est cassé la jambe.
— Comment c'est arrivé?
— Elle est tombée de vélo. Je vais la voir à l'hôpital. Tu veux venir avec moi?
— Je ne peux pas aujourd'hui. Mais embrasse-la pour moi et dis-lui que je pense à elle.
— D'accord. Compte sur moi.

4. — Alors, tu reviens en août?
— Oui, fin août.
— Bon. Je te téléphonerai. Allez, je parie que ça va être chouette, la Tunisie.
— Oui, sans doute.
— Tu nous manqueras. Allez, dépêche-toi. Tu vas rater l'avion.
— Bon, d'accord. Au revoir.
— Au revoir.

5. — Alors, bon voyage! Surtout, sois sage. Fais mes amitiés à ton oncle et à ta tante. Et dis-leur que je vais leur écrire.
— Tu peux compter sur moi.
— Allez, dépêche-toi, le train va partir!

Answers to Activity 7
1, 3, 5

12 Ecoutons!

1. AMIRA Tu vois comment il trait la vache?
   KARIM C'est cool. Je peux le faire, moi aussi? Tu m'apprends?
   AMIRA Oui, si tu veux, mais je t'assure, c'est pas si cool que ça.

2. KARIM Qu'est-ce qu'elle fait, la femme là-bas?
   AMIRA Oh, elle va donner à manger aux poules. Regarde comme elles sont agitées.

3. AMIRA Attention à la chèvre! Elle mange tout, tu sais. Tu ferais bien de mettre tes mains dans tes poches.

4. KARIM Il est où, ton frère?
   AMIRA Il garde les moutons. Ils sont en train de brouter.
   KARIM Est-ce que vous les tondez?

AMIRA Oui, c'est mon frère et mon père qui les tondent. On utilise leur laine pour faire des tapis.

5. AMIRA Tu vois? Ce sont nos champs de blé.
   KARIM Alors, quand est-ce qu'on récolte le blé?
   AMIRA Bientôt. Nos cousins vont nous aider.

6. KARIM C'est cool, l'artisanat tunisien.
   AMIRA Oui. Regarde cet homme là-bas. Tu vois ce qu'il fait?
   KARIM Oui, il fait de la poterie.
   AMIRA Oui, ici, on est très connus pour notre poterie.

7. KARIM Il est très beau, ce paysage, avec tous ces palmiers et ces dattiers.
   AMIRA Il y en a chez toi?
   KARIM Oh, pas vraiment.
   AMIRA Les dattiers, c'est très important chez nous. Si tu veux, tu peux faire la cueillette des dattes avec nous.
   KARIM Chouette!

Answers to Activity 12
1. f **2.** a **3.** d **4.** e **5.** g **6.** b **7.** c

14 Ecoutons!

1. — Mes parents veulent que j'habite à la ferme avec mon oncle cet été. Bah! Quel cauchemar! Je n'aime pas la campagne, moi.
— A ta place, je leur en parlerais. Il faut qu'ils sachent ce que tu veux.

2. — Moi, je n'ai aucune idée de ce que je voudrais faire. Et toi?
— Moi, si j'avais le choix, je partirais en Afrique. Il y a tellement de choses à faire et à voir là-bas!

3. — Je ne pourrai pas y aller si je ne trouve pas de travail, mais il n'y a rien en ce moment.
— Si j'étais toi, je demanderais au supermarché. J'ai un cousin qui y travaille. Il dit que c'est pas mal.

4. — Si c'était possible, j'habiterais chez mes cousins à la campagne.
— Mais pourquoi?
— Parce que c'est tellement tranquille. J'aimerais tellement vivre dans le calme!

5. — Dis, Saïd, où est-ce que tu habiterais si tu avais le choix?
— Oh, ça serait chouette si je pouvais habiter au bord de la mer.

6. — Cet été, j'ai le choix entre aller à la campagne chez mes grands-parents ou aller en ville, chez mon frère. Qu'est-ce que tu en penses?
— Si j'étais toi, j'irais à la campagne. Tu pourrais découvrir quelque chose de nouveau. Ça te changerait un peu.

7. — Si seulement je pouvais faire un voyage en Tunisie.
   — Ah, oui? Pourquoi?
   — Ben, tu sais que j'adore l'archéologie. J'aimerais visiter les ruines de Carthage. Ce serait super, non?
   — Oui... peut-être.

Answers to Activity 14

1. donne des conseils
2. aimerait faire
3. donne des conseils
4. aimerait faire
5. aimerait faire
6. donne des conseils
7. aimerait faire

Deuxième étape
25 Ecoutons!

1. Comment? Je ne t'entends pas. La rue est si bruyante à cette heure-ci. Il va falloir qu'on aille à l'intérieur pour parler.
2. N'oublie pas de donner à manger aux poules, Fatima.
3. Pardon, madame. Il y a un arrêt de bus près d'ici?
4. C'est vraiment agréable ici, n'est-ce pas? Les palmiers, les dattiers, les couchers de soleil, qu'est-ce que c'est tranquille!
5. Zut alors! On va être en retard! C'est toujours la même chose, ces embouteillages!
6. Eh! Dites donc!! Vous ne pouvez pas regarder où vous allez? Qu'est-ce qu'ils sont mal élevés, ces gens!
7. Oh, je suis crevé! Ce n'est pas facile de s'occuper des chameaux. Ils sont méchants, tu sais!
8. Voilà l'immeuble où j'habite. Qu'est-ce tu en penses? Il est vraiment moderne, non?

Answers to Activity 25

1. ville
2. campagne
3. ville
4. campagne
5. ville
6. ville
7. campagne
8. ville

27 Ecoutons!

1. Ah non! On va manquer le film! J'en ai ras le bol de ces embouteillages!
2. Tu as entendu, il y a un nouveau cinéma tout près d'ici. Cinq minutes à pied. Cool, non?
3. Oh, c'est l'horreur, cette pollution, tu sais. Je n'arrive plus à respirer.
4. Oh, dis donc, il est géant, ce magasin de vidéos. Je parie qu'ils ont absolument tout ce qu'on veut.
5. Tu sais ce qui m'est arrivé? Quelqu'un m'est rentré dedans et mes lunettes sont tombées. Je commence à en avoir marre de ces gens mal élevés!
6. C'est tellement animé, la ville. Comme c'est bien d'avoir beaucoup de choses à faire et à voir!
7. On va essayer le restaurant marocain, ce soir. On m'a dit que c'était très bon. Tu viens avec nous?
8. On construit un immeuble derrière chez nous. C'est insupportable, à la fin, tout ce bruit.

Answers to Activity 27

1. non
2. oui
3. non
4. oui
5. non
6. oui
7. oui
8. non

28 Ecoutons!

1. C'est l'horreur!
2. C'est insupportable, à la fin!
3. J'en ai ras le bol!
4. Je commence à en avoir marre!
5. Vous vous prenez pour qui?
6. Non mais, surtout, ne vous gênez pas!
7. Ça va pas, non?!
8. Ça commence à bien faire, hein?
9. Dites donc, ça vous gênerait de baisser votre musique?

Mise en pratique 3

LEILA Dis, Hoda, qu'est-ce que tu penses faire cet été?

HODA Ben, ça serait chouette si je pouvais aller à la mer, mais je ne pense pas que ce soit possible.

LEILA Pourquoi pas?

HODA Ma famille n'y va pas cette année.

LEILA Si j'étais toi, je demanderais à mes parents la permission d'y aller avec des copines.

HODA Mais ils ne seront pas d'accord. Ça, je le sais déjà.

LEILA Dommage. Qu'est-ce que tu pourrais faire d'autre?

HODA Ben, il y a mon oncle et ma tante qui m'ont invitée à passer l'été chez eux en Tunisie.

LEILA Cool!

HODA Si seulement je pouvais y aller, je me baladerais un peu dans le pays.

LEILA Ça serait vachement bien!

HODA Oui, mais, je n'ai pas l'argent pour le billet.

LEILA A ta place, je chercherais du travail. Avec un mois de salaire, tu pourrais te payer le voyage.

HODA Si c'était possible, je m'occuperais des enfants des Marzouk. Ils partent en vacances pendant le mois de juin.

LEILA Pourquoi tu ne le fais pas?

HODA Ils m'ont déjà demandé, mais j'ai refusé parce que je ne savais pas que j'aurais besoin de travailler.

LEILA Si j'étais toi, je leur téléphonerais tout de suite. Il se peut qu'ils n'aient pas encore trouvé quelqu'un.

HODA Oui, c'est peut-être une bonne idée.

Answers to **Mise en pratique** Activity 3

Souhaits: aller à la mer; passer l'été chez son oncle et sa tante en Tunisie; s'occuper des enfants des Marzouk

Conseils: demander à tes parents la permission d'y aller avec des copines; chercher un travail; téléphoner aux Marzouk.

Additional Listening Activity 8-1, p. 63

LALLA   Chère famille,

Je tiens à vous remercier pour le merveilleux séjour que j'ai passé chez vous. Maintenant que je suis de retour dans mon pays, je m'occupe de la cueillette des dattes et des figues dans notre village. Que la vie est différente ici! J'ai gardé de très bons souvenirs de mon voyage et du temps que nous avons passé ensemble. Je pense souvent à vous et je me demande quand nous nous reverrons. Dites bien des choses à vos voisins de ma part. Ils ont toujours été très gentils avec moi pendant mon séjour. Mes amitiés aussi à M. Johnson. Il a été très aimable avec moi. Et à vous tous, une grosse bise et un grand merci pour tout... et peut-être à bientôt!

Additional Listening Activity 8-2, p. 63

1.   KARINE   Si seulement je pouvais, j'habiterais à la campagne! J'aurais une grande ferme et plein d'animaux. Malheureusement, mon père n'est pas du tout d'accord. Il voudrait que je fasse des études pour devenir avocate. Moi, je ne sais pas trop quoi faire.

2.   OLIVIER   Qu'est-ce que j'aimerais partir en vacances cet été! J'ai un ami aux Etats-Unis qui m'a invité à aller passer trois mois dans son ranch au Texas! Le problème, c'est que ma mère n'est pas tout à fait d'accord. Elle est femme d'affaires, et elle veut à tout prix que je travaille dans son entreprise cet été.

3.   KARIMA   Moi, si j'avais le choix, j'irais à l'université pour étudier l'archéologie. C'est un truc qui m'a toujours intéressée. Mes parents, eux, ils aimeraient mieux que j'étudie l'informatique. Ils disent qu'il y a plus de débouchés.

4.   FARID   Si je pouvais, je ferais des études pour devenir architecte. Mes parents sont tout à fait d'accord. Ils disent qu'on devrait faire ce qu'on veut dans la vie.

5.   CELINE   Si c'était possible, j'irais passer une année en France. J'aimerais tellement voir ce pays. Ma mère est tout à fait d'accord pour que j'y aille. Elle aussi, elle a passé une année en France quand elle était jeune.

6.   ARNAUD   Moi, si j'avais le choix, je deviendrais mécanicien. Seulement, mon père n'est pas du tout d'accord. Il veut absolument que je fasse des études à l'université pour devenir ingénieur comme lui.

Additional Listening Activity 8-3, p. 64

Alors, Eric. Toi, tu vas commencer par donner à manger aux poules. Quand tu auras fini, tu iras traire les vaches. Je crois que ça t'occupera une grande partie de la matinée. Après ça, tu iras observer les artisans faire de la poterie et ce soir, tu me diras ce que tu en as pensé. D'accord?

Alors, tu as bien compris, Nathalie? D'abord, tu donnes à manger aux chameaux. Après, tu viendras avec nous pour faire la cueillette des dattes. Tu verras, c'est super, tu t'amuseras bien! Cet après-midi, tu iras voir comment on fait les tapis tunisiens. C'est tout un art et il faut des années pour apprendre!

Additional Listening Activity 8-4, p. 64

1. HOMME Regardez un peu! Mais que font tous ces gens? Qu'est-ce qu'ils attendent? Et qu'est-ce qu'ils regardent? Quelle foule!
2. FEMME Oh! Tout ce bruit, c'est l'horreur! Je ne peux plus supporter ça. Vivement qu'on retourne à la campagne! La vie y est bien plus calme!
3. HOMME Dites, vous avez remarqué? Il y a tellement de gratte-ciel dans ce quartier et ils sont tellement hauts qu'ils cachent toute la lumière du soleil!
4. FEMME Oh! Qu'est-ce qu'ils sont sales, ces trottoirs! Je ne comprends pas pourquoi les gens jettent leurs déchets comme ça!
5. HOMME Regardez un peu toute cette circulation! C'est insupportable! Pourquoi ne prennent-ils pas le métro ou l'autobus, ces gens! Les embouteillages sont vraiment effroyables ici!
6. FEMME Oh! Qu'est-ce qu'ils sont mal élevés, tous ces gens! On ne m'avait encore jamais parlé de cette façon! Ce n'est pas possible!

Additional Listening Activity 8-5, p. 65

1. HOMME C'est la troisième fois que je suis en retard cette semaine à cause de ces embouteillages!
2. FEMME Mais, qu'est-ce qu'il fait, ce type-là? Ah, mais, voilà qu'il prend la place! Et moi qui attendais cette place depuis dix minutes!
3. FEMME Je suis désolée, monsieur. Il est cinq heures et on ferme.
   HOMME Ce n'est pas possible! Je suis arrivé à trois heures pour mon rendez-vous! Ça fait deux heures que j'attends et maintenant, vous fermez!
4. FEMME Je n'arrive plus à respirer! Il y a trop de fumée! Et en plus, il est interdit de fumer ici!
5. HOMME Ça ne vous dérange pas si je passe devant vous?
   FEMME Ah, pas question! Faites la queue comme tout le monde.

Additional Listening Activity 8-6, p. 65

1. M. FOUAD Moi, il me semble que maintenant, on rencontre de plus en plus de gens mal élevés.
2. MME FOUAD Heureusement, avec tous les transports publics, il y a moins d'embouteillages maintenant.
3. M. FOUAD Oui, mais, avec tous ces autobus, il y a autant de bruit qu'avant.
4. MME FOUAD Ça, c'est vrai. Et les gratte-ciel! On commence à en voir de plus en plus. Et, à mon avis, ils sont vraiment laids!

Additional Listening Activity 8-1, p. 63

The sentences should be numbered in this order:
3, 1, 6, 7, 2, 4, 5

Additional Listening Activity 8-2, p. 63

1. Karine wants to <u>live in the country and have a big farm with lots of animals.</u>
   Her father **disagrees**.
2. Olivier wants to <u>spend the summer on a friend's ranch in Texas.</u>
   His mother **disagrees**.
3. Karima wants to <u>study archaeology.</u>
   Her parents **disagree**.
4. Farid wants to <u>become an architect.</u>
   His parents **agree**.
5. Céline wants to <u>spend a year in France.</u>
   Her mother **agrees**.
6. Arnaud wants to <u>be a mechanic.</u>
   His father **disagrees**.

Additional Listening Activity 8-3, p. 64

These photos should be marked **E**:
b, d, g
These photos should be marked **N**:
a, e, h

Additional Listening Activity 8-4, p. 64

The following should be circled:
crowds
noise
skyscrapers
dirty sidewalks
traffic jams
rude people

Additional Listening Activity 8-5, p. 65

1. b
2. b
3. a
4. b
5. a

Additional Listening Activity 8-6, p. 65

1. c   —
2. b   +
3. d   =
4. a   —

LISTENING ACTIVITIES • SCRIPTS & ANSWERS

Première étape
6 Ecoutons!

Ce soir sur TV Cinq: à dix-huit heures, vous pourrez voir *Le Canada en guerre,* qui comme son titre l'indique, vous fera découvrir le Canada pendant la Deuxième Guerre mondiale. Filmé de dix-neuf cent quarante et un à dix-neuf cent quarante-cinq par Yves Boisseau, ce programme en noir et blanc présente, entre autres, des interviews de nombreuses personnes qui ont vécu pendant la guerre. Puis à dix-neuf heures trente, vous retrouverez tous nos amis de *Zap* dans un nouvel épisode intitulé *Vive la rentrée.* Eh oui, pour ces jeunes gens aussi, c'est la rentrée des classes. A vingt heures, vous pourrez voir la deuxième partie d'*Emilie, la passion d'une vie.* Pour ceux d'entre vous qui n'ont pas pu voir la première partie, c'est l'histoire d'une jeune institutrice au début du siècle. Puis, à vingt et une heures, *Pour tout dire :* Anne-Marie Dussault présente un reportage sur l'écologie au Canada, le hit-parade des tubes de la semaine et des interviews avec quelques stars qu'on peut voir en ce moment au Festival des Films du monde. Enfin, à vingt et une heures trente, Annick Maurin présentera la dernière édition du journal télévisé.

Au programme de SRC, tout d'abord, les informations avec *Ce soir* à dix-huit heures. Puis, à dix-neuf heures, Pierre Morel reçoit deux nouveaux candidats qui s'affronteront dans notre émission *Des Chiffres et des lettres.* A dix-neuf heures trente, vous pourrez voir un classique d'après l'oeuvre d'Hergé. C'est *Tintin et le lac aux requins,* un programme qui ravira les grands comme les petits. Puis, à vingt heures, place à la musique et au cinéma avec *Ad lib.* Ce soir, l'animatrice Corinne Laroche reçoit notamment Roch Voisine, Céline Dion, le groupe Maracas et de nombreux autres invités. Enfin, à vingt et une heures, Patrice Norton vous fera découvrir le monde d'une des plus grandes stars, Joséphine Baker, dans *J'ai deux amours, La Vie de Joséphine Baker.*

Answers to Activity 6

1. un documentaire
2. une série
3. un magazine télévisé
4. les informations
5. un jeu télévisé
6. un dessin animé
7. une émission de variétés

10 Ecoutons!

1. — Tu te souviens de la pub pour le parfum où les femmes hurlaient et fermaient les fenêtres?
   — Oui. Elle était bizarre, cette pub.
   — Tu l'as dit!
2. — Les pubs pour les parfums, elles sont toujours trop dramatiques, tu trouves pas?
   — Non, pas du tout. Elles sont quelquefois assez impressionnantes.
3. — Moi, je déteste les pubs pour les lessives. Elles sont d'un stupide. Elles ne sont pas réalistes, et puis, ces lessives, elles sont toutes pareilles, de toute façon.
   — Tu as raison. Moi aussi, ça m'énerve.
4. — Tu regardes les pubs politiques? Elles sont tellement hypocrites, tu trouves pas?
   — A vrai dire, je m'en fiche.
5. — La pub pour la pizza où le grand chien blanc danse la conga, elle est marrante comme tout, non?
   — Tu rigoles? Elle est nulle!
6. — Elle est drôle, la pub où le réparateur attend parce qu'il n'y a pas de machines à laver à réparer, tu ne trouves pas?
   — Tu te fiches de moi? Elle est mortelle.
7. — Elle est sympa, la pub où il y a le petit lapin mécanique. Tu trouves pas?
   — Bof, je ne fais jamais attention aux pubs. Je m'en fiche.
8. — Moi, je trouve que les pubs pour les voitures sont vraiment sexistes!
   — Là, tu as raison! Je ne les aime pas du tout, moi non plus!
   — C'est scandaleux, comme elles exploitent les femmes.

Answers to Activity 10

1. d'accord 2. pas d'accord 3. d'accord
4. indifférente 5. pas d'accord 6. pas d'accord
7. indifférente 8. d'accord

16 Ecoutons!

1. — Il est où, le programme?
   — Chut! Tu ne vois pas que je regarde ce film?
2. — Oh, il est mortel, ce film. Tu as la télécommande? Ça t'embête si je change de chaîne?
   — Ça m'est égal. Je ne regarde pas.
3. — C'est pas vrai! Qu'est-ce qu'il a...
   — Ne parle pas si fort, s'il te plaît.
4. — Eh, Benoît, baisse le son! Ça me casse les oreilles, ton truc.
5. — On peut tout voir comme ça.
   — Ah non! Ça vous gênerait de vous asseoir? On ne voit rien!
6. — Oh! Je commence vraiment à en avoir marre!
7. — Ça vient juste de commencer. On n'en a pas manqué beaucoup. Euh, pardon, je m'excuse...

— Vous pourriez vous taire, s'il vous plaît? On aimerait bien entendre quelque chose!

8. — Eh, les enfants, vous pourriez faire un peu moins de bruit?

9. — Je suis désolé, Maxime. Je crois que j'ai cassé ton magnétoscope.
— Oh, c'est pas vrai! Tu ne pourrais pas faire attention?

10. — Tais-toi, Emilie. Le prof va t'entendre.

Answers to Activity 16

1, 3, 4, 7, 8, 10

Deuxième étape
27 Ecoutons!

1. — Qu'est-ce que tu as vu comme film?
— J'ai vu *Casablanca.*
— Ah oui? C'était comment?
— Ça m'a beaucoup plu. C'est super, c'est un classique avec Ingrid Bergman et Humphrey Bogart. Si tu veux voir un bon film, je te le recommande.

2. — Comment tu as trouvé *Danse avec les loups?* Il paraît que c'est pas mal.
— C'est très bien fait. Il y a de beaux paysages et l'histoire est intéressante. Kevin Costner joue très bien.
— Tu me le conseilles?
— Sans hésiter. C'est à ne pas manquer!

3. — Qu'est-ce que tu as vu au cinéma dernièrement?
— J'ai vu *Grosse Fatigue,* avec Michel Blanc et Carole Bouquet.
— Ça t'a plu?
— Ça ne m'a pas emballé. Carole Bouquet joue pas mal, mais je n'aime pas le jeu de Michel Blanc. Et puis, l'histoire n'a aucun intérêt.

4. — Au fait, c'était comment, *Maman, j'ai encore raté l'avion?*
— C'est moins bien que le premier, mais c'est pas mal. Macaulay Culkin joue bien et c'est drôle. Je ne me suis pas ennuyé une seconde. Va le voir, c'est génial.

5. — Tu sais ce que j'ai vu ce week-end? *La Reine Margot.*
— Alors? Comment tu as trouvé ça?
— Je me suis ennuyée à mourir.
— Ah oui? Pourtant, on m'a dit que c'était pas mal.
— Les acteurs sont mauvais. C'est vraiment nul! N'y va pas!

6. — Si tu veux voir un bon film, je te recommande *La Fille de d'Artagnan.*
— C'est vraiment bien?
— Ça m'a beaucoup plu. C'est assez spécial, mais c'est drôle. Et puis, il y a de l'action. Tu verras, si tu vas le voir. Il y a aussi de magnifiques décors.

Answers to Activity 27

1. oui 2. oui 3. non 4. oui 5. non 6. oui

30 Ecoutons!

FABRICE J'ai vu un bon film hier. Ça se passe à côté de Montréal.
ALINE De quoi ça parle?
FABRICE C'est l'histoire de Chomi, un jeune homme qui étudie le cinéma et qui joue au hockey. Il a une amie qui s'appelle Olive. Ils passent tout leur temps ensemble. Et puis, Chomi rencontre une fille qui s'appelle Coyote. Il tombe amoureux d'elle. Olive et Chomi ne se voient plus. C'est très bien fait. Et puis, il y a Mitsou qui joue le rôle de Coyote.
ALINE Mitsou, la chanteuse?
FABRICE Oui. Elle joue très bien dans ce film.
ALINE Et comment est-ce que ça se termine?
FABRICE Finalement, Olive accepte la relation entre Coyote et Chomi. Je te le recommande. Ça m'a beaucoup plu.

Answers to Activity 30

1. vrai 2. vrai 3. faux 4. faux 5. faux

Mise en pratique 1

DIDIER Oh, c'est vraiment nul, ces feuilletons, tu trouves pas?
SIMONE Tu l'as dit!
DIDIER Alors, il y a autre chose?
SIMONE Attends, je regarde dans le programme. Hmm..., voilà. Il y a un film.
DIDIER C'est quoi?
SIMONE Ça s'appelle *Vestiges du jour.*
DIDIER C'est une histoire d'amour? Bof, les histoires d'amour, ça ne me branche pas trop.
SIMONE On m'a dit que c'était très bien, en fait, que c'était à ne pas manquer.
DIDIER Il n'y a pas autre chose?
SIMONE Evidemment, toi, tu préfères les films d'horreur.
DIDIER Et alors?
SIMONE Tu sais bien que je déteste les films d'horreur. Ça a une mauvaise influence sur le public, ça encourage la violence, et puis, c'est révoltant.
DIDIER Oh, regarde! Il y a *Dracula* à neuf heures moins dix. Passe-moi la télécommande!
SIMONE Mais, écoute...
DIDIER Tais-toi. Ça a déjà commencé!

Answers to **Mise en pratique** Activity 1

e, b, c, d, f, a

Additional Listening Activity 9-1, p. 71

1. GARÇON 1   Alors, tu veux qu'on regarde ce documentaire ou quoi?
    GARÇON 2   Ça va pas? Tu te fiches de moi! Je ne suis pas venu pour regarder la télé, moi!
2.   FILLE   Dis, on regarde ce feuilleton? Ça a l'air pas mal, tu sais... Tu as envie de voir ça?
    GARÇON   Tu rigoles! Ça, c'est vraiment nul comme truc! Je l'ai déjà vu une fois et ça m'a largement suffi!
3.   GARÇON   Dis, tu veux venir chez moi ce soir? Il va y avoir des vidéoclips américains sur la deux.
    FILLE   A quelle heure?
    GARÇON   Entre neuf heures et dix heures et demie. Ça te plairait de regarder ça?
    FILLE   Ouais! Ecoute, je serai chez toi vers huit heures et demie.
4.   FILLE 1   Alors, tu es d'accord, on regarde ce jeu télévisé?
    FILLE 2   Tu sais, ça m'est vraiment égal.
5.   GARÇON   Tu veux qu'on regarde ce reportage sportif? Ça a l'air vachement intéressant, tu ne trouves pas?
    FILLE   Tout à fait! Moi aussi, j'adore les courses de voiture.
6.   FILLE   Tu veux voir cette émission de variétés avec moi?
    GARÇON   Tu sais, ça m'est égal.

Additional Listening Activity 9-2, p. 71

1. Chut! Tais-toi un peu!
2. Ne parle pas si fort! On n'entend rien!
3. Monte le son un peu!
4. Dis, tu pourrais baisser le son? C'est bien trop fort maintenant!
5. Tiens, la voilà, la télécommande!

Additional Listening Activity 9-3, p. 72

1. PIERRE   Dis, c'est un nouveau téléviseur? Qu'est-ce que l'écran est grand! Ça doit être super pour les films... Vous l'avez depuis longtemps? Quand est-ce que vous l'avez acheté?
2. SIMONE   Eh! Tu as vu la télécommande quelque part? Je l'ai cherchée partout et je n'arrive pas à la retrouver! Je ne comprends pas! Pourtant elle était là tout à l'heure!
3. TRAHN   Eh!... quand tu iras en ville cet aprèm, tu pourrais m'acheter un programme télé? Celui qu'on a là, c'est celui de la semaine dernière et j'aimerais voir ce qui passe à la télé ce soir.
4. ISABELLE   Dis, qu'est-ce qui se passe? Regarde un peu... L'image n'est plus claire tout d'un coup. Tu ne pourrais pas la régler un peu?
5. CHARLES   Tu as envie de louer une cassette vidéo pour ce soir? Il y a un nouveau film d'Isabelle Adjani qui vient de sortir en vidéo. Il paraît que c'est super comme film et il y a longtemps que j'ai envie de le voir.
6. YASMINE   Eh, regarde un peu... le magnétoscope n'a pas l'air de marcher. Je n'arrive pas à enregistrer le film. Tu peux m'aider?

Additional Listening Activity 9-4, p. 72

1. **GARÇON** Je vais louer un film pour ce week-end. Qu'est-ce que tu me conseilles?
   FILLE Tu sais, tu devrais louer *Rouge*.
   GARÇON C'est quoi comme genre de film?
   FILLE C'est un drame.
   GARÇON Un drame? Bof! J'ai plutôt envie de voir une comédie, moi.
   FILLE Ecoute, je te le recommande vraiment. Tu verras, je suis sûre que ça te plaira.
2. **FILLE 1** Eh, tu as vu la nouvelle comédie *Bête et encore plus bête?* Qu'est-ce que tu en penses?
   FILLE 2 Ecoute, j'ai vu ça ce week-end et j'ai trouvé que c'était complètement nul comme film. Ne va surtout pas le voir!
3. **FILLE** C'était comment, ce western?
   GARÇON Tu sais, je ne me suis pas ennuyé une seconde! Il y avait des cascades comme j'en avais encore jamais vu. Et puis, la mise en scène est vraiment extra.
   FILLE On dirait que tu as bien aimé!
   GARÇON Et comment! Ça m'a vraiment beaucoup plu. Je te le recommande. C'est à ne pas manquer!
4. **GARÇON 1** Tu as vu le film *En l'an 2250?*
   GARÇON 2 Non, c'est quoi comme film?
   GARÇON 1 Eh ben, c'est un film de science-fiction comme l'indique le titre. C'est l'histoire d'extraterrestres qui contrôlent la terre. Les effets spéciaux sont incroyables!
   GARÇON 2 Oui, mais ça me semble plutôt déprimant comme truc!
   GARÇON 1 Non, pas du tout. Va le voir! Tu verras, ça te plaira, j'en suis sûr.
5. **FILLE** Tu as vu *La Nuit des vampires?*
   GARÇON C'est quoi, un film d'horreur?
   FILLE Ouais. Moi, je n'ai pas tellement aimé. Ma sœur a trouvé que c'était pas mal.
   GARÇON Les films d'horreur, ça ne m'emballe pas tellement.
   FILLE Alors, n'y va pas, parce que des scènes qui font peur, il y en a plein!

Additional Listening Activity 9-5, p. 73

1. **FILLE** Tu sais, je suis allée voir *Montana.* La mise en scène est sensass et il y a des cascades comme je n'en avais jamais vu.
2. **GARÇON** Moi, j'ai vu *En l'an 2250.* J'ai surtout aimé les effets spéciaux et le dénouement final. J'ai trouvé ça passionnant comme film.
3. **FILLE** Tu sais, j'ai vu *La Grande Catherine* récemment. C'est un film historique, bien entendu. Malheureusement, l'histoire est très longue et il n'y a pas d'action.
4. **GARÇON** Tu as vu *La Nuit des vampires?* C'était extra! Les effets spéciaux sont incroyables et les acteurs qui jouent le rôle des vampires sont vraiment sensationnels.
5. **FILLE** Hier soir, je suis allée voir *Océan* avec mon copain. Ça ne m'a pas trop emballée. A mon avis, les acteurs ne sont pas convaincants.

Additional Listening Activity 9-6, p. 73

1. *Vienne 75-90* est un film d'espionnage. C'est l'histoire d'un jeune journaliste qui devient espion pour les Américains. Au début, tout a l'air de bien se passer, mais plus il connaît de secrets, plus ça devient dangereux pour lui. Les scènes d'action sont super. Je vous recommande *Vienne 75-90*.
2. *Mon petit Roméo, ma petite Juliette* est une comédie. Ça se passe dans le sud de la France et ça parle de deux jeunes qui décident de se marier malgré le fait que leurs deux familles se détestent depuis plus de cent ans! Le film est plein de situations très drôles. Bien sûr, ça va sans dire qu'à la fin, tout se termine bien! C'est vraiment très, très drôle comme film. Vous devriez aller voir *Mon petit Roméo, ma petite Juliette.*
3. *Miaou, le chat-robot* est un film assez bizarre. C'est l'histoire de trois jeunes qui construisent un petit robot qui ressemble à un chat. Une nuit, le chat-robot sort de la maison et se promène dans la ville. Petit à petit, il réussit à contrôler tous les chats de la ville. Même pour un film de science-fiction, cette histoire est peu croyable. N'allez pas le voir!

Additional Listening Activity 9-1, p. 71

Type of Program	Agrees	Disagrees	Indifferent
1. documentary		✓	
2. soap opera		✓	
3. music videos	✓		
4. game show			✓
5. sportscast	✓		
6. variety show			✓

Additional Listening Activity 9-2, p. 71

1. b   2. a   3. a   4. b   5. b

Additional Listening Activity 9-3, p. 72

Illustrations should be numbered in the following order:
3, 1, 4, 6, 5, 2

Additional Listening Activity 9-4, p. 72

Type of Movie	Recommended	Not Recommended
1. drama	✓	
2. comedy		✓
3. western	✓	
4. science fiction	✓	
5. horror		✓

Additional Listening Activity 9-5, p. 73

1. a   2. b   3. b   4. a   5. b

Additional Listening Activity 9-6, p. 73

1. **a.** It's a spy movie.
   b. It's about a young journalist who becomes a spy for the Americans.
   c. Yes, the movie is recommended.

2. **a.** It's a comedy.
   b. It takes place in the south of France.
   c. Yes, it has a happy ending.
   d. Yes, the movie is recommended.

3. **a.** It's a science-fiction movie.
   b. Three young people build a robot that looks like a cat.
   c. No, the movie is not recommended.

Scripts and Answers for Textbook
Listening Activities • Chapitre 10

Première étape
8 Ecoutons!

1. Eh bien, vous voyez, ça, c'est le requin qu'on a vu. J'avais vraiment peur, moi!
2. Voilà mon château de sable. Vous voyez, il est entouré de crabes!
3. Ça, c'est la pieuvre qu'on a vue. Mais elle est partie très vite parce qu'on lui a fait peur.
4. Ça, c'est un récif de corail. C'est vraiment quelque chose d'extraordinaire!
5. Ici, ce sont tout simplement des rochers. Vous voyez le nombre d'algues qu'il y a dessus?
6. Regardez comme elles sont mignonnes, les tortues!
7. Regardez le nombre de coquillages qu'on peut trouver sur la plage. Mais il faut faire attention, vous voyez, il y a aussi des méduses.
8. Et là, je cherchais des étoiles de mer et j'ai vu des hippocampes.

Answers to Activity 8
1. h   2. d   3. a   4. c   5. e   6. b   7. f
8. g

11 Ecoutons!

1. GARÇON   C'est pas pour me vanter, mais moi, j'ai escaladé un volcan.
   FILLE   Ah ouais? C'était dangereux?
   GARÇON   Oh, j'en ai vu d'autres.
   FILLE   Tu en as, du courage!
2. GARÇON   Oh, ça m'énerve, l'algèbre. C'est trop difficile.
   FILLE   Mais non, c'est fastoche!
   GARÇON   Vraiment, tu trouves pas ça difficile?
   FILLE   Non, pas du tout.
   GARÇON   Ouah! Tu es calée.
3. GARÇON   Alors, tu as gagné?
   FILLE   Bien sûr! Oh, tu sais bien que c'est moi qui nage le mieux. Les autres pouvaient aller se rhabiller.
   GARÇON   Oui, c'est vrai. Tu es vraiment la meilleure.
4. FILLE   C'est pas vrai! Tu n'as pas piloté l'avion toi-même!
   GARÇON   Mais si. C'était la première fois. Et, c'est pas pour me vanter, mais on m'a dit que je me suis très bien débrouillé.
   FILLE   Tu es vraiment le garçon le plus doué que je connaisse.
5. FILLE   Pas possible! Tu as gagné le concours?
   GARÇON   Ben oui. C'est moi le meilleur, tu sais bien.
   FILLE   Tu es fortiche quand même.
6. GARÇON   Tu es descendue jusqu'à quelle profondeur?
   FILLE   Jusqu'à vingt mètres.
   GARÇON   Tu n'as pas eu peur des requins?
   FILLE   Ben non. J'en ai vu d'autres, tu sais.
   GARÇON   Alors là, tu m'épates!

Answers to Activity 11
1. garçon   2. fille   3. fille   4. garçon
5. garçon   6. fille

17 Ecoutons!

1. ANGELE   Il est super sympa, non?
   BRIGITTE   Il essaie de t'impressionner, c'est tout.
   ANGELE   Moi, je crois qu'il est sincère.
   BRIGITTE   Réveille-toi un peu!
   ANGELE   Oh, ça va, hein?
2. BRIGITTE   Il y a un nouveau film que je voudrais voir. Ça te dit d'aller le voir avec moi?
   ANGELE   Quand ça?
   BRIGITTE   Samedi soir.
   ANGELE   Bon. Où est-ce qu'on se retrouve?
3. BRIGITTE   Oh! Attention! Tu vas tomber...
   ANGELE   Oh!!! Ah, zut alors! Je suis toute mouillée maintenant!
   BRIGITTE   Ben, t'en rates pas une, toi!
   ANGELE   Ecoute, ça peut arriver à tout le monde.
4. BRIGITTE   Tu as vu? Je suis arrivée la première. C'est moi, la meilleure!
   ANGELE   C'est ça, tu es la meilleure.
   BRIGITTE   Ben quoi, c'est vrai!
   ANGELE   Non mais, tu t'es pas regardée?
5. ANGELE   Brigitte, dépêche-toi!
   BRIGITTE   Mais on a largement le temps.
   ANGELE   Oui, mais moi, je veux arriver en avance. Comme ça, on pourra trouver de bonnes places.
   BRIGITTE   D'accord.
6. BRIGITTE   Ça t'a plu, ce film?
   ANGELE   Bof, ça ne m'a pas emballée. C'était un peu bizarre, à mon avis.
   BRIGITTE   Oui, je suis tout à fait de ton avis. Je n'ai pas très bien compris, et puis, c'était ennuyeux à mourir!

7. **BRIGITTE** Dis, Angèle! On va être en retard! Mais qu'est-ce que tu fabriquais?

ANGELE Euh, je voulais juste lui parler une minute.

BRIGITTE Et l'interro dans tout ça?

ANGELE Mais il était mignon.

BRIGITTE Non mais, t'es amoureuse ou quoi?

ANGELE Lâche-moi, tu veux?

8. **ANGELE** Dis donc, Brigitte, qu'est-ce que tu regardes?

BRIGITTE Rien.

ANGELE Hmm. C'est pas Vincent par hasard?

BRIGITTE Euh... peut-être. Il est mignon, non?

ANGELE Oui, mais il a vingt-deux ans.

BRIGITTE Oui, je sais, mais...

ANGELE Oh, arrête de délirer!

BRIGITTE Et toi, arrête de m'embêter!

Answers to Activity 17

1, 3, 4, 7, 8

Deuxième étape
26 Ecoutons!

1. — Oh là là. Ça a été une vraie catastrophe.
   — Qu'est-ce qui s'est passé?
   — Le jour où il a eu son permis, il a emmené des copains à la plage dans la voiture de son père. Et devine ce qui est arrivé.
   — Je ne sais pas, moi. Raconte!
   — Eh ben, il a embouti la voiture de son père en revenant.
   — Oh, quelle angoisse!

2. — Et elle? Qu'est-ce qu'elle devient? Toujours aussi sportive?
   — Ben, tu es pas au courant?
   — Non, au courant de quoi?
   — Elle a fait une mauvaise chute de cheval.
   — Ah bon? C'est grave?
   — Ben, elle s'est fait mal au dos et le médecin lui a dit de ne pas faire de sport pendant au moins deux mois.
   — Oh, c'est bête, ça!

3. — Alors, là, tu vas pas me croire.
   — Raconte.
   — Eh ben, l'autre jour, j'ai rencontré sa sœur et tu sais ce qu'elle m'a dit?
   — Non, quoi?
   — Il a rencontré une fille, il est tombé amoureux d'elle et il s'est fiancé avec elle.
   — Pas possible!

4. — C'est arrivé à la boum de Frédéric. Je ne sais pas exactement comment ça a commencé, mais ils se sont bagarrés.
   — Oh, ces deux-là, vraiment ils exagèrent! Toujours prêts à se faire remarquer.
   — Ouais. Et puis, c'était pas très sympa pour Frédéric. Le pauvre, ça a complètement cassé l'ambiance à sa fête.

5. — Elle est super contente. Figure-toi qu'à sa dernière visite chez l'orthodontiste, il lui a dit qu'elle n'avait plus besoin de ses bagues et il les lui a enlevées.
   — Génial! Remarque, ça faisait longtemps qu'elle les avait.
   — Oui, au moins deux ans.

Answers to Activity 26

1. Lucien 2. Mireille 3. Luc 4. Julien et Bruno 5. Thérèse

28 Ecoutons!

1. — Dis donc, Emilie, tu savais que M. Souchet allait déménager?
   — Ah oui? Qui t'a dit ça?
   — Michel. Il a entendu dire qu'il avait accepté un poste à Paris.
   — Alors, qui va être notre professeur de maths?
   — Aucune idée.

2. — Oh, Sylvie, je suis vraiment désolée de ne pas t'avoir téléphoné.
   — Tu sais, je me demandais où tu étais passée.
   — Ben, j'ai été privée de sortie et de téléphone. Je ne pouvais pas t'appeler.
   — Bon, il n'y a pas de mal.

3. — Dis, Julien, tu connais la dernière?
   — Non, quoi?
   — J'ai entendu dire que Lisette allait rompre avec son petit ami.
   — Oh là là!
   — Ce n'est pas tout. Figure-toi qu'elle a dit à Sophie qu'elle voulait sortir avec toi.
   — Qui t'a dit ça?
   — Leïla.

4. — Oh! J'en ai marre de ce cours!
   — Qu'est-ce qui est arrivé? Pourquoi?
   — J'ai raté un autre examen. Ma moyenne va être nulle.
   — Ne t'en fais pas trop, mais tu sais bien qu'il faut que tu passes plus de temps à étudier.
   — Oui, mais...
   — Tu devrais parler au prof. Peut-être qu'il te permettra de repasser l'examen.

5. — Dis, Than, je vais voir Céline Dion en concert vendredi soir. Ça t'intéresse d'y aller?
— Peut-être. Je dois demander la permission à mes parents. Je te téléphonerai
pour te dire si c'est d'accord ou pas.
— O.K.

6. — Regarde! Voilà Daniel. C'est génial ce qui
lui est arrivé!
— Euh, quoi?
— Je ne t'ai pas dit?
— Non. Raconte!
— Ben, l'équipe de l'université l'a accepté.
— Je n'en reviens pas.
— C'est pas tout.
— Quoi?
— Comme il va jouer pour l'université, il va
avoir une bourse.

7. — Tu connais la dernière?
— Non.
— Ben, Isabelle est allée au concert de
Patrick Bruel.
— Et alors?
— J'ai entendu dire qu'elle l'a rencontré.
— Ça m'étonnerait.
— Si! Et il paraît même qu'il veut sortir
avec elle.
— N'importe quoi!

Answers to Activity 28

1, 3, 6, 7

34 Ecoutons!

1. — Est-ce que tu connais l'histoire de
l'homme qui a acheté un poisson pour
l'anniversaire de sa femme?
— Non, raconte!

2. — Pour arriver de l'autre côté!
— Elle est nulle, ta blague!

3. — ...et alors il dit au policier qu'il n'en sait
rien.
— Et puis?

4. — Et le fils dit qu'il ne peut plus mettre sa
chaussure.
— Elle est bien bonne! Tu en as une autre?

5. — Quel est le point commun entre un
éléphant et une fourmi?
— Je ne sais pas. C'est quoi?

6. — ...et l'autre lui répond «J'en ai marre de
tes bêtises!»
— Et alors?

7. — Quelle est la différence entre un prof de
français et un prof d'espagnol?
— Euh, je ne sais pas. Dis-moi.

Answers to Activity 34

1. début   2. fin   3. milieu   4. fin   5. début
6. milieu   7. début

Mise en pratique 1

1. NATHALIE   Non mais, tu t'es pas regardé!
T'es même pas capable d'aller
le lui dire.
   NICOLAS   Ben, on va voir!

2. NATHALIE   Aïe!
   NICOLAS   Qu'est-ce qu'il y a?
   NATHALIE   Je me suis coincé le doigt dans
la porte.
   NICOLAS   T'en rates pas une, toi!
   NATHALIE   Ben, ça peut arriver à tout le
monde!

3. NATHALIE   Dis donc, Nicolas! Tu ouvres
les portes pour les jeunes
filles, toi, maintenant?
   NICOLAS   Oh, ça va.
   NATHALIE   T'es amoureux ou quoi?
   NICOLAS   Lâche-moi, tu veux?
   NATHALIE   Ben, pourquoi tu n'ouvres pas
la porte pour moi?

4. NATHALIE   Je parie qu'il va me demander
mon numéro de téléphone.
   NICOLAS   Oh! Arrête de délirer, Nathalie.
Tu as vu quel âge il a?
   NATHALIE   Et alors? Ça veut rien dire,
l'âge. Et puis, arrête de
m'embêter.

5. NICOLAS   Tu vois la fille là-bas?
   NATHALIE   Oui.
   NICOLAS   Je crois qu'elle m'aime bien.
Elle me regardait pendant que
je dansais.
   NATHALIE   Ben, tu t'es pas regardé? Elle
te regardait parce que tu étais
ridicule.
   NICOLAS   Je t'ai pas demandé ton avis.

Answers to **Mise en pratique** Activity 1

1. Nathalie   2. Nicolas   3. Nathalie
4. Nicolas   5. Nathalie

Scripts for Additional Listening Activities • Chapitre 10

Additional Listening Activity 10-1, p. 79

1. — Tu sais qu'Armelle est allée faire une randonnée dans la jungle?
   — Ah bon?
   — Oui, elle a même vu un serpent.
2. — Hier, j'ai fait du ski nautique pour la première fois.
   — Ah ouais? C'était comment?
   — C'était fastoche! Et, c'est pas pour me vanter, mais j'ai réussi à me lever du premier coup.
3. — Dis, c'est vrai que tu as gagné la compétition de surf?
   — Bien sûr! Et, tu sais, les autres n'avaient aucune chance. C'est moi la meilleure.
4. — On va faire une randonnée sur la Soufrière samedi. Ça te plairait de venir avec nous?
   — Oui, ce serait sympa. Comment est-ce qu'on fait?
5. — Tu as déjà fait de la plongée sous-marine?
   — Non. Et toi?
   — Oui, j'en fais tous les jours.
   — Tu as pas peur des requins?
   — Non, tu sais, j'ai l'habitude. Et puis, j'en ai vu d'autres.
6. — Tu savais que Sophie faisait du saut en parachute?
   — Oui, elle m'a même invitée à en faire avec elle. Ça doit être super, tu crois pas? J'aimerais bien essayer.

Additional Listening Activity 10-2, p. 79

JULIE   Eh bien, une des premières choses qu'on a vues, c'était un requin!
MARION   C'est pas vrai! Un requin?! Alors, tu as eu peur?
JULIE   Un peu, mais il n'était pas très gros et puis, on a fait attention, c'est tout.
MARION   Et, qu'est-ce que tu as vu d'autre? Raconte!? Tu as vu un espadon ou une pieuvre?
JULIE   Non, non... rien d'aussi gros que ça! Mais j'ai vu une tortue de mer! Et puis, il y avait beaucoup de corail aussi.
MARION   Tu as vu des crevettes?
JULIE   Non mais, j'ai vu des crabes et deux ou trois homards dans les rochers.
MARION   Et dis-moi, tu as vu des étoiles de mer?
JULIE   Non. Il paraît qu'elles sont assez rares par ici. Mais j'ai trouvé de très jolis coquillages.
MARION   Alors, ça a dû être merveilleux comme expérience.
JULIE   Oui, euh... J'ai oublié de te dire une petite chose...
MARION   Quoi?
JULIE   Eh bien, figure-toi que, juste avant de sortir de l'eau, je me suis fait piquer par une méduse.
MARION   Une méduse?! Et ça t'a fait mal?
JULIE   Oh que oui! Ça brûle et puis, ça dure un bon moment!

Additional Listening Activity 10-3, p. 80

SOLANGE   Alors, Julien, il paraît que tu aimes bien cette fille.
JULIEN   Ben, quoi?
SOLANGE   Tu n'arrêtes pas de la regarder. Tu es amoureux ou quoi?
JULIEN   Oh, lâche-moi, tu veux? C'est elle qui n'arrête pas de me regarder.
SOLANGE   Arrête de délirer un peu!
JULIEN   Et toi, arrête de m'embêter!
SOLANGE   Au fait, je t'ai pas dit?
JULIEN   Quoi?
SOLANGE   J'ai gagné la compétition hier. C'est pas pour me vanter, mais j'ai été super.
JULIEN   Alors là, tu m'épates! Et les autres nageurs, ils étaient bons?
SOLANGE   Oh, oui, bien sûr, mais j'en ai vu d'autres, tu sais.
JULIEN   Tu es vraiment la meilleure.
SOLANGE   Eh, il y a Léo là-bas. Si je nage devant lui, tu crois que ça va l'impressionner?
JULIEN   Non mais, tu t'es pas regardée?
SOLANGE   Qu'est-ce que tu en sais, toi? Ben, moi, je vais... Ah!!!
JULIEN   Ha, ha, ha! Tu en rates pas une, toi!
SOLANGE   Ben, ça peut arriver à tout le monde.
JULIEN   Regarde un peu plus où tu vas et peut-être que tu réussiras à impressionner Léo!

Holt French 3 Allez, viens! Chapter 10

Additional Listening Activity 10-4, p. 80

Chère Agnès,

Salut. Comment vas-tu? Ici, il s'est passé plein de choses depuis ma dernière lettre. Tout d'abord, devine un peu ce qui est arrivé à Marine. Figure-toi qu'elle a obtenu son diplôme et qu'elle entre à l'université de San Francisco à la fin du mois. Incroyable, non? Je crois qu'elle est très impatiente de partir. A part ça, j'ai entendu dire que Philippe allait commencer un apprentissage au restaurant de son oncle. Son frère, par contre, il n'a pas de chance, le pauvre. Il s'est cassé la jambe la semaine dernière et il ne peut plus partir en vacances. Tiens, en parlant de vacances, tu savais que Mathilde allait partir faire un safari-photo en Afrique? Sinon, tu connais la dernière? Jean et Caroline se marient la semaine prochaine. C'est dommage que tu puisses pas être là. Ah, j'oubliais! Yannick a passé son permis de conduire et le jour même, il a trouvé un travail comme chauffeur. Si tu avais vu comme il était content! Voilà les nouvelles. Et toi, quoi de neuf? Ecris-moi vite.

Monique

Additional Listening Activity 10-5, p. 81

— Dis, tu savais que Marie-Ange avait déménagé?
— C'est pas vrai! Quand ça?
— La semaine dernière, elle est partie au Canada! Et tu sais quoi d'autre?
— Non, raconte!
— Eh bien j'ai entendu dire que Thérèse s'était fait enlever ses bagues! Et je ne sais pas si je t'ai dit, mais j'ai vu Sabine hier, et elle a perdu énormément de poids!
— Ça, ça m'étonnerait!
— Si, si, je t'assure!
— Eh bien, je n'en reviens pas! Et toi, tu connais la dernière au sujet d'Ophélia?
— Non raconte!
— Eh bien, figure-toi qu'elle s'est fait percer les oreilles.
— Oh là là!

Additional Listening Activity 10-6, p. 81

1. — Alors, il lui donne rendez-vous et il lui demande où elle veut le retrouver.
   — Non, quoi?
   — J'en connais une bien bonne. C'est l'histoire d'un sucre qui veut sortir avec une cuillère.
   — Elle est nulle, ta blague!
   — Et tu sais ce que la cuillère lui répond?
   — Dans le café.

2. — Ben, l'étudiant lui répond que c'est pas la question qu'il ne connaît pas, c'est la réponse.
   — Euh... non. Raconte!
   — Alors, tu vois, c'est l'histoire d'un étudiant qui est en train de passer un examen de français.
   — Est-ce que tu connais l'histoire du garçon qui étudie le français?
   — Il a l'air embêté, alors le professeur lui demande si c'est parce qu'il ne connaît pas la question.
   — Ha! Ha! Elle est bien bonne, ta blague!
   — Et après?

Additional Listening Activity 10-1, p. 79

1.	_____	4.	_____
2.	✓	5.	✓
3.	✓	6.	_____

Additional Listening Activity 10-2, p. 79

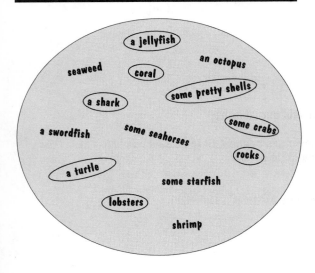

a jellyfish
an octopus
seaweed
coral
some pretty shells
a shark
some seahorses
some crabs
a swordfish
rocks
a turtle
some starfish
lobsters
shrimp

Additional Listening Activity 10-3, p. 80

1. b
2. c
3. c
4. a
5. c

Additional Listening Activity 10-4, p. 80

1. Marine got her diploma and is starting college in San Francisco at the end of the month.
2. Philippe is starting an apprenticeship with his uncle at a restaurant.
3. Phillipe's brother broke his leg last week and can't go on vacation.
4. Mathilde is going to Africa on a photo safari.
5. Jean and Caroline are getting married.
6. Yannick got his driver's license and found a job as a driver the same day.

Additional Listening Activity 10-5, p. 81

1. Sabine
2. Marie-Ange
3. Ophélia
4. Thérèse

Additional Listening Activity 10-6, p. 81

1. __2__ — Alors, il lui donne rendez-vous et il lui demande où elle veut le retrouver.
   __4__ — Non, quoi?
   __1__ — J'en connais une bien bonne. C'est l' histoire d'un sucre qui veut sortir avec une cuillère.
   __6__ — Elle est nulle, ta blague!
   __3__ — Et tu sais ce que la cuillère lui répond?
   __5__ — Dans le café.

2. __6__ — Ben, l'étudiant lui répond que c'est pas la question qu'il ne connaît pas, c'est la réponse.
   __2__ — Euh… non. Raconte!
   __3__ — Alors, tu vois, c'est l'histoire d'un étudiant qui est en train de passer un examen de français.
   __1__ — Est-ce que tu connais l'histoire du garçon qui étudie le français?
   __4__ — Il a l'air embêté, alors le professeur lui demande si c'est parce qu'il ne connaît pas la question.
   __7__ — Ha! Ha! Elle est bien bonne, ta blague!
   __5__ — Et après?

Première étape
6 Ecoutons!

1. — Tiens, Robert! Dis donc, tu n'as pas changé, toi!
   — Toi non plus! C'est dommage qu'on ne se voie pas plus souvent.
   — Oui, c'est vrai. Pourquoi tu ne me donnes pas ton numéro de télé- phone? On pourrait peut-être sortir un de ces soirs.
   — Bonne idée.
2. — Emilie? C'est bien toi? Je ne pensais pas que tu pourrais venir, tu habites si loin. Tu vis toujours à Denver, non?
   — Oui, mais je suis en vacances dans la région en ce moment.
3. — Carole? Non, elle n'est pas venue.
   — Pourquoi?
   — Ben, tu sais, avec son travail, elle est toujours à l'étranger. Je crois qu'elle est en Europe en ce moment d'ailleurs.
   — Ah oui, c'est vrai. Elle est bien journaliste.
4. — Je n'ai jamais revu Simon. Et toi?
   — Moi non plus. Tu sais, on n'était pas très amis tous les deux.
5. — Et qu'est-ce qu'il devient, le frère de Michelle?
   — Si je me souviens bien, il est dans l'armée. Je crois qu'il habite à Austin.
6. — Dis, Laure, tu as vu... zut, comment elle s'appelle, cette fille, déjà?
   — Quelle fille?
   — Tu sais bien, celle qui sortait avec David.
   — Ah! Tu veux dire Jeanne.
7. — Michel, quelle bonne surprise! Je ne m'attendais pas à te voir ici.
   — Je suis venu accompagner ma sœur. Tu sais à quel point elle est timide, elle ne voulait pas venir toute seule.
   — Ta sœur, elle s'appelle Marianne, c'est ça?
   — Oui.

Answers to Activity 6

2, 3, 5, 6, 7

9 Ecoutons!

a.	b.
1. [Jazz Music]	1. [A Piano]
2. [Rock Music]	2. [A Saxophone]
3. [Country Music]	3. [A Flute]
4. [Rap Music]	4. [A Bass Guitar]
5. [Cajun Music]	5. [Drums]
6. [Classical Music]	6. [A Violin]
7. [Blues Music]	7. [An Accordion]
8. [Dance Music]	8. [A Synthesizer]
	9. [A Trumpet]
	10. [A Drum Machine]

Answers to Activity 9

a. 1. le jazz   5. la musique cajun
   2. le rock   6. la musique classique
   3. le country   7. le blues
   4. le rap   8. la dance

b. 1. un piano   6. un violon
   2. un saxophone   7. un accordéon
   3. une flûte   8. un synthétiseur
   4. une basse   9. une trompette
   5. une batterie   10. une boîte à rythmes

13 Ecoutons!

ANNE   Qu'est-ce que tu penses de ce C.D. de Miles Davis?

SIMON   Je le trouve hyper cool, moi. Tu sais bien que j'adore le jazz.

ANNE   Moi aussi, j'adore. Et le blues, ça te branche?

SIMON   Oui, ça m'éclate.

ANNE   Quel artiste de blues est-ce que tu préfères?

SIMON   Ben moi, j'aime bien Patricia Kaas. Qu'est-ce que tu en penses, toi?

ANNE   Ben, moi, je préfère Billie Holiday.

SIMON   Tu as entendu parler des Pixies?

ANNE   Euh, c'est un groupe de rock, non?

SIMON   Oui, c'est ça.

ANNE   Ça te branche, le rock?

SIMON   Oui, beaucoup. Et toi, ça te plaît?

ANNE   Euh, pas tellement. Moi, je préfère la dance.

SIMON   Oh. C'est nul, ça.

ANNE   Mais non, pas du tout. Moi, j'aime bien ce genre de rythmes.

SIMON   Chacun ses goûts.

ANNE   Oui, c'est vrai. Il y a des gens qui adorent le rap, par exemple.

SIMON   Ben moi, j'aime beaucoup. C'est vachement branché.

ANNE   Hmm. Moi, je trouve que c'est pas mal, mais...

SIMON Je suppose que tu préfères le country?

ANNE Ben oui. C'est très bien, le country.

SIMON Tu délires ou quoi? C'est nul comme musique!

ANNE Mais non, tu as tort! C'est très chouette!

SIMON N'importe quoi!

Answers to Activity 13

Simon aime:	Anne est d'accord?
le jazz	oui
le blues	oui
le rock	non
le rap	oui, mais elle préfère le country

Deuxième étape
22 Ecoutons!

1. — Tu vois le tee-shirt là-bas?
   — Lequel?
   — Celui avec «J'aime La Nouvelle-Orléans» écrit dessus.
   — Oui.
   — Il est chouette, non?

2. — Hmm. C'est très bon. Comment est-ce qu'on appelle ça?
   — Ça, c'est du boudin. Tu aimes ça, vraiment?
   — Oui, c'est délicieux.

3. — Qu'est-ce que ça veut dire, Atchafalaya?
   — Oh, c'est le nom d'un marais très connu ici.

4. — Bon. Ben, à quelle heure est-ce qu'on se donne rendez-vous?
   — A huit heures? Ça te va?
   — Oui, ça me va.

5. — Tu ne sais pas où on vend des pâtisseries?
   — Si. Je connais une excellente pâtisserie qui s'appelle Poupart.

6. — Qu'est-ce que c'est, ça, là-bas?
   — Oh, ça, c'est le musée du jazz. Tu veux le visiter?
   — Oui, bonne idée!

7. — Comment est-ce qu'on fait les bananes Foster?
   — On fait sauter les bananes dans du beurre et puis on les flambe.

8. — D'où vient le nom «Louisiane»?
   — Ça vient du roi Louis XIV. C'était le roi de France au moment où les Français sont arrivés ici.

9. — Où est-ce que tu as dormi?
   — Dans un bed & breakfast installé sur une ancienne plantation.
   — C'était cher?
   — Oui, assez cher.

Answers to Activity 22

2, 3, 6, 7, 8

25 Ecoutons!

1. SIMON Qu'est-ce que tu vas prendre, toi?
   ANNE Oh, je ne sais pas. J'hésite. Et toi?
   SIMON Ben, moi, je vais essayer les crevettes frites. C'est mon plat préféré et on m'a dit qu'elles sont excellentes ici.

2. SIMON Dis, c'est bien un sandwich, ça?
   ANNE Oui.
   SIMON Ben, qu'est-ce qu'il y a dedans?
   ANNE Il peut y avoir des écrevisses, des huîtres ou de la viande. Là, tu vois? Celui-là est aux huîtres.
   SIMON Ça a l'air bon.
   ANNE Oui, tu devrais en goûter un.

3. SIMON Qu'est-ce que c'est, les huîtres Rockefeller, déjà?
   ANNE C'est un hors-d'œuvre aux huîtres et aux épinards.
   SIMON Tu as bien dit que c'était assez salé, non?
   ANNE Ah, non. Pas du tout. C'est pas très salé.

4. SIMON Comment est-ce qu'on fait le gombo?
   ANNE Tu veux en faire chez toi?
   SIMON Oui, j'adore.
   ANNE Bon. C'est pas trop compliqué. Il faut des okras, du riz, des crevettes, du crabe et quelques épices. Je te donnerai la recette, si tu veux.

5. SIMON C'est bien un dessert, ça?
   ANNE Oui.
   SIMON Qu'est-ce qu'il y a dedans?
   ANNE Il y a du pain, du lait, de la crème et des raisins secs.
   SIMON Je vais en prendre.

6. SIMON Comment on appelle ça, déjà?
   ANNE Quoi?
   SIMON Ce plat-là, avec du riz.
   ANNE Lequel? Celui avec du poulet, du porc et des saucisses?
   SIMON Oui, celui-là.
   ANNE On appelle ça du «jambalaya».

Answers to Activity 25

1. f 2. e 3. a 4. b 5. c 6. d

LISTENING ACTIVITIES • SCRIPTS & ANSWERS

29 Ecoutons!

1. **ELISE** Je suis contente d'être venue faire un tour dans ce marché.
   PAUL Tu vois, je t'avais bien dit que ça te plairait.
   ELISE Oui. Ce qui est vraiment intéressant, c'est de voir toutes ces épices qu'on n'a pas en France.

2. **PAUL** Dis, Elise, tu voudrais faire un pique-nique demain?
   ELISE Bien sûr. Où ça?
   PAUL Au parc Audubon. Voyons, qu'est-ce que tu voudrais manger?
   ELISE Pourquoi pas des po-boys?
   PAUL Bonne idée.

3. **ELISE** Ce que j'adore ici, c'est l'ambiance. Les gens sont vraiment très accueillants et ils adorent faire la fête.
   PAUL Tu vois, je t'avais bien dit que la Louisiane était l'endroit idéal pour passer tes vacances.

4. **ELISE** Tiens! Regarde un peu. Elle a l'air d'être vraiment vieille, cette maison-là.
   PAUL Mais, bien sûr! C'est une maison ante-bellum. Tu veux en faire la visite?
   ELISE Oui, pourquoi pas?

5. **PAUL** Allez, dépêche-toi! On risque d'être en retard et de rater le début du concert.
   ELISE Mais on a largement le temps.
   PAUL Non. Il est déjà huit heures.
   ELISE Oh, c'est pas vrai! Zut alors!

6. **ELISE** Qu'est-ce que c'est, ces bonbons-là?
   PAUL Ce sont des pralines. Tu veux goûter? C'est très bon. Tiens.
   ELISE Mmm, j'adore.
   PAUL Oui. Moi aussi.

7. **ELISE** Comment est-ce qu'il s'appelle, ce musée, déjà?
   PAUL Le musée Conti.
   ELISE C'est la première fois que je visite un musée de cire.
   PAUL Qu'est-ce que tu en dis?
   ELISE Ben, les visages sont vraiment bien faits. On dirait que les personnages sont vivants!

Answers to Activity 29

1, 3, 4, 7

Mise en pratique 2

NADINE Dis donc, tu ne voudrais pas aller au Village Acadien?
MATHIEU Ben, je ne sais pas. Qu'est-ce que c'est?
NADINE C'est un musée en plein air où on peut voir comment vivaient les premiers Cajuns.
MATHIEU Bof, ça ne me branche pas tellement.
NADINE Regarde la brochure. Ce qui est intéressant, c'est les costumes. C'est impressionnant.
MATHIEU Je m'en fiche, moi. Le passé, ça m'ennuie.
NADINE Je suppose que tu préfères faire le tour des marais, pour voir des alligators?
MATHIEU Et pourquoi pas?
NADINE Ça, ça ne me plaît pas du tout. Ça n'a aucun intérêt.
MATHIEU Tu rigoles? Ce serait dingue!
NADINE Il y a aussi le chêne d'Evangéline.
MATHIEU C'est bien l'arbre mentionné dans le poème de Longfellow?
NADINE Ouais.
MATHIEU Alors, si on y va aujourd'hui, on va dans les marais demain, d'accord?
NADINE Bon, d'accord.
MATHIEU Alors, comment tu trouves ça?
NADINE C'est délicieux.
MATHIEU Comment est-ce qu'on appelle ça, déjà?
NADINE Du gombo.
MATHIEU Qu'est-ce qu'il y a dedans?
NADINE Il y a des okras, du riz, des crevettes et du crabe.
MATHIEU C'est épicé?
NADINE Oui, assez.
MATHIEU J'ai l'impression que la cuisine cajun est très épicée. Bon, ben, je peux goûter?
NADINE Bien sûr. Prends-en.
MATHIEU Mmm, c'est bon.

Answers to **Mise en pratique** Activity 2

1. Nadine propose d'aller au Village Acadien.
2. Mathieu demande une explication au sujet du Village Acadien.
3. Mathieu en donne une opinion négative.
4. Nadine fait une observation.
5. Mathieu demande à Nadine son opinion sur ce qu'elle mange.
6. Mathieu demande une explication au sujet du gombo.
7. Mathieu donne son impression sur la cuisine cajun.

Scripts for Additional Listening Activities • Chapitre 11

Additional Listening Activity 11-1, p. 87

1. — Si je ne me trompe pas, tu as 16 ans, c'est ça?
   — Oui. Je viens de fêter mes seize ans le mois dernier.

2. — Alors, tu habites toujours à Bordeaux?
   — Non. On a déménagé dans un petit village à environ 20 kilomètres de Bordeaux.

3. — Tu joues de la batterie et du violon, c'est ça?
   — Euh, non. Je joue de la batterie et de la guitare électrique.

4. — Et vous êtes bien le petit-fils du Hubert qui est parti vivre en Louisiane?
   — Oui, mes parents y habitent toujours d'ailleurs.

5. — Et tu es venue en France en quelle année, déjà?
   — En 1994. Je me suis mariée et avec mon mari on est venus ici.

Additional Listening Activity 11-2, p. 87

ROBERT	Alors, comment tu trouves la musique de MC Solaar? Moi, ça m'éclate! Je n'écoute que du rap en ce moment.
NATHALIE	Moi, ça ne me branche pas tellement. Et toi, Jean-Claude?
JEAN-CLAUDE	Moi, je trouve ça pas mal. C'est plutôt cool comme musique.
NATHALIE	Alors, maintenant que tu as entendu ces chansons de Garth Brooks, dis-moi Robert, ça te plaît, le country?
ROBERT	Non, je n'aime pas tellement ça. En fin de compte, ça ne me branche pas du tout.
JEAN-CLAUDE	Tu rigoles! Moi, je trouve ça hyper cool comme musique.
ROBERT	Ah, c'est du jazz, ça, non?
JEAN-CLAUDE	Oui, c'est Nina Simone... C'est une de ses chansons les plus célèbres.
ROBERT	Eh bien ça, tu vois, je n'aime pas du tout!
NATHALIE	Tu délires ou quoi?!
ROBERT	Non, non, calme-toi, je disais ça pour rire! En fait, la musique de Nina Simone, ça me branche vachement!
JEAN-CLAUDE	Ah... enfin!!! On est tous d'accord sur quelque chose.

Additional Listening Activity 11-3, p. 88

1. — Ouah! Tu as vu ça? Une compilation de toutes les meilleures chansons de U2 vient de sortir.
   — Ah oui? C'est génial! Je vais l'acheter. U2, c'est mon groupe de rock préféré.
2. — Tiens, regarde, ils ont tout un rayon de musique cajun. C'est cool, non?
   — Bof, tu sais, moi, l'accordéon et l'harmonica, ça ne me branche pas tellement.
3. — Dis, au fait, tu as une idée de cadeau pour l'anniversaire de Marie?
   — Ben, je pensais lui offrir un CD de Miles Davis. Elle adore.
   — Oui, c'est une bonne idée, ça. Tiens, regarde, c'est par là, le rayon jazz.
4. — Voilà, j'ai trouvé ce que je voulais.
   — Fais voir... Garth Brooks? C'est qui?
   — Ben, c'est un chanteur de country vachement célèbre.
5. — J'hésite entre un CD de MC Solaar et un de De La Soul pour Jérémy.
   — Il a horreur du rap. Si j'étais toi, je lui prendrais autre chose.
6. — Je vais demander au vendeur où je peux trouver le CD de *Don Giovanni* de Mozart.
   — Ah, parce que tu écoutes de la musique classique, toi, maintenant?

Additional Listening Activity 11-4, p. 88

YVONNE   Qu'est-ce que tu vas prendre?

SEBASTIEN   Euh, je ne sais pas. Mmm, comment est-ce qu'on appelle ça?

YVONNE   Ça, c'est des huîtres Bienville.

SEBASTIEN   Ça a l'air bon. Et le gombo, qu'est-ce qu'il y a dedans?

YVONNE   Il y a du riz, des okras, des crevettes et du crabe.

SEBASTIEN   Et puis, il y a le po-boy. Oh, tout me tente. Qu'est-ce que tu me conseilles?

YVONNE   Je crois que tu devrais prendre le jambalaya et le pouding au pain.

SEBASTIEN   Au fait, comment est-ce qu'on fait le jambalaya?

YVONNE   J'ai une excellente recette pour le jambalaya. Si tu veux, je peux te la donner.

SEBASTIEN   Oui, je veux bien.

YVONNE   Et les écrevisses? Comment tu as trouvé ça?

SEBASTIEN   Bof...

YVONNE   Ah, oui, je sais, c'est pas pour tout le monde. Alors, qu'est-ce qui t'a vraiment impressionné ici?

SEBASTIEN   Ben, ce qui m'a vraiment branché, c'est le zydeco. Et puis, les bayous. J'avais l'impression que ça serait barbant d'y aller, mais quand on a vu les alligators, ouah!

YVONNE   Bon, qu'est-ce que tu veux faire demain?

SEBASTIEN   Ben, le Village Acadien, qu'est-ce que c'est?

YVONNE   C'est un musée en plein air. Tu veux y aller?

SEBASTIEN   Oui. Ça serait super.

Additional Listening Activity 11-5, p. 89

1.   DENIS   Alors, elle te plaît, cette visite?
     CHRISTINE   Oui. Et ce qui est vraiment intéressant, c'est les meubles.

2.   DENIS   Tu aimes ça, alors?
     CHRISTINE   Oui, c'est très bon. Comment est-ce qu'on appelle ça, déjà?
     DENIS   On appelle ça un «po-boy».

3.   DENIS   Qu'est-ce que tu veux faire maintenant?
     CHRISTINE   Ce qui me branche vraiment, c'est le jazz. Ça te dit d'aller en écouter?

4.   CHRISTINE   Ce qui est vraiment incroyable chez vous, c'est le nombre de fêtes qu'il y a.
     DENIS   Oui, c'est vrai. En Louisiane, on aime bien faire la fête!

5.   DENIS   Tu as goûté pas mal de nos spécialités. Qu'est-ce qui t'a plu le plus?
     CHRISTINE   Tu sais, ce que j'adore, c'est tous les plats à base de fruits de mer.

6.   DENIS   Ça, c'est des huîtres Rockefeller.
     CHRISTINE   Qu'est-ce qu'il y a dedans? Des épinards?
     DENIS   Oui.

7.   CHRISTINE   Dis donc, Denis, qu'est-ce que c'est, ça?
     DENIS   Vermilionville? C'est un musée en plein air.

8.   DENIS   La musique cajun, ça ne te branche pas?
     CHRISTINE   Si, beaucoup. Ce que je trouve super, c'est danser sur du zydeco.

Additional Listening Activity 11-6, p. 89

La Louisiane est un de mes endroits préférés pour les vacances. J'ai toujours l'impression d'être dans un petit monde à part au milieu des Etats-Unis. Il me semble qu'on y vit pour la fête, la bonne cuisine et la musique. Les gens ont tout le temps l'air contents et ils sont toujours prêts à s'amuser. Mais bien sûr, il n'y a pas que la fête en Louisiane. Il y a des tas de choses à faire et à voir. Par exemple, vous pouvez commencer par visiter Vermilionville et le Village Acadien, deux musées en plein air qui retracent la vie des premiers immigrants acadiens. Ensuite, vous pouvez faire une visite d'une des magnifiques plantations. Et si, comme moi, vous aimez l'aventure, allez également faire un tour de bateau sur les bayous. Ce qui est incroyable, c'est de pouvoir voir de vrais alligators d'aussi près. Puis, vous voudrez sans doute voir La Nouvelle-Orléans. Là, je vous conseille d'aller vous balader au marché français. Ce que je trouve super là-bas, c'est les masques de mardi gras. Ils sont magnifiques et il y en a de toutes les couleurs. Sinon, ce qui me branche beaucoup aussi, c'est le jazz. Et La Nouvelle-Orléans, c'est la ville idéale pour découvrir d'excellents musiciens de jazz. Et pour finir, ce que j'adore, après une longue journée, c'est déguster des spécialités cajuns dans un restaurant typique. Ce qui est incroyable dans la cuisine cajun c'est la variété des épices. Ah! Le gombo, le jambalaya, les écrevisses à l'étouffée... La Louisiane, quel endroit formidable!

Answers to Additional Listening Activities • Chapitre 11

Additional Listening Activity 11-1, p. 87

1. b
2. c
3. a
4. b
5. c

Additional Listening Activity 11-2, p. 87

1. true
2. false
3. false
4. false
5. true
6. true

Additional Listening Activity 11-3, p. 88

1. _d_
2. _b_
3. _c_
4. _e_
5. _f_
6. _a_

Additional Listening Activity 11-4, p. 88

____ bread pudding	✓ gumbo
____ po-boy	____ alligators
____ crawfish	____ zydeco
✓ the Acadian Village	____ bayous
✓ jambalaya	✓ oysters Bienville

Additional Listening Activity 11-5, p. 89

	Observation	Explanation
1.	X	
2.		X
3.	X	
4.	X	
5.	X	
6.		X
7.		X
8.	X	

Additional Listening Activity 11-6, p. 89

1. People seem to like to party and eat. They seem to be happy and ready to have fun.
2. Vermilionville, the Acadian Village, plantations, the bayous, the French market in New Orleans
3. seeing alligators; Mardi Gras masks; the wide variety of spices

Première étape
6 Ecoutons!

1. — Tiens! Regarde un peu! Il est en train de soulever deux cent cinquante-cinq kilos. Il en a les yeux qui lui sortent de la tête!
   — Ah, ouais. Il est vraiment fort, ce Russe. Je crois qu'il va gagner.

2. — Ils sont vraiment étroits, ces bateaux.
   — Oui. Je ne vois pas comment huit personnes peuvent s'asseoir dedans.
   — Et puis, comment est-ce qu'ils font pour ne pas s'emmêler les rames?
   — Je n'en ai aucune idée, moi.

3. — Tu as vu ça, toi?
   — Euh, qu'est-ce qui est arrivé?
   — Le tireur, là, il a manqué son tir.
   — Et alors?
   — Ben, la flèche est arrivée dans le chapeau d'un homme là-bas.
   — Il ferait bien de choisir un autre sport, non?

4. — Dis donc, il y a une faute à chaque fois que le cheval touche un obstacle?
   — Bien sûr.
   — Oh, zut alors!
   — Tu sais, la même chose lui est arrivée l'année passée. Le cheval a eu peur et elle est tombée.
   — Donc, c'est fini, pour elle, la compétition?
   — Ça, c'est sûr.

5. — Ben, dis donc. Regarde le plongeur. Il va partir de cette position, tu crois?
   — Evidemment. Ça a l'air dangereux, tu trouves pas?
   — Oui. J'ai peur qu'il se cogne la tête contre le plongeoir.
   — Moi aussi.

6. — C'est bien pour les filles qu'elles n'aient pas besoin de faire les anneaux.
   — Oui, mais, à la place, il faut qu'elles passent à la poutre.
   — Oui, c'est vraiment dur, ça. Surtout quand on a le trac.
   — Oui, c'est très facile de tomber. Et après ça, bien sûr, c'est fini.

7. — Qu'est-ce qu'elle est grande, cette piscine!
   — Bien sûr, c'est une piscine olympique.
   — Est-ce que c'est le crawl ou le papillon, la prochaine épreuve?
   — C'est le papillon.
   — C'est le Chinois, le plus rapide, non?
   — Oui, je crois.

8. — C'est vachement bien de pouvoir regarder d'ici.
   — Oui.
   — Quand je regarde à la télé, ça m'embête parce que tout est mélangé.
   — Moi aussi, ça m'énerve. Ils ne montrent jamais une épreuve en entier. Le lancer du disque, puis le saut à la perche, puis le saut en longueur...
   — Oui. Moi, j'aime bien pouvoir voir tous les concurrents.

9. — Ils sont vraiment bons!
   — Tiens! Tu as vu comme il a lancé le ballon à son équipier qui a marqué les deux points?
   — Non. Ça s'est passé trop vite.

10. — Tu veux bien m'expliquer ce qui se passe?
    — Bien sûr.
    — Tu sais que je ne comprends rien aux règles. Tout ce que je sais, c'est qu'on porte un kimono blanc avec une ceinture. Je ne verrais pas la différence entre ça et du karaté.
    — Bon. Je t'explique.

Answers to Activity 6

1. (i) l'haltérophilie
2. (g) l'aviron
3. (h) le tir à l'arc
4. (l) l'équitation
5. (f) le plongeon acrobatique
6. (d) la gymnastique
7. (o) la natation
8. (e) l'athlétisme
9. (a) le basket-ball
10. (m) le judo

12 Ecoutons!

1. SEVERINE Tu crois que je devrais emporter un parapluie? Je parie qu'il pleut beaucoup là-bas.
   FRERE C'est pas la peine. Je suis sûr que tu pourras en acheter un sur place, si tu en as besoin.

2. SEVERINE Oh! J'ai failli oublier mon appareil-photo. Tu veux bien me l'amener?
   FRERE Il est où, dans ton placard? Voyons... Je ne pense pas qu'il soit là.

3. SEVERINE Il doit y avoir des stars, tu crois pas? Quand je verrai Keanu Reeves, je vais lui demander son autographe.
   FRERE Tu sais, Séverine, ça m'étonnerait que tu le voies.

4. SEVERINE Il me tarde de voir les épreuves de natation. Tu crois que ça va être bien?
   FRERE Ça, c'est sûr.

5. SEVERINE Vivement que j'arrive aux Etats-Unis. Ça doit être vachement intéressant, tu crois pas?
   FRERE Oui, mais je ne suis pas certain que tu puisses voir beaucoup de choses. C'est grand, tu sais. Et tu seras tout le temps au village olympique.

Answers to Activity 12
Supposition: 1, 3   Impatience: 4, 5
Neither: 2

Deuxième étape

24 Ecoutons!

1. — Salut. Je m'appelle Odile. Et toi?
   — Saïd.
   — Tu es d'où?
   — De Marrakech, au Maroc.
   — C'est bien comme ville?
   — Oui. C'est super. C'est très animé. Il y a des tas de choses à faire.
2. — Moi, je suis vraiment impatient de voir la natation.
   — Moi aussi.
   — Tu vas voir le deux cents mètres crawl ce soir?
   — Non, malheureusement, je n'ai pas pu avoir de place.
   — Dommage. Je parie que ça va être super!
3. — Tu es africaine?
   — Oui.
   — Cool! C'est comment, la vie là-bas?
   — C'est bien. Il fait toujours beau chez moi, en République centrafricaine.
   — Il ne fait pas trop chaud?
   — Non. Grâce à la forêt tropicale, il fait moins chaud qu'ailleurs.
4. — Et, qu'est-ce qu'on y mange? C'est pareil qu'ici?
   — Euh, je crois qu'on a plus ou moins les mêmes choses, mais on ne mange pas autant de viande que chez toi et puis, il y a quelques plats qu'on ne mange pas chez toi...
   — Par exemple?
   — Eh bien, le singe.
   — On mange ça chez toi? Ouah!
5. — Zut alors! On s'est encore perdus. Je crois qu'on est déjà passés devant ce bâtiment il y a dix minutes.
   — Ah non! C'est pas vrai! On va rater le début du match.
   — Bon. Je vais demander à cette jeune fille-là. Pardon, vous savez où se trouve le gymnase?
6. — Dis-moi, est-ce que tout le monde porte ces robes, euh, je ne sais pas comment ça s'appelle, chez toi?
   — Tu veux dire des sifsaris et des djellabas?
   — Oui, c'est ça.
   — C'est un habit assez traditionnel. La plupart des jeunes portent les mêmes vêtements que toi. Mais on peut choisir selon l'occasion.
   — Ah oui?

Answers to Activity 24

1. pays	3. pays	5. autre chose
2. autre chose	4. pays	6. pays

28 Ecoutons!

1. La médaille d'argent! Et moi qui pensais que ça serait déjà bien si j'arrivais en finale. J'arrive pas à y croire!
2. Tout allait bien, jusqu'à ce que le coureur qui était à ma gauche coupe en face de moi. C'est à ce moment-là que je suis tombé. J'ai vraiment pas de chance!
3. Les Russes nous ont battus. Ils nous ont mis une raclée. Ils ont marqué quatre-vingt-quatre points, et nous seulement trente-huit. Quelle angoisse!
4. On avait arrêté la compétition parce que le Canadien s'était fait mal. Quand on a recommencé, je voulais m'échauffer à nouveau mais on ne me l'a pas permis. C'est pas juste!
5. Tu ne devineras jamais ce qui m'est arrivé. C'est trop cool. J'ai eu un dix à l'épreuve de barres asymétriques!
6. Ecoute! J'ai battu le record de saut à la perche et c'est moi qui détiens le nouveau record! C'est vraiment le pied, non?
7. Oh, j'en ai vraiment marre! Tu sais, je ne rate jamais mon tir. Je ne comprends vraiment pas ce qui s'est passé.
8. Si seulement j'avais pu rester sur le cheval. C'est vraiment embarrassant de tomber comme ça! Qu'est-ce que je peux être nul!

Answers to Activity 28

1. gagné	3. perdu	5. gagné	7. perdu
2. perdu	4. perdu	6. gagné	8. perdu

Mise en pratique 2

1. Elle n'a vraiment pas eu de chance, la pauvre. D'abord, elle est tombée des barres asymétriques, et puis le jour suivant, elle est tombée de la poutre.
2. Les Russes étaient vraiment très bons. On ne pouvait pas les arrêter. Là, vous voyez, c'est le moment où ils ont fait le panier qui les a fait gagner.
3. Ça, c'est mon athlète préférée, Marie-José Pérec. Je l'admire tellement. Là, c'est elle pendant la course de fond. Elle est vraiment bonne!
4. Vous savez, depuis quelque temps, j'ai envie de faire du judo. C'est vachement intéressant. Cette fille-là, c'est une Française. Elle s'appelle Cathy Fleury. C'est elle qui a gagné.
5. Et ça, c'est le Chinois qui a gagné la plupart des épreuves de natation. Il est formidable!
6. Regardez ce pauvre type-là. Je ne sais pas qui c'est, mais je l'ai vu tomber de son cheval. Il ne s'est pas fait mal, heureusement, mais quelle angoisse, hein?
7. C'est vraiment curieux, cette tenue et ces masques qu'ils portent. Je ne comprends pas très bien les règles de l'escrime, mais c'est fascinant à observer.
8. Ça, c'était vraiment génial. Vous voyez? Là, c'est le moment où l'Américain a battu le record de saut à la perche. La foule était en délire!

Answers to **Mise en pratique** Activity 2

1. c 2. g 3. d 4. a 5. h 6. e 7. b 8. f

Holt French 3 Allez, viens! Chapter 12

Additional Listening Activity 12-1, p. 95

Mesdames, mesdemoiselles, messieurs, bonjour. Voici notre programme pour cette troisième journée olympique : beaucoup d'athlétisme aujourd'hui. Au stade Jesse Owens, vous pourrez voir des épreuves de saut en longueur à dix heures, de lancer du disque à dix heures trente et de saut à la perche vers onze heures quarante-cinq. Si vous êtes aussi impatients que moi de voir si le Russe réussira à garder son titre de champion du monde de saut à la perche, ne ratez surtout pas ces épreuves. Il y aura aussi plusieurs courses, notamment un quatre cents mètres messieurs à quatorze heures et un mille mètres dames à quatorze heures quinze. Cet après-midi également, vous pourrez voir les gymnastes s'affronter aux barres asymétriques et à la poutre. Il reste encore des tickets et ils seront en vente à partir de quinze heures au gymnase Olga Korbut. Les épreuves commenceront à seize heures. Quelques épreuves de natation auront aussi lieu à la piscine Mark Spitz à partir de seize heures trente. Ne manquez surtout pas le deux cents mètres papillon à dix-sept heures. Et pour finir, à dix-neuf heures, les amateurs de base-ball pourront aller voir le match Etats-Unis/Canada sur le terrain numéro douze, en face de la cafétéria.

Additional Listening Activity 12-2, p. 95

1. Alors, ce matin on va s'entraîner aux barres asymétriques. Cet après-midi, nous nous entraînerons à la poutre... Rappelez-vous de ce dont nous avons parlé hier, la concentration avant tout! Allez, Sylvie, c'est toi qui commence!
2. Bon, alors, chaque fois que vous viendrez, il vous faudra être en tenue. Vous porterez votre masque à tout moment et vous vous servirez de votre épée uniquement contre un partenaire portant son masque aussi. Vous avez bien compris?
3. Tu ne tiens pas tes rames correctement. C'est pour ça que tu n'arrives pas à aller plus vite. Tiens, regarde, essaie comme ça.
4. Maintenant, concentrez-vous bien. Tenez votre arc bien droit, et avec toute votre force, tirez la flèche bien en arrière et visez la cible. Attention... gardez votre arc bien droit! Bon, quand vous êtes prêts, lâchez la flèche!
5. Non, non. Tu tiens les haltères trop loin devant toi. Il faut que tu te places dessous.
6. Bon alors, Eric... c'est toi qui vas plonger le premier. Vous autres, regardez bien et préparez-vous à effectuer le même plongeon que lui.

Additional Listening Activity 12-3, p. 96

1. Tu sais, je ne suis vraiment pas sûr que l'équipe française d'escrime puisse gagner cette fois-ci. Et toi, qu'en penses-tu?
2. Ça doit être super de pouvoir participer aux Jeux olympiques.
3. Ça m'étonnerait vraiment que ce soit encore les Russes qui gagnent le match de basket demain.
4. Moi, je n'en ai aucun doute. C'est le Sénégalais qui gagnera la course de fond tout à l'heure.
5. Je parie que c'est le Russe qui va gagner le saut à la perche.
6. Il me tarde de rencontrer Marie-José Pérec. C'est mon athlète préférée.
7. Je suis vraiment impatiente de voir le match de base-ball entre le Japon et les Etats-Unis.
8. Moi, je ne crois pas que les Anglais puissent gagner la compétition d'aviron cette fois-ci. Et toi, qu'en penses-tu?

1. Salut! C'est moi. Je vous appelais juste pour vous dire que tout va bien. C'est super, ici. Et la meilleure nouvelle, c'est que je suis en finale. C'est trop cool, non? J'arrive pas à y croire. Gros bisous.

2. Allô! Maman, Papa, c'est Corinne. Bon, apparemment vous n'êtes pas là... Euh, je voulais vous dire que je vais rentrer plus tôt que prévu. Ça s'est pas trop bien passé pour moi et j'en ai vraiment marre d'être ici. A bientôt.

3. Salut, tout le monde! C'est moi. Devinez un peu ce qui s'est passé. Votre fille a remporté la médaille d'or! C'est le pied, non? J'espère que vous êtes fiers de moi. Bon, à plus.

4. Bonjour, c'est Martin. J'ai une mauvaise nouvelle pour vous. Les Jeux olympiques, c'est fini pour moi. J'ai fait une mauvaise chute et le docteur ne veut pas que je reprenne l'entraînement. J'ai vraiment pas de chance; je m'étais beaucoup entraîné. C'est pas juste! Bon, j'espère que vous n'êtes pas trop déçus. Au revoir.

5. Salut, c'est Mireille. Ça va pas trop. J'ai perdu en quart de finale. Qu'est-ce que je peux être nulle! Et mon entraîneur qui disait que j'allais gagner la médaille d'or! Quelle angoisse!

Additional Listening Activity 12-5, p. 97

— Ah, je t'ai pas dit? J'ai rencontré un plongeur super sympa. Il est du Mexique. Il espère arriver en finale. Et il m'a présenté une fille du Sénégal. On a discuté et elle m'a raconté comment c'est, la vie dans son village. Ça a l'air super là-bas, j'aimerais bien aller en Afrique pour voir comment c'est.

— Moi aussi, j'ai rencontré plein de gens sympas. D'abord, j'ai fait la connaissance d'un garçon du Niger. Et figure-toi qu'il a battu le record du cent-dix mètres haies. Si tu l'avais vu! Je l'ai félicité et puis on a discuté un moment. Il est très cool.

— Et moi, aujourd'hui, j'ai rencontré un footballeur. Il est d'Espagne. Il m'a invitée à aller voir son équipe jouer, mais je peux pas aujourd'hui; j'ai entraînement tout l'après-midi.

— C'est dommage, ça. Tu sais, cette fille avec qui je parlais tout à l'heure...

— Laquelle? La fille qui est d'Algérie?

— Oui, Rachida. Elle m'a invitée à aller passer l'été chez elle, en Algérie.

— Ouah! C'est super. Tu crois que tu vas pouvoir y aller?

— Je sais pas, mais ça serait chouette. Et toi, qui tu as rencontré d'autre?

— Ben, j'ai aussi parlé avec une escrimeuse d'Allemagne. Elle m'a un peu expliqué les règles de l'escrime. Ça a l'air vachement dur comme sport. Dis, au fait, tu parles un peu russe toi, non?

— Un peu, pourquoi?

— Ben, hier, j'ai rencontré deux garçons de Russie. Ils s'étaient perdus, alors je leur ai montré où était le stade et pour me remercier, ils m'ont invitée à dîner avec eux ce soir. Ils parlent presque pas français, et le russe et moi...

— Je peux te passer un petit dictionnaire, si tu veux.

Additional Listening Activity 12-6, p. 97

MARTINE	Salut. Je m'appelle Martine. Et toi?
ROBERTO	Moi, c'est Roberto.
MARTINE	Tu es d'où, Roberto?
ROBERTO	Je suis de Puebla, au Mexique.
MARTINE	Tu parles vachement bien français!
ROBERTO	Oui, ma mère est française et j'allais souvent en France quand j'étais petit.
MARTINE	C'est comment, la vie au Mexique?
ROBERTO	C'est vraiment bien comme pays. Il y a des grandes villes, des petits villages, des sites archéologiques avec des pyramides aztèques et mayas.
MARTINE	Raconte-moi. Vous avez des plages aussi?
ROBERTO	Oui, il y a des plages magnifiques, des grandes montagnes et même un volcan. Nous avons aussi la jungle et le désert. C'est très varié comme paysage.
MARTINE	Et qu'est-ce qu'on y mange? Vous avez les mêmes choses qu'ici?
ROBERTO	On mange plein de choses. De la viande, du poulet, du porc comme chez vous... et puis, beaucoup de fruits et de légumes.
MARTINE	Et qu'est-ce qu'il y a comme plats typiques?
ROBERTO	Oh, il y a les tacos, les enchiladas et les tamales...
MARTINE	Mmmm! Ça me semble super comme pays. J'aimerais bien y aller un jour!
ROBERTO	Tu sais, nous avons un dicton au Mexique: «Mi casa es tu casa». Ça veut dire «Ma maison est ta maison.» Tu seras toujours la bienvenue!

Additional Listening Activity 12-1, p. 95

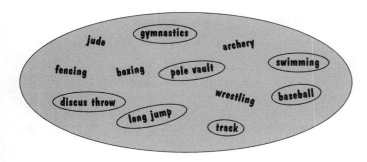

Additional Listening Activity 12-2, p. 95

a. 4
b. 3
c. 1
d. 5
e. 2
f. 6

Additional Listening Activity 12-3, p. 96

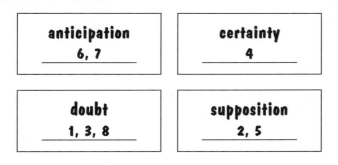

anticipation	**certainty**
6, 7	4

doubt	**supposition**
1, 3, 8	2, 5

1. the French fencing team
2. participating in the Olympics
3. the Russian basketball team
4. a runner from Senegal
5. a Russian pole vaulter
6. seeing Marie-José Perec
7. a baseball game between Japan and the United States
8. the English rowing team

Additional Listening Activity 12-4, p. 96

	Excited	Disappointed
1.	X	
2.		X
3.	X	
4.		X
5.		X

Additional Listening Activity 12-5, p. 97

____ England	_X_ Algeria
____ Japan	____ China
_X_ Niger	_X_ Senegal
____ Tunisia	____ Belgium
_X_ Germany	_X_ Russia
____ South Africa	_X_ Spain
_X_ Mexico	____ Italy

Answers may vary. Possible answers:
The diver from Mexico hopes to get in the finals.
An athlete from Senegal talked about her village.
A runner from Niger broke a track record.
A soccer player from Spain asked her to come to his match.
An athlete from Algeria invited her to her home.
A German fencer explained the rules of fencing to her.
Two Russian athletes were lost.

Additional Listening Activity 12-6, p. 97

Answers may vary. Possible answers:
1. She meets a boy from Mexico.
2. He mentions big cities, small villages, pyramids, beaches, mountains, a volcano, the jungle, and the desert.
3. She asks what kind of food they have in Mexico.
4. He says that typical dishes from his country are tacos, enchiladas, and tamales.

Scripts and Answers for Testing Program Listening Activities

Listening Scripts and Answers for Quizzes • Chapitre 1

QUIZ 1-1B Première étape

I. Listening
1. Nous passions tous les étés chez mon oncle Léon qui habitait au bord de la mer.
2. On pouvait faire du ski ou des randonnées. Pourtant il ne faisait pas toujours beau.
3. Nous visitions tous les monuments et nous allions voir des pièces de théâtre. C'était génial!
4. On visitait des musées où on voyait de magnifiques expositions d'art. Et bien sûr, on faisait les magasins.
5. J'aimais bien faire de la plongée, mais la planche à voile, ça, c'était vraiment chouette!

ANSWERS Quiz 1-1B

I. Listening
A. (15 points: 3 points per item)
1. a
2. b
3. c
4. c
5. a

QUIZ 1-2B Deuxième étape

I. Listening
1. Tu devrais boire plus d'eau. C'est bon pour la santé.
2. Qu'est-ce que tu prends, le poisson ou la côtelette de porc?
3. Voyons... La tarte aux pommes ou la glace à la vanille... Je n'arrive pas à me décider.
4. Qu'est-ce que vous me conseillez, le poulet ou le filet de sole?
5. Qu'est-ce que tu prends, les carottes râpées ou le pâté?

ANSWERS Quiz 1-2B

I. Listening
A. (15 points: 3 points per item)
1. c
2. b
3. d
4. b
5. a

Listening Scripts and Answers for Chapter Test • Chapitre 1

I. Listening

A. 1. — C'était comment, tes vacances?
— C'était pas terrible. Il a fait un temps épouvantable.
2. — Tu t'es bien amusée?
— Oui, c'était super. Je suis partie dix jours à la plage avec mes parents.
3. — Est-ce que tu es resté ici pendant les vacances?
— Oui, et je me suis beaucoup ennuyé!
4. — Qu'est-ce que tu as visité pendant les vacances?
— Beaucoup de musées intéressants. C'était super!
5. — Qu'est-ce que tu as fait pendant tes vacances?
— Je suis allée chez mon oncle et ma tante. Ça ne s'est pas très bien passé.

B. SERVEUR Vous avez choisi?
KOFFI Je n'arrive pas à me décider. Tout me tente. Quel est le plat du jour?
SERVEUR La côtelette de porc avec des pâtes.
KOFFI Oh... Je ne sais pas. J'hésite entre le poulet aux champignons et le plat du jour.
MARIE Tu devrais prendre le plat du jour. Tu manges du poulet au moins trois fois par semaine.
KOFFI C'est vrai. Alors, je vais prendre la côtelette de porc.
SERVEUR Très bien. Et pour vous, madame?
MARIE Le steak-frites, s'il vous plaît.
SERVEUR Comment désirez-vous votre viande?
MARIE A point.
SERVEUR Et comme boisson?
MARIE Deux eaux minérales, s'il vous plaît.

C. 11. Et comme boisson?
12. Que voulez-vous comme entrée?
13. Comment désirez-vous votre viande?
14. Qu'est-ce que vous me conseillez?
15. Quelle est votre spécialité?

Answers   Maximum Score: 30 points

A. (10 points: 2 points per item)	**B.** (10 points: 2 points per item)	**C.** (10 points: 2 points per item)
1. b	**6.** d	**11.** d
2. a	**7.** d	**12.** e
3. b	**8.** c	**13.** b
4. a	**9.** b	**14.** c
5. b	**10.** a	**15.** a

QUIZ 2-IB Première étape

I. Listening

1. Attention! Ce carrefour est dangereux!
2. Oh là là! On a un pneu crevé!
3. Zut, alors! On est tombés en panne d'essence.
4. Voilà, madame. J'ai fait le plein et j'ai mis de l'huile dans le moteur.

ANSWERS Quiz 2-IB

I. Listening

A. (16 points: 4 points per item)

1. b
2. b
3. b
4. a

QUIZ 2-2B Deuxième étape

I. Listening

ANNETTE	Où se trouve la cantine?
ETIENNE	En bas, en face de l'escalier.
ANNETTE	Et la bibliothèque est en bas aussi?
ETIENNE	Oui, au bout du couloir, dans le coin.
ANNETTE	Et le labo de chimie, il est où?
ETIENNE	Il est en haut, au bout du couloir, à droite.
ANNETTE	La salle d'informatique, elle se trouve où?
ETIENNE	En haut, au bout du couloir, à gauche.
ANNETTE	Oh, attends! Où sont les toilettes?
ETIENNE	Il y en a en bas et en haut, à côté de l'escalier.

ANSWERS Quiz 2-2B

I. Listening

A. (20 points: 4 points per item)

1. b
2. a
3. d
4. g
5. c

I. Listening

A. 1. — A quelle heure commence le spectacle?
   — Il n'y a pas le feu. Il commence à deux heures. On a largement le temps.

2. — On a encore dix kilomètres à faire.
   — Dix kilomètres? Alors, va plus vite! Je suis vraiment impatiente d'arriver.

3. — Tu peux te dépêcher? On va être en retard!
   — Sois patient! On va arriver dans quelques minutes.

4. — Oh là là! Il est déjà dix heures!
   — Du calme, du calme! Il n'y a pas le feu.

5. — Je veux voir si Murielle est là.
   — Grouille-toi! On n'a pas le temps.

B. 6. Moi, je sais comment changer un pneu crevé.
   7. Je vais vérifier l'huile, monsieur.
   8. Est-ce que vous pourriez nettoyer le pare-brise?
   9. Ah, non! J'ai oublié de vérifier l'huile et maintenant, ma voiture est en panne!

C. 10. Les examens? Ça m'embête!
   11. Faire du sport, ça me branche.
   12. Euh... les films d'action? C'est mortel.
   13. Les bandes dessinées? Ça m'ennuie à mourir.
   14. Faire mes devoirs? Ça me casse les pieds, bien sûr!
   15. Conduire les voitures de sport? Ce que c'est bien!

Answers   Maximum Score: 30 points

A. (10 points: 2 points per item)
   1. b
   2. a
   3. b
   4. b
   5. a

B. (8 points: 2 points per item)
   6. b
   7. a
   8. c
   9. d

C. (12 points: 2 points per item)
   10. b
   11. a
   12. b
   13. b
   14. b
   15. a

TESTING PROGRAM • SCRIPTS & ANSWERS

QUIZ 3-1B Première étape

I. Listening

1. — Papa, ça te dérange si je vais au cinéma avec Lorraine ce soir?
   — Tu sais que tu n'as pas le droit de sortir le soir pendant la semaine.
2. — Dites, vous voulez bien que je parte faire du camping avec des copains ce week-end?
   — Pas question. Tu n'as pas de bonnes notes en maths et il faut que tu étudies tes maths ce week-end.
3. — Je sais que tu n'aimes pas que je sorte pendant la semaine mais ce soir il y a une soirée chez Jean-Luc. C'est aujourd'hui son anniversaire. Est-ce que je peux y aller?
   — Bon, alors, ça va pour cette fois.
4. — Je peux aller chez Francine aujourd'hui?
   — Tu as des devoirs à faire?
   — J'ai tout fait.
   — Alors, d'accord, si tu as vraiment tout fait.
5. — Dis, Papa, je suis invitée à une soirée chez Karima samedi soir. Je peux y aller?
   — D'accord, mais il faut que tu rentres avant minuit.

ANSWERS Quiz 3-1B

I. Listening

A. (15 points: 3 points per item)
1. b
2. b
3. a
4. a
5. a

QUIZ 3-2B Deuxième étape

I. Listening

1. Je suis quand même libre, non?
2. Tout le monde fait pareil!
3. Ce n'est pas parce que tout le monde le fait que tu dois le faire.
4. Ce n'est pas une bonne raison!
5. Je ne suis pas la seule à le faire!

ANSWERS Quiz 3-2B

I. Listening

A. (15 points: 3 points per item)
1. b
2. b
3. a
4. a
5. b

Listening Scripts and Answers for Chapter Test • Chapitre 3

I. Listening

A. 1. — J'aimerais aller au cinéma avec Marc et Pierre.
— C'est d'accord, si tu donnes à manger au chien avant de partir.

2. — Ça te dérange si je vais à une boum jeudi?
— Tu sais bien que tu n'as pas le droit de sortir pendant la semaine. Tu dois aller à l'école le lendemain.
— Mais, Maman, s'il te plaît? Tous mes amis y vont!
— Non, c'est non!

3. — Mes amis vont faire du camping ce week-end au lac. J'aimerais y aller avec eux. Je peux?
— Qui y va? Il y aura des adultes?
— Je ne sais pas. Je pense que oui. Tous mes amis y vont.
— Je ne pense pas que ce soit une bonne idée. De toute façon, tu dois tondre la pelouse ce week-end.
— Papa, s'il te plaît?
— J'ai dit non.

4. — Tu veux bien que j'aille chez Martine pour étudier? On a une interro demain et elle m'a promis de m'aider.
— Oui, bien sûr! Mais ne rentre pas trop tard.

5. — Ça te dérange si je fais la vaisselle plus tard?
— Ça dépend. Pourquoi?
— Il y a un nouveau film au cinéma et j'ai promis à Lise d'y aller avec elle.
— Ça va pour cette fois, mais la prochaine fois, demande-moi avant de lui promettre quelque chose.
— D'accord.

B. 6. — J'aimerais sortir avec mes amis. Je peux?
— Oui, mais il faut d'abord que tu passes l'aspirateur.
— Bon, d'accord.

7. — Je voudrais aller au cinéma avec Martine et Claire.
— C'est d'accord, si tu arroses le jardin avant de partir.
— Je peux le faire demain?
— Non, maintenant ou tu ne sortiras pas.
— J'y vais, j'y vais.

8. — Ça te dérange si je vais chez Pierre?
— Non, mais est-ce que tu as fait ton lit comme je t'ai demandé?
— Oui, je viens de le faire.

9. — Tu veux bien que j'aille chez Paul et Luc après le dîner?
— C'est d'accord, si tu mets d'abord la table.
— Pas de problème.

10. — J'aimerais aller faire du shopping avec Josie et Brigitte. Je peux?
— Oui, mais il faut que tu tondes la pelouse aujourd'hui.
— Je peux le faire cet après-midi?
— Bon, si tu veux.

C. 11. Je n'oublie jamais d'éteindre la télé quand j'ai fini de la regarder. Je ne veux pas gaspiller l'énergie.

12. J'essaie toujours de conduire prudemment.

13. Quand je me coiffe, j'utilise toujours des aérosols.

14. J'aime beaucoup aider les personnes âgées.

15. Quand je ne trouve pas de poubelle, je jette mes ordures par terre.

Answers Maximum Score: 30 points

A. (10 points: 2 points per item)
1. a
2. b
3. b
4. a
5. a

B. (10 points: 2 points per item)
6. e
7. c
8. d
9. b
10. a

C. (10 points: 2 points per item)
11. a
12. a
13. b
14. a
15. b

TESTING PROGRAM • SCRIPTS & ANSWERS

Quiz 4-1B Première étape

I. Listening

1. Les pattes d'eph? Ça fait vraiment cloche!
2. Où est-ce que tu as acheté cette cravate? Je la trouve super!
3. Tu as acheté des bottes en cuir? J'aime bien ce genre de bottes.
4. Cette jupe écossaise? Je la trouve moche!
5. Tu as vu les bretelles de Marc? C'est trop tape-à-l'œil!

ANSWERS Quiz 4-1B

I. Listening

A. (15 points: 3 points per item)

1. b
2. a
3. a
4. b
5. b

Quiz 4-2B Deuxième étape

I. Listening

1. Je dois faire nettoyer mon tailleur.
2. Je vais aller vérifier l'huile.
3. Je vais me teindre les cheveux.
4. Je dois réparer mon jean.
5. Je vais faire laver la voiture.

ANSWERS Quiz 4-2B

I. Listening

A. (15 points: 3 points per item)

1. b
2. a
3. a
4. a
5. b

I. Listening

A. 1. — Comment tu trouves ces bottes en cuir?
   — Je les aime bien. Elles sont assorties à ta jupe noire.
2. — Elle te plaît, ma nouvelle coupe de cheveux?
   — Je te trouve très bien comme ça. J'adore les cheveux coupés au carré.
3. — Tu n'aimes pas ma nouvelle cravate à pois?
   — Non, pas du tout. Ça fait vraiment cloche!
4. — Qu'est-ce que tu penses de ma permanente?
   — Elle me plaît beaucoup. J'adore les cheveux frisés.
5. — Qu'est-ce que tu penses de ce gilet en laine et de cette jupe en cuir?
   — Je les trouve pas terribles ensemble. Crois-moi, ce chemisier est mieux assorti à la jupe.

B. 6. — C'est laquelle, Marianne?
   — Celle qui a une queue de cheval et une frange. Tu la vois?
   — Ah, bon. D'accord.
7. — Tu le vois, Luc?
   — C'est lui? Le garçon avec des pattes?
   — Mais non, celui avec la coupe en brosse.
8. — Tu connais Julie?
   — Euh... je ne suis pas sûr. Elle a les cheveux longs?
   — Non, elle a les cheveux courts et frisés.
9. — Et qui est ton amie Tania?
   — C'est elle, la fille aux cheveux longs et raides.
10. — Et Manuel, c'est qui?
   — C'est celui qui a la moustache.
   — Ah, bon.

C. 11. — Et cette robe bleu foncé, qu'est-ce que tu en penses?
   — Crois-moi. C'est tout à fait toi.
12. — J'aime bien cette cravate en soie. Ça te va très bien. Ça fait vraiment chic.
   — Tu trouves? C'est gentil.
13. — Ça te plaît vraiment, mes cheveux en brosse?
   — Fais-moi confiance. Ça fait très bien.
14. — Je trouve que ça fait classe, ton pendentif.
   — Oh, c'est un vieux truc. Je ne l'ai pas acheté cher.
15. — Tu trouves vraiment que cette chemise en soie va bien avec mon pantalon?
   — Oui, et je ne dis pas ça pour te faire plaisir.

Answers   Maximum Score: 30 points

A. (10 points: 2 points per item)	**B.** (10 points: 2 points per item)	**C.** (10 points: 2 points per item)
1. a	**6.** e	**11.** b
2. a	**7.** d	**12.** a
3. b	**8.** a	**13.** b
4. a	**9.** c	**14.** a
5. b	**10.** b	**15.** b

QUIZ 5-1B Première étape

I. Listening

1. Mon rêve, c'est d'être chauffeur, mais d'abord je dois passer mon permis de conduire.
2. Moi, je compte entrer à l'université en septembre si je ne réussis pas mon bac.
3. Tu sais, arrêter mes études, ce n'était pas une très bonne idée. Maintenant je suis au chômage.
4. Tu sais, faire un apprentissage, c'était très bien. J'ai trouvé un travail tout de suite après.

ANSWERS Quiz 5-1B

I. Listening
A. (12 points: 3 points per item)
1. a
2. b
3. a
4. a

QUIZ 5-2B Deuxième étape

I. Listening

1. — Etre médecin, ça doit être fascinant.
   — Oui, mais tu sais, s'occuper des malades, c'est très difficile.
2. — Toi, tu devrais exploiter tes talents. Ton fort, c'est de travailler sur les voitures. Est-ce que ça t'intéresserait de devenir mécanicienne?
   — Oui, j'y pense sérieusement.
3. — Moi, pourtant, je n'ai aucun talent.
   — Mais ce n'est pas vrai. Tu dessines bien et tu aimes la construction. Que penses-tu d'être architecte?
4. — Je suis douée pour les maths et les sciences, mais être mathématicienne ou scientifique, ça ne m'intéresse pas tellement. J'aimerais mieux travailler avec des gens.
   — Alors, pense à l'enseignement. Ça te plairait d'être professeur.

ANSWERS Quiz 5-2B

I. Listening
A. (12 points: 3 points per item)
1. e
2. c
3. d
4. a

I. Listening

A. Pour moi, la préparation du bac a été assez difficile, mais à dix-neuf ans, je l'ai réussi. Après le bac, je suis partie en voyage avec des amis pendant deux mois. On a visité tous les pays d'Europe! Après ça, quand je suis rentrée, tout a changé. J'ai quitté ma famille pour aller à l'université et j'ai pris un appartement près de l'université. J'avais l'intention de faire des études de médecine, mais j'ai décidé que ce n'était pas pour moi. J'ai préféré l'histoire. A l'université, j'ai rencontré Pierre. Il était très sympa et il étudiait l'histoire comme moi. Après quelques années, j'ai obtenu mon diplôme d'histoire. J'ai trouvé un travail dans un lycée près de l'endroit où habitait ma famille. Un an après avoir terminé mes études, Pierre et moi, on s'est mariés! Et voilà. Nous n'avons pas d'enfants, mais nous sommes très heureux. Ça fait quinze ans que nous sommes mariés.

B. 6. Elle travaille dans un bureau où elle répond au téléphone et écrit des lettres pour son patron.
   7. Il enseigne dans un lycée privée.
   8. Elle travaille à l'hôpital où elle s'occupe de malades.
   9. Il répare les voitures quand elles tombent en panne.
  10. Elle travaille au tribunal et elle connaît bien la loi.

C. 11. — Qu'est-ce que tu penses faire?
     — Je n'arrive pas à prendre une décision. Tu as une idée, toi?
     — Non, moi non plus, je ne sais pas ce que je veux faire.
  12. — Qu'est-ce que tu comptes faire?
     — J'ai du mal à me décider.
  13. — Qu'est-ce que tu as l'intention de faire?
     — Je compte faire une école technique. Je veux être mécanicien.
  14. — Tu as des idées pour plus tard?
     — Je veux bien faire des études de médecine.
  15. — Tu sais ce que tu veux faire?
     — Je ne sais pas trop. Je vais soit aller à l'université soit trouver un travail.

Answers   Maximum Score: 30 points

A. (10 points: 2 points per item)	**B.** (10 points: 2 points per item)	**C.** (10 points: 2 points per item)
1. a	6. b	11. b
2. a	7. d	12. b
3. b	8. e	13. a
4. a	9. c	14. a
5. b	10. a	15. b

QUIZ 6-1B Première étape

I. Listening

1. — Dis, Fahmi, tu es libre cet après-midi? Tu veux aller jouer au foot?
   — Ça serait sympa, mais je n'ai pas le temps. J'ai rendez-vous chez le dentiste à trois heures.
2. — Ça t'intéresse d'aller faire une promenade sur la place du vieux Méchouar?
   — Ah, oui! Quand ça?
   — Mais tout de suite!
3. — Si ça te dit, on peut aller à un concert demain soir.
   — J'aimerais bien. Où et quand est-ce qu'on se retrouve?
4. — Comment est-ce qu'on fait pour aller au restaurant ce soir?
   — Ecoute, après tout, c'est impossible ce soir. Je dois m'occuper de ma petite sœur.
5. — Aimerais-tu aller voir le Dar el Makhzen? C'est vraiment magnifique!
   — Ça me plairait beaucoup.

ANSWERS Quiz 6-1B

I. Listening

A. (15 points: 3 points per item)
1. b
2. a
3. a
4. b
5. a

QUIZ 6-2B Deuxième étape

I. Listening

1. MOKTAR Eh bien, qu'est-ce que tu fais ici, toi? Tu sais que tu n'as pas le droit d'entrer ici! Et ne fouille surtout pas dans mes affaires!
   AMINA Tu m'énerves, à la fin! J'ai quand même le droit de chercher un stylo, non?
   MOKTAR Oui, mais pas ici!
2. AMINA Il est où, mon nouveau CD? C'est toi qui l'as pris?
   MOKTAR Bien sûr que je l'ai pris. J'en ai marre de cette musique affreuse!
   AMINA Donne-le-moi tout de suite ou je vais tout dire à Maman!
   MOKTAR Quelle rapporteuse!
3. MOKTAR Comment ça se fait que tu gagnes toujours, toi? Tu dois tricher.
   AMINA Ne me traite pas de tricheuse!
4. MOKTAR La télé fait trop de bruit! J'essaie de me concentrer.
   AMINA Je suis quand même chez moi, non?
   MOKTAR Voilà, ça suffit. J'éteins la télé.
   AMINA Arrête tout de suite! Sinon, je vais le dire à Papa.
   MOKTAR Tu es vraiment casse-pieds, toi! Fais ce que tu veux, petite rapporteuse!
5. AMINA Mais qu'est-ce qu'il y a? Pourquoi est-ce que tu ne me parles pas?
   MOKTAR Je ne vais plus te parler. Tu es trop rapporteuse. Tout ce que je te dis, tu le racontes à Papa. Alors, c'est décidé! Je ne te dis plus rien!

ANSWERS Quiz 6-2B

I. Listening

A. (15 points: 3 points per item)
1. a
2. b
3. c
4. b
5. b

I. Listening

A.

FATIMA	Dis, Mariyam, ça t'intéresse d'aller au cinéma ce week-end?
MARIYAM	Bof, pas vraiment. On peut faire autre chose plutôt?
FATIMA	Ça t'intéresse d'aller à un concert de musique traditionnelle?
MARIYAM	Quand ça?
FATIMA	Ce soir, vers huit heures et demie.
MARIYAM	Ah, non, j'ai déjà rendez-vous avec mes parents ce soir. On va au restaurant ensemble. Je suis libre samedi, si tu veux.
FATIMA	Moi aussi! Bon, alors, tu ne voudrais pas aller au souk? On peut aller manger une glace après. Ça te dit?
MARIYAM	Ce serait sympa. A quelle heure est-ce qu'on se donne rendez-vous?
FATIMA	On se retrouve chez moi vers trois heures?
MARIYAM	Bon, alors, à samedi.

B.
6. Ahmed est l'arrière-grand-père de Moustafa.
7. Malika est la nièce de Kadir et d'Aïcha.
8. Abdullah est le neveu de Samar.
9. Ahmed est veuf.
10. Omar est célibataire.
11. Malika est la petite-fille de Kadir.

C.

HASSAN	Salut, Jean-François. Entre, je t'en prie.
JEAN-FRANÇOIS	Merci bien. C'est vraiment très gentil de m'avoir invité à dîner chez toi. Je m'excuse d'être en retard. J'ai raté le bus.
HASSAN	Ce n'est rien du tout. Ça arrive à tout le monde. Dis, Jean-François, ça te plairait d'aller au souk après le dîner?
JEAN-FRANÇOIS	Oui, ce serait sympa. Je voudrais acheter des cadeaux pour ma famille.
HASSAN	Plus tard, je vais te présenter mon arrière-grand-père. Il a quatre-vingt-quinze ans, mais il est toujours très actif. Il est veuf. Il est allé au marché avec mon frère Hadjem. Hadjem est célibataire et il aime sortir tout le temps! Voici ma sœur, Samar. C'est la benjamine de la famille et elle est vraiment gâtée.
SAMAR	Ne l'écoute pas, il ne raconte que des bêtises!
HASSAN	Elle est vraiment casse-pieds!
SAMAR	Maman, Hassan m'a traitée de casse-pieds!
HASSAN	Et de rapporteuse aussi!
JEAN-FRANÇOIS	Je comprends. Ma sœur est pareille.

Answers   Maximum Score: 30 points

A. (10 points: 2 points per item)
1. a
2. a
3. b
4. a
5. b

B. (12 points: 2 points per item)
6. b
7. a
8. b
9. a
10. b
11. b

C. (10 points: 2 points per item)
12. d
13. a
14. b
15. a
16. d

Listening Scripts and Answers for Midterm Exam

I. Listening

A. 1. — Ah, non, on a un pneu crevé! Qu'est-ce qu'on va faire maintenant?
   — Du calme. Je sais changer un pneu, moi.

2. — J'aimerais bien faire un peu les magasins avant de rentrer.
   — Pas possible. On n'a pas le temps. Nos amis arrivent à sept heures.

3. — J'ai faim. On s'arrête ici pour prendre un petit quelque chose?
   — Mais non! Je suis vraiment impatient d'arriver à la maison.

4. — Ah, non! On n'a pas assez d'essence pour faire le retour. Il faut chercher une station-service.
   — Ce n'est pas grave. Ça ne va pas prendre longtemps.

5. — Grouille-toi! J'ai beaucoup de choses à faire en ville.
   — Sois patiente. On a largement le temps.

6. — Qu'est-ce que tu fais? Tu ne peux pas te dépêcher?
   — Mais il n'y a pas le feu! De toute façon, il faut que je nettoie le pare-brise. Je ne vois rien!

B. Quelle vie! C'était vraiment difficile de se déplacer en ville quand j'étais jeune. Il n'y avait pas beaucoup de transports en commun et j'habitais loin du centre. C'est pour ça que, dès que j'ai eu l'âge, j'ai passé mon permis de conduire. C'était pas facile ; j'ai dû prendre des leçons pendant plusieurs mois. Et deux mois après, j'ai fini le lycée. Qu'est-ce que j'étais content! Je m'en souviens comme si c'était hier. Comme il n'y avait pas d'université dans la ville où j'habitais, j'ai dû quitter ma famille et aller vivre dans une plus grande ville. J'étais un peu triste quand je suis parti, mais je savais bien que c'était nécessaire si je voulais réussir dans la carrière que j'avais choisie. Finalement, j'ai eu mon diplôme. Je n'ai pas eu trop de mal à trouver un emploi. Deux mois après avoir fini mes études, on m'a offert un poste de médecin dans un grand hôpital. J'avais beaucoup de patients et je devais travailler très dur, mais j'aimais beaucoup mon travail. Et puis, j'ai rencontré Simone. J'ai su tout de suite que c'était elle, la femme de ma vie. On s'est mariés six mois plus tard.

C. | | |
|---|---|
| SANDRINE | Dis, Philippe, tu as envie de voir un film vendredi soir? Une comédie, peut-être? |
| PHILIPPE | Vendredi... Non, pas vendredi, j'ai déjà rendez-vous. Si on y allait samedi après-midi? |
| SANDRINE | Non, c'est pas possible. Samedi après-midi, je dois faire la lessive et le repassage. Je ne peux pas sortir avant six heures. Ça, c'est sûr... |
| PHILIPPE | Bon. Alors, pourquoi pas dimanche? Je n'ai rien de prévu. |
| SANDRINE | Super! Moi, non plus. Comment est-ce qu'on fait? |
| PHILIPPE | Je peux prendre le bus pour aller chez toi, et puis, on peut aller au cinéma à pied. C'est pas trop loin. |
| SANDRINE | D'accord. A quelle heure tu viens? |
| PHILIPPE | On se retrouve à deux heures chez toi. Le film commence à deux heures et demie. Et après, tu as envie d'aller au café? |
| SANDRINE | Ce serait sympa. Bon, alors, à dimanche. |
| PHILIPPE | A dimanche. |

D. 17. Maman, tu ne devrais pas jeter les bouteilles en plastique à la poubelle. Tu ferais mieux de les recycler!

18. Guillaume, pourquoi tu mets ta radio si fort? Tu fais trop de bruit! Pense aux autres un peu!

19. Papa, tu sais, tu vas beaucoup trop vite. Pourquoi tu ne conduis pas plus prudemment?

20. Encore des aérosols, Valérie! Tu as tort d'utiliser des aérosols. C'est très mauvais pour l'environnement.

21. Oh là là! Frédéric, pourquoi tu ne mets pas ça dans la poubelle? Tu sais, il est interdit de jeter des ordures par terre!

E. 22. Fais-moi confiance. Ça fait très bien.

23. Que tu es élégant comme ça!

24. Oh, c'est un vieux truc.

25. Ça fait classe, et je ne dis pas ça pour te faire plaisir.

26. Vraiment? Je ne l'ai pas payé cher.

27. Ça te va comme un gant!

Answers to Midterm Exam Listening Activities

I. Listening   Maximum Score: 27 points

A. (6 points: 1 point per item)
1. b
2. a
3. a
4. b
5. b
6. b

B. (5 points: 1 point per item)
7. a
8. e
9. c
10. d
11. b

C. (5 points: 1 point per item)
12. a
13. c
14. b
15. a
16. b

D. (5 points: 1 point per item)
17. b
18. d
19. c
20. e
21. a

E. (6 points: 1 point per item)
22. a
23. a
24. b
25. a
26. b
27. a

Listening Scripts and Answers for Quizzes • Chapitre 7

QUIZ 7-1B Première étape

I. Listening

1. Il se peut qu'il y ait de beaux animaux.
2. Ça m'étonnerait qu'il y ait des tigres.
3. Il faudrait que tu te fasses vacciner.
4. Je ne crois pas que ce soit dangereux.
5. Il est essentiel que tu prennes des chèques de voyage.

ANSWERS Quiz 7-1B

I. Listening

A. (10 points: 2 points per item)

1. c
2. b
3. a
4. b
5. a

QUIZ 7-2B Deuxième étape

I. Listening

1. Arrête un peu la jeep. Je vais prendre une photo de ces animaux.
2. Je ne vois plus la jeep. On aurait dû rester avec les autres.
   Nous ne retrouverons jamais le chemin.
3. Regarde cet éléphant. Tu as vu comme il est grand?
4. Remontons, remontons vite! Dépêche-toi! Le rhinocéros charge!
5. Qu'est-ce qu'on ferait si on tombait en panne au milieu de la savane?

ANSWERS Quiz 7-2B

I. Listening

A. (15 points: 3 points per item)

1. c
2. b
3. e
4. a
5. d

TESTING PROGRAM • SCRIPTS & ANSWERS

I. Listening

A. 1. — Oh, dis donc, tu as vu les éléphants?
   — Ouah! Qu'est-ce qu'ils sont gros!

 2. — Regarde comme ils vont vite, ces zèbres!
   — Ouah!

 3. — Attention! Regarde où tu mets les pieds. Il y a un nid de fourmis juste devant toi!

 4. — Oh, qu'est-ce qu'il y a comme insectes ici! Tu sais que j'ai peur des moustiques et des mouches tsé-tsé!
   — Pas de panique! J'ai apporté de la lotion anti-moustique.

 5. — Tiens, regarde un peu les lions!
   — Où ça? Je ne les vois pas.
   — Là-bas, dans l'herbe.
   — Je n'ai jamais vu autant de lions!

B. 6. Cet animal est féroce. Il chasse les animaux qui sont plus lents que lui et il les tue pour les manger.

 7. Cet animal vit dans les arbres. Il est noir ou brun et, en général, il aime manger des bananes.

 8. Cet animal aime manger les feuilles des arbres. C'est un animal très grand avec un très long cou.

 9. Cet animal est très grand et très gros. Il a une trompe qu'il utilise pour se laver.

C. 10. — Tiens, regarde un peu les girafes!
   — Ça alors! Elles peuvent manger les feuilles les plus hautes de l'arbre!

 11. — Attention! Il y a un troupeau d'éléphants qui arrive!
   — Oh, j'ai très peur des éléphants! Ils sont tellement gros!
   — Calme-toi. On restera près des arbres.

 12. — Tu as vu comment les lions chassent leur proie?
   — Je n'ai jamais vu d'animaux aussi féroces!

 13. — C'est fou comme les singes vont facilement d'un arbre à un autre!
   — Oui, c'est incroyable.

 14. — Patrick! Qu'est-ce que j'ai sur le dos?
   — Pas de panique! C'est une grosse araignée! Ne bouge pas! Je vais l'enlever.

Answers   Maximum Score: 28 points

A. (10 points: 2 points per item)
1. b
2. b
3. a
4. a
5. b

B. (8 points: 2 points per item)
6. b
7. d
8. e
9. a

C. (10 points: 2 points per item)
10. a
11. b
12. a
13. a
14. b

TESTING PROGRAM • SCRIPTS & ANSWERS

Quiz 8-1B Première étape

I. Listening

1. KARIM   Comme la vie est tranquille ici!
   AMIRA   C'est pas toujours tranquille, tu sais. Tu vois tous ces champs de blé?
   KARIM   Oui...
   AMIRA   Tout ce blé est presque prêt à être coupé! Et ça, c'est du travail!
2. KARIM   Qu'est-ce qu'ils font, ces gens-là?
   AMIRA   Ils sont en train de tondre les moutons. Après, ils vont aller vendre la laine.
3. KARIM   Regarde cette chèvre! Comme elle est amusante!
   AMIRA   Je t'avertis qu'elle est plutôt embêtante. Garde tes mains dans tes poches. Elle mange tout!
4. AMIRA   Si tu veux, repose-toi ici un moment. Je dois aller donner à manger aux poules.
   KARIM   Donner à manger aux poules? Ça doit être cool. Je peux t'aider?
5. KARIM   Et après, tu m'apprendras à traire les vaches, d'accord?
   AMIRA   Oui, mais je t'assure que tu ne trouveras pas ça tellement amusant.

ANSWERS Quiz 8-1B

I. Listening

A. (15 points: 3 points per item)
1. b
2. d
3. e
4. a
5. c

Quiz 8-2B Deuxième étape

I. Listening

1. Tu sais, j'aimerais bien habiter à la campagne. En ville, c'est bruyant... tous ces bruits de voitures et de klaxons®. C'est trop stressant!
2. Tu as vu comme il m'a poussé? Et il ne m'a même pas demandé pardon! Je te dis, les gens sont de plus en plus mal élevés!
3. Oh là là! Regarde cet embouteillage! On va rester ici pendant des heures. La prochaine fois que tu veux aller en ville, on prend le métro, d'accord?
4. J'adore visiter les grandes villes! C'est une vraie aventure! Et tout est si impressionnant. J'aime surtout les gratte-ciel qui semblent vraiment toucher le ciel.
5. Je ne peux pas trouver de place de stationnement. Qu'est-ce que je vais faire? La prochaine fois, je prendrai le métro. C'est beaucoup plus commode!

ANSWERS Quiz 8-2B

I. Listening

A. (15 points: 3 points per item)
1. b
2. c
3. a
4. d
5. e

I. Listening

A. Chez moi, tout le monde travaille. La vie à la campagne, ce n'est pas facile! Ma mère se lève tôt ; alors, c'est elle qui donne à manger aux poules. Après, on doit traire les vaches. C'est un travail qu'on doit faire deux fois par jour. Ensuite, on prend le petit déjeuner. Pendant la journée, en saison, on récolte le blé. C'est un travail difficile mais important pour notre famille. Quand les figues sont en saison, on en fait la cueillette tous ensemble. Et puis, c'est mon frère cadet qui s'occupe des moutons et des chèvres. Il adore les animaux.

B. Comment est ma ville? Eh bien, elle est grande, mais moins que Tunis. Il y a, bien sûr, beaucoup de circulation. Il y a aussi beaucoup d'embouteillages, mais je pense que les gens sont moins pressés ici qu'à Tunis. C'est bizarre, non? Heureusement, il n'y a pas beaucoup de pollution dans notre ville. Dans vingt ans, peut-être. Pour le moment, j'aime beaucoup ma ville.

C. 11. Il y a des embouteillages, bien sûr, mais les transports en commun sont pratiques. J'adore lire dans le bus ou dans le métro. Et les bus sont toujours à l'heure.
12. Les gens sont toujours trop pressés et ils sont souvent mal élevés. Ils s'excusent rarement. J'en ai ras le bol!
13. Il n'y a ni foule ni gratte-ciel. On respire toujours l'air pur et on travaille la terre. Et puis, j'adore les animaux.
14. Il y a moins de monde, moins de stress mais il n'y a rien à faire le soir. Je trouve que c'est ennuyeux.
15. Il y a trop de pollution et trop de bruit. Il n'y a jamais de place de stationnement et il y a souvent des embouteillages.

Answers   Maximum Score: 30 points

A. (10 points: 2 points per item)	**B.** (10 points: 2 points per item)	**C.** (10 points: 2 points per item)
1. a	6. a	11. a
2. d	7. b	12. b
3. c	8. b	13. a
4. e	9. b	14. b
5. b	10. a	15. b

QUIZ 9-1B Première étape

I. Listening

1.   FABIEN   Tu as vu ce film? Il est super!
      DANIELLE Tu te fiches de moi? C'était mortel, ce film!
2.   FABIEN   Qu'est-ce que tu regardes?
      DANIELLE Tu sais bien que je regarde toujours mon feuilleton préféré à cette heure-ci! Tu veux le regarder? Il est chouette!
      FABIEN   Tu rigoles! Tu sais que je trouve les feuilletons bêtes comme tout.
3. DANIELLE Tu connais le film *La Chèvre?* On le passe ce soir à la télé. C'est très rigolo!
      FABIEN   Tu l'as dit! On le passe à quelle heure?
4.   FABIEN   Encore une pub! On dirait qu'ils passent une pub toutes les cinq minutes! J'en ai marre!
      DANIELLE Tu as raison. Et ils interrompent toujours le film au moment du plus grand suspense. Ça m'énerve!
5. DANIELLE Elle est vraiment barbante, cette série. Tu l'as vue? Je ne l'aime pas du tout.
      FABIEN   Oui, tu as raison. Elle est trop bête!

ANSWERS Quiz 9-1B

I. Listening
  A. (15 points: 3 points per item)
    1. b
    2. b
    3. a
    4. a
    5. a

QUIZ 9-2B Deuxième étape

I. Listening
    1. Ça m'a vraiment fait peur! Une famille achète une maison et on découvre que la maison est peuplée de monstres.
    2. J'ai adoré le film *Cinéma Paradiso.* C'est un film italien mais il y a des sous-titres.
    3. Ça se passe au temps de Louis XIV. J'ai surtout adoré les costumes.
    4. C'est un navet. Je trouve ces histoires de cow-boys vraiment bêtes.
    5. Tu devrais aller le voir. C'est l'histoire de trois astronautes qui se trouvent sur une autre planète.
    6. Ça m'a beaucoup plu. Ça m'a bien fait rire.

ANSWERS Quiz 9-2B

I. Listening
  A. (12 points: 2 points per item)
    1. e
    2. f
    3. d
    4. c
    5. b
    6. a

I. Listening

A. 1. A quatre heures moins le quart, il y a un dessin animé, *Les Jetsons®*. Tu aimes ça, toi, les dessins animés?

2. Après, à six heures vingt-cinq, il y a un documentaire sur Elvis à Hollywood. Il s'agit d'extraits de ses films et de la découverte de documents inédits.

3. Voyons, à six heures et demie, il y a un match de football. Ça te plaît, le foot?

4. Avant le match, il y a le jeu télévisé *Le Juste Prix™*. C'est un jeu où des gens doivent deviner le prix de certains produits.

5. On peut aussi regarder des vidéoclips. Il y en a beaucoup à cette heure-ci. Qu'en penses-tu?

B. 6. Quel film! Ça m'a beaucoup plu!

7. Je ne me suis pas ennuyé une seconde.

8. Tu sais, ça ne m'a pas emballé.

9. A mon avis, c'est lourd.

10. C'est un film à ne pas manquer!

C.

JULIE	Qu'est-ce qu'il y a à la télé ce soir, Clément?
CLEMENT	Je ne sais pas. Passe-moi le programme télé que je regarde. Il est sur le magnétoscope.
JULIE	Il est où? Je ne le trouve pas.
CLEMENT	Je crois qu'il est sur le magnétoscope, à côté du téléviseur.
JULIE	Ah, oui, le voilà.
CLEMENT	Il est quelle heure, au fait?
JULIE	Il est huit heures moins cinq. J'ai envie de regarder quelque chose d'amusant, moi. Qu'est-ce qu'il y a?
CLEMENT	Il y a un dessin animé, *Les Pierrafeu*. C'est très amusant!
JULIE	Tu rigoles? Les dessins animés, c'est nul!
CLEMENT	Bon, qu'est-ce qu'il y a d'autre? Voyons, à huit heures et demie, il y a une série américaine, *Deux flics à Miami.* Ou bien, on pourrait regarder *Carte verte.* C'est l'histoire d'un Français qui veut obtenir une carte verte pour travailler aux Etats-Unis. La solution : se marier avec une Américaine. Ça a l'air intéressant. Qu'est-ce que tu en dis?
JULIE	Oh, ça m'est égal. A quelle heure commence le film?
CLEMENT	A neuf heures. Ecoute, on peut regarder *Deux flics à Miami* et quand ça sera fini, on regardera *Carte verte.* En attendant, on regarde les informations, d'accord?
JULIE	D'accord.

Answers Maximum Score: 30 points

A. (10 points: 2 points per item)	**B.** (10 points: 2 points per item)	**C.** (10 points: 2 points per item)
1. b	6. a	11. a
2. a	7. a	12. a
3. d	8. b	13. b
4. c	9. b	14. b
5. b	10. a	15. b

QUIZ 10-1B Première étape

I. Listening
1. J'ai même vu un requin. Je te dis, je n'en avais jamais vu de si féroce de ma vie.
2. On a vu tant de choses intéressantes! J'ai vu beaucoup d'étoiles de mer et d'hippocampes.
3. Il fallait quand même faire attention parce qu'il y avait des méduses.
4. Je n'ai pas passé tout mon temps dans l'eau. J'ai construit beaucoup de châteaux de sable.
5. J'avais espéré voir une pieuvre, mais hélas, je n'en ai pas vu.

ANSWERS Quiz 10-1B

I. Listening
A. (15 points: 3 points per item)
1. b
2. c
3. d
4. f
5. a

QUIZ 10-2B Deuxième étape

I. Listening
1. Tu sais qu'il conduit comme un fou, Michel. Alors, figure-toi qu'il a embouti sa voiture.
2. Tu te souviens de Marie-Claire? Eh bien, maintenant elle a des boutons.
3. Luc et Béatrice se sont fiancés. Ils s'aiment beaucoup.
4. Sabine a perdu du poids. Elle est très active maintenant.
5. Thérèse s'est acheté une nouvelle voiture. Elle est bien contente.

ANSWERS Quiz 10-2B

I. Listening
A. (15 points: 3 points per item)
1. b
2. b
3. a
4. a
5. a

I. Listening

A. Quel voyage! On a fait de la plongée presque tous les jours! J'adore faire de la plongée! C'est pas pour me vanter, mais c'est moi qui suis le meilleur de ma famille en plongée. On a vu du corail, des hippocampes, des espadons, bref, beaucoup de choses. Un jour, on a même vu un requin! C'était fantastique! Le requin n'était ni très grand ni très dangereux, mais il avait quand même de très grandes dents! C'était super comme voyage!

B.

AMINA	Salut, Thao. Tu as passé de bonnes vacances?
THAO	Non! Tu sais, mon frère et moi, on s'est bagarrés tout le temps. Bref, je suis content d'être de retour. Dis, j'ai entendu dire qu'Alain avait embouti la voiture de ses parents. J'espère qu'il va bien.
AMINA	Oui, ce n'était pas trop grave. Mais tu sais ce qui est arrivé à Yann?
THAO	Non, raconte!
AMINA	Eh bien, il s'est cassé les deux jambes en faisant du ski.
THAO	Oh là là! Le pauvre! Et Martine, comment va-t-elle?
AMINA	Très bien. La semaine dernière, pour son anniversaire, elle a reçu de très jolies boucles d'oreilles, alors elle s'est fait percer les oreilles. Mais, par contre, sa sœur Félicie ne va pas bien du tout.
THAO	Ah bon, qu'est-ce qui lui est arrivé?
AMINA	Figure-toi qu'elle est tombée de cheval et qu'elle s'est fait mal au dos.

C. 10. — Alors, tu as raté l'interro?
      — Ben non! C'est moi qui ai eu la meilleure note!
      — Dis donc, tu es calé, toi!

    11. — Tu as fait de la plongée?
      — Oui, et un requin est passé tout près de moi. Je l'ai même touché!
      — Tu en as, du courage!

    12. — C'est pas pour me vanter, mais moi, j'ai perdu quatre kilos!
      — Alors là, tu m'épates!

    13. — Grouille-toi, Claire!
      — Il n'y a pas le feu! Je voulais voir si Patrick allait passer.
      — Tu es amoureuse ou quoi?
      — Lâche-moi, tu veux? Je trouve qu'il est sympa, c'est tout.

    14. — Bon, je crois que je vais demander à Maman et à Papa de m'acheter une nouvelle voiture.
      — Arrête de délirer! C'est sûr, ils vont dire non!

Answers   Maximum Score: 28 points

A. (8 points: 2 points per item)	**B.** (10 points: 2 points per item)	**C.** (10 points: 2 points per item)
1. a	5. d	10. a
2. b	6. b	11. a
3. b	7. c	12. a
4. b	8. e	13. b
	9. a	14. b

QUIZ 11-1B Première étape

I. Listening

1. **SIMON** Ça m'éclate, le blues. Ça te plaît?
   ANNE Oui, j'adore! Je n'écoute que ça.
2. **SIMON** Qu'est-ce que tu penses de la dance? Je trouve ça hyper cool!
   ANNE Tu rigoles! Je trouve ça nul.
3. **ANNE** Quant au rap, ça ne me branche pas trop.
   SIMON Tu l'as dit! Moi, je n'aime pas du tout!
4. **SIMON** Le jazz, ça m'éclate.
   ANNE Tu as raison. Moi aussi, ça me plaît.
5. **ANNE** La musique classique, ça ne me plaît pas trop.
   SIMON Moi non plus.
6. **ANNE** Elle est vraiment barbante, cette musique!
   SIMON Tu délires ou quoi? Elle est fantastique!

ANSWERS Quiz 11-1B

I. Listening

A. (12 points: 2 points per item)
1. a
2. b
3. a
4. a
5. a
6. b

QUIZ 11-2B Deuxième étape

I. Listening

1. Mmm... Ça sent bon! Mais qu'est-ce que c'est?
2. Ça a l'air délicieux. Qu'est-ce qu'il y a dedans?
3. D'où vient le mot «jambalaya»?
4. Comment est-ce qu'on le fait?
5. Qu'est-ce que ça veut dire, «boudin»?

ANSWERS Quiz 11-2B

I. Listening

A. (15 points: 3 points per item)
1. c
2. a
3. e
4. b
5. d

Holt French 3 Allez, viens! Chapter 11

Listening Scripts and Answers for Chapter Test • Chapitre 11

I. Listening

A.
1. Comment tu t'appelles, déjà?
2. Tu habites bien à Nice?
3. Tu joues toujours du piano?
4. Tu aimes le jazz, c'est ça?
5. Si je ne me trompe pas, tu as seize ans.

B.
6. — Qu'est-ce que c'est, ça?
   — C'est une sorte de sandwich. Il y en a aux écrevisses et aux huîtres.
7. — Tu as déjà essayé ça?
   — Oui, c'est fait avec du jambon, du riz, des saucisses, des crevettes et du crabe. C'est délicieux.
8. — Qu'est-ce qu'il y a dans ce plat?
   — Je ne sais pas exactement, mais on le mange au dessert. Je crois qu'il y a des raisins secs. Je n'en ai jamais mangé, mais on m'a dit que c'était très bon.
9. — Qu'est-ce qu'il y a dedans?
   — C'est une soupe faite avec des okras, du riz, des crevettes et du crabe. C'est assez épicé.
10. — Comment est-ce qu'on prépare ça?
   — C'est une spécialité cajun. On prend des écrevisses qu'on cuit à la vapeur.

C.
MARC	Ça te branche, le rap? J'ai vu dans le journal qu'il y a un concert en plein air au parc ce week-end.
CELINE	Bof, ça ne me branche pas trop. Je préfère le jazz ou le blues. Il y a un concert de jazz?
MARC	Tu délires ou quoi? C'est ennuyeux, le jazz. Et puis, c'est nul pour danser. Tu aimes le rock?
CELINE	Non, c'est encore pire! J'aime bien le country. J'ai des bottes. On pourrait aller danser!
MARC	Pas question. De toute façon, il n'y a pas d'endroit où on joue du country ce week-end. J'ai l'impression qu'on va jamais être d'accord.
CELINE	Ça, c'est sûr. Il me semble qu'on ferait bien de choisir deux choses différentes à faire. C'était quoi, la première chose que tu as suggérée, déjà?
MARC	Un concert de rap.
CELINE	Bon, d'abord, on ira au concert de rap et puis après, on ira écouter un peu de jazz dans un club. Ça te dit?
MARC	Bon, d'accord. Allons-y.

Answers   Maximum Score: 30 points

A. (10 points: 2 points per item)	B. (10 points: 2 points per item)	C. (10 points: 2 points per item)
1. d	6. c	11. b
2. e	7. b	12. b
3. a	8. e	13. a
4. c	9. a	14. a
5. b	10. d	15. b

QUIZ 12-1B Première étape

I. Listening

1. SEVERINE Les Etats-Unis, ça doit être cool!
   SON FRERE Je n'en ai aucun doute!
2. SEVERINE Mais je me demande si je ne me sentirai pas un peu seule.
   SON FRERE Je suis sûr que tu te feras des copains.
3. SEVERINE Il doit quand même y avoir des francophones.
   SON FRERE Ça, c'est sûr.
4. SEVERINE J'espère que Papa et toi, vous trouverez des places pour ma compétition.
   SON FRERE Je ne crois pas qu'on puisse obtenir des places très facilement.
5. SEVERINE Nous avons beaucoup travaillé mais je ne crois pas qu'on puisse gagner.
   SON FRERE C'est pas pour te décourager, mais ça m'étonnerait que vous gagniez.

ANSWERS Quiz 12-1B

I. Listening

A. (15 points: 3 points per item)
1. a
2. a
3. a
4. b
5. b

QUIZ 12-2B Deuxième étape

I. Listening

1. J'étais en train de m'entraîner à la poutre quand tout d'un coup j'ai perdu ma concentration et je suis tombée. Qu'est-ce que je peux être nulle!
2. Notre équipe a gagné! J'arrive pas à y croire!
3. J'ai fait un bon saut à la perche. Mais c'est un perchiste russe qui a battu le record. J'ai vraiment pas de chance!
4. Oh, j'en ai vraiment marre! J'ai perdu tant de points cette fois-ci que je ne peux plus les rattraper.
5. Youpi! Je l'ai eue, la médaille d'or! C'est vraiment le pied, non?

ANSWERS Quiz 12-2B

I. Listening

A. (15 points: 3 points per item)
1. b
2. a
3. b
4. b
5. a

I. Listening

A. 1. Tu as vu comment elle a tiré? Son niveau de concentration est vraiment incroyable.

2. Dommage! Elle a commencé son enchaînement et puis, elle est tombée de la poutre. Elle n'aura pas de médaille; ça, c'est sûr.

3. Oh là là! C'est fantastique, ça. C'est sûrement le jeune Russe qui va gagner le saut à la perche.

4. A mon avis, les athlètes qui sont les plus forts, ce sont ceux qui font de l'haltérophilie. Ils sont incroyables!

5. Oh, regarde! Elle a laissé tomber son épée. J'adore l'escrime. C'est vraiment un sport où les réflexes sont importants.

B. 6. — Alors, tu as gagné?
— Non, c'est pas juste! Je sais que tous les joueurs de notre équipe ont fait de leur mieux, mais le lanceur n'arrivait pas à faire de strike!

7. — C'était comment, le match?
— C'était trop cool! Les Russes ont gagné à la dernière minute. Ils étaient à égalité avec les Américains quand le grand, là, a lancé le ballon et il a fait un panier. C'était vraiment le pied!

8. — Quelle compétition est-ce que tu as vue cet après-midi?
— Je suis allé au gymnase; j'ai vu l'Anglaise. Elle a vraiment été super sur la poutre! J'arrive pas à y croire! Qu'est-ce qu'elle s'est améliorée. Elle a dû s'entraîner beaucoup cette année.

9. — Les boules!
— Qu'est-ce qui s'est passé?
— Quand c'était mon tour de tirer, j'ai perdu l'équilibre et la flèche est partie à droite. Je n'ai plus aucune chance de gagner maintenant!

10. — Pourquoi tu portes cette tenue?
— J'ai mon deuxième match dans quinze minutes.
— Ah, oui! J'avais oublié. Tu as gagné le premier?
— Non, et j'en ai vraiment marre! Je sais que je suis le meilleur. Je ne comprends pas ce qui se passe. Quelle angoisse!

C. 11. — Félicitations! Vous êtes d'où?
— Je suis d'Espagne et je voudrais dire bonjour à toute ma famille à Madrid!

12. — Et vous, mademoiselle, vous avez beaucoup pratiqué votre enchaînement aux barres chez vous, en Russie?
— Oui, tous les jours.

13. — C'est comment, la vie en Allemagne?
— C'est vraiment fantastique.

14. — Et vous, monsieur, d'où venez-vous?
— Je viens de la République centrafricaine.

15. — Vous avez gagné la médaille d'argent. Bravo! Le Mexique va être fier de vous!
— Oui, je n'arrive pas à y croire!

Answers   Maximum Score: 30 points

A. (10 points: 2 points per item)	**B.** (10 points: 2 points per item)	**C.** (10 points: 2 points per item)
1. b	6. a	11. a
2. e	7. b	12. e
3. a	8. b	13. c
4. c	9. a	14. b
5. d	10. a	15. d

Listening Scripts and Answers for Final Exam

I. Listening

A. 1. Tu sais, je ne peux pas venir chez toi. C'est la saison des dattes.
    2. Ah, ces embouteillages! J'en ai marre, moi!
    3. C'est insupportable, à la fin, ces gens pressés. Et quelle foule!
    4. Tiens, tu vois? Par là, c'est l'arrêt de bus.
    5. Non, Henri, tu ne peux pas aller chez tes copains. Tu dois d'abord traire les vaches.
    6. Je ne peux jamais trouver de place de stationnement. J'en ai ras le bol!

B.

MARION	Tiens, Anna! Alors, comment s'est passée ton année aux Etats-Unis?
ANNA	Super! Je me suis vraiment bien amusée. Et puis, j'ai fait beaucoup de progrès en anglais. Et ici? Quoi de neuf depuis mon départ?
MARION	Plein de choses. Paul a fini ses études et il a déjà trouvé du travail.
ANNA	C'est pas vrai!
MARION	Si, dans une banque. Il est super content.
ANNA	Ah oui?
MARION	Oui. Et Julie s'est fait enlever ses bagues la semaine dernière.
ANNA	Super! Elle doit être vachement contente.
MARION	Sinon, quoi d'autre? Ah oui! Alain a commencé à prendre des leçons de conduite. Il passe son permis le mois prochain.
ANNA	Tu plaisantes? Il a l'âge?
MARION	Oui, il a fêté ses dix-huit ans il y a quinze jours. On a fait une boum chez lui. Et tu ne devineras jamais ce qui s'est passé à la boum.
ANNA	Aucune idée. Dis vite.
MARION	Eh ben, Pierre est tombé dans l'escalier et il s'est cassé les deux jambes!
ANNA	Oh, ce n'est pas de chance, ça! Pauvre Pierre! Et à part ça?
MARION	Ah, j'oubliais! Tu connais la dernière?
ANNA	Non. Raconte.
MARION	Figure-toi que Nathalie a rencontré le garçon de ses rêves et elle s'est fiancée. Ils vont se marier en juillet.
ANNA	Pas possible! Alors là, ça m'étonnerait. Nathalie a toujours dit qu'elle ne voulait pas se marier avant d'avoir au moins vingt-cinq ans.
MARION	Je t'assure que c'est vrai.

C.

SYLVIE	Salut, Jean-Luc. Où est-ce que tu vas passer tes vacances?
JEAN-LUC	Je vais à la Guadeloupe avec mes parents. On y est déjà allés l'année dernière. Le climat est super là-bas. Dès que j'y serai, j'irai me baigner à la plage.
SYLVIE	Ah, bon? Et quoi d'autre?
JEAN-LUC	On fera certainement de la plongée aussi. Je suis le meilleur de ma famille. Ma sœur a peur des méduses et des pieuvres. Mais pas moi. Une fois, un requin est passé à côté de moi. C'était vraiment le pied!
SYLVIE	Tu en as, du courage. Ça doit être vraiment intéressant de voir du corail et des poissons de près. Ça serait chouette si je pouvais partir en vacances cet été.
JEAN-LUC	Alors, qu'est-ce que tu vas faire si tu ne pars pas?
SYLVIE	Rien d'intéressant. Je vais peut-être travailler. Mais en juillet, je vais me faire enlever mes bagues. Chouette, hein? Il me tarde aussi de prendre des leçons de conduite. Mes parents me l'ont promis cet été. Figure-toi que mon frère a embouti leur voiture la première fois qu'il l'a conduite!
JEAN-LUC	C'est terrible, ça.
SYLVIE	Bon, envoie-moi une carte postale de la Guadeloupe, O.K.?
JEAN-LUC	D'accord. Passe de bonnes vacances. On se voit à la rentrée.

D. 18. — Il était comment, le dernier film de Depardieu?
   — Franchement, je me suis ennuyé à mourir.
19. — Alors, tu as aimé *La Famille Pierrafeu®?*
   — Non, ça ne vaut vraiment pas le coup!
20. — Qu'est-ce qu'il y a comme bons films en ce moment?
   — Je te recommande *Le Fugitif.* C'est à ne pas manquer.
21. — Ne va surtout pas voir ce film.
   — Ah bon? Pourquoi?
   — C'est ennuyeux à mourir.
22. — Tu devrais aller voir *L'histoire d'un homme invisible.* C'est très rigolo!
   — Bon, je vais y aller la semaine prochaine.
23. — Il était comment, ton western?
   — C'était un navet.

E. 24. Regarde! C'est fou comme il va vite!
25. Je n'ai jamais vu un animal aussi gros que ça!
26. Méfiez-vous! Le rhinocéros peut charger.
27. Oh, dis donc! Elles sont tellement grandes, ces girafes!
28. Fais gaffe! Il y a un serpent près de ton pied!

Answers to Final Exam Listening Activities

I. Listening   Maximum Score: 28 points

A. (6 points: 1 point per item)
   1. b
   2. a
   3. a
   4. a
   5. b
   6. a

B. (5 points: 1 point per item)
   7. c
   8. d
   9. e
   10. a
   11. b

C. (6 points: 1 point per item)
   12. b
   13. b
   14. a
   15. a
   16. a
   17. b

D. (6 points: 1 point per item)
   18. b
   19. b
   20. a
   21. b
   22. a
   23. b

E. (5 points: 1 point per item)
   24. a
   25. a
   26. b
   27. a
   28. b

TESTING PROGRAM • SCRIPTS & ANSWERS